潘云鹤 著

AI
2.0
十八讲

ZHEJIANG UNIVERSITY PRESS

浙江大学出版社

·杭州·

图书在版编目（CIP）数据

AI2.0 十八讲 / 潘云鹤著. -- 杭州 : 浙江大学出版
社, 2025. 4（2025.6 重印）. -- ISBN 978-7-308-26023-7

Ⅰ. F492

中国国家版本馆 CIP 数据核字第 2025121LH4 号

AI 2.0 十八讲

潘云鹤 著

特约策划	邓晃煌
策划编辑	张 琛 卢 川
责任编辑	钱济平
责任校对	汪淑芳
封面设计	浙信文化
出版发行	浙江大学出版社
	（杭州市天目山路 148 号　邮政编码 310007）
	（网址：http://www.zjupress.com）
排　　版	杭州浙信文化传播有限公司
印　　刷	杭州钱江彩色印务有限公司
开　　本	710mm×1000mm　1/16
印　　张	24.25
字　　数	266 千
版 印 次	2025 年 4 月第 1 版　2025 年 6 月第 2 次印刷
书　　号	ISBN 978-7-308-26023-7
定　　价	98.00 元

人工智能　教育先行　產學協作　引領創新

雪鶴

CONTENTS
目　录

上　编
AI 走向 2.0

下　编
AI 2.0 走向应用

附 录

媒体专访

上 编

AI走向2.0

第一讲
AI 走向 2.0

一、AI 的诞生与发展

人工智能（AI）的概念是 1956 年由一批著名的美国学者提出的，包括斯坦福大学的约翰·麦卡锡教授（John McCarthy，1971 年图灵奖得主），麻省理工学院（MIT）的马文·明斯基教授（Marvin L. Minsky，1969 年图灵奖得主），卡内基梅隆大学的赫伯特·西蒙教授（Hebert Simon，1975 年图灵奖和 1978 年诺贝尔经济学奖得主）和艾伦·纽厄尔教授（Allen Newell，1975 年图灵奖得主），信息理论之父、贝尔实验室的克劳德·香农（Claude E. Shannon），IBM 公司的拿撒尼尔·罗切斯特（Nathaniel Rochester，IBM 第一代商用计算机设计师）。当时，这些学者齐聚美国达特茅斯学院，首次正式提出了 AI 的概念，使计算机像人那样认知、思考、学习。简而言之，就是用计算机来模拟人的智能。

20 世纪 70 年代，AI 逐渐形成了自己工作的七个领域，这七个领域是其后半世纪中最重要的智能模拟方向，包括机器定理证明（逻辑和推理——模仿解题者），机器翻译（自然语言理解——模仿翻译者），专家系统（问题求解和知识表达——模仿专家，如医生和维修员），博弈（树搜索——模仿对弈者），模式识别（多媒体认知——模仿感知者），学习（神经网络——模仿学者），机器人和智能控制（感知和控制——模仿生物动作）（见图1-1）。我们可以看到，这七个方面实质上是模拟了人类多样化的思维模式，包括逻辑推理、自然语言理解、问题解决和搜索等能力。机器不仅模拟人类的思维过程，还模拟人类的具体行动。

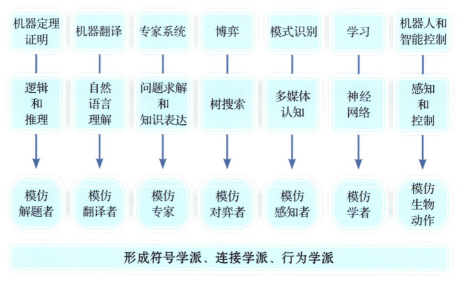

图 1-1　AI 的典型任务和应用（20 世纪 70 年代以来）

这些研究催生了许多学派，其中以符号学派、连接学派和行为学派最为著名。在 AI 发展的早期阶段，即 20 世纪五六十年代，符号学派占据主导地位；如今，连接学派已成为重要方向；而行为学派则在

AI 2.0 十八讲

应用领域始终处于前沿。[①]

AI 在这 60 多年的发展历程中曾多次遭遇挫折。第一次挫折发生在 1973 年，当时英国科学研究委员会（SRC）委托著名数学家詹姆斯·莱特希尔（James Lighthill）评估 AI 的投资意义。评估报告认为英国的机器人和自然语言研究缺乏价值，导致英国停止了对该领域的投入。如今看来，这一结论下得为时过早，当时 AI 尚处婴儿期，因此评估并不准确。

第二次挫折发生在日本。20 世纪 80 年代，日本启动了一项名为"第五代计算机"的 AI 计划，在全球引起巨大反响。自 1982 年起，日本政府投资开发具备自动推理和知识处理能力的新型计算机。然而，10 年后的 1992 年，这项耗资 8.5 亿美元（在当时堪称巨额）的计划宣告失败。如今看来，推动 AI 发展的核心要素是创新、软件和知识，而非硬件。因此，基于硬件的 AI 开发必须建立在成熟的新软件和新知识的基础之上才能取得成功。

第三次挫折发生在 20 世纪 80 年代—90 年代中期。1977 年，美国斯坦福大学计算机科学家费根鲍姆教授（E. A. Feigenbaum，西蒙的学生）提出了知识工程概念。知识工程旨在以字符表达广泛的人类知识，并利用知识的推理解决问题。该工程由知识库和搜索引擎两部分构成。

知识工程在 80 年代中期蓬勃发展，取得显著成就。当时有学者认

----

① 符号学派主张 AI 源于数理逻辑，用逻辑符号来表达思维的形成。连接学派则侧重将神经元之间的联结关系作为人工神经网络的基础。行为学派则强调控制论，注重身体模拟。

为，若能完整表达人类知识（如百科全书所涵盖的内容），AI便可解决各类复杂问题，实现通用化。其中著名的知识工程案例是道格拉斯·莱纳特（Douglas Lenat）于1984年创立的Cyc项目。然而，10年后互联网搜索工具异军突起，首个成功的商业搜索引擎——杨致远创立的Yahoo!最初就依托于斯坦福大学的域名。搜索引擎能够便捷地整合各类知识，导致构建成本高昂的知识工程逐渐被边缘化。

如今看来，知识工程的构想确有价值，但知识的表达不能仅依赖专家和人工手段，还应注重机器的自主学习能力。我后面还会不断提到，知识不仅限于字符形式，还包括视觉、听觉等多种形态。这些知识难以用字符标识，因此AI必须致力于跨媒体知识的研究。

如今，AI再度"升温"，但与前几次由政府或学界主导不同，此次由产业界率先行动。例如，2014年，谷歌斥资4亿英镑收购了DeepMind公司。DeepMind开发了著名的"阿尔法狗"（AlphaGo），由此在全世界崭露头角。IBM投资10亿美元组建沃森（Watson）AI部门。2016年，脸书（现Meta）确立"连接世界""人工智能"和"虚拟现实技术"三大发展支柱。2018年，微软的聊天机器人开始实现人机交互界面从图形界面向自然语言理解和情感理解界面转型。2016年9月，谷歌、脸书、IBM、微软和亚马逊五大科技公司联合成立了AI联盟（Partnership on AI），致力于推进公众对AI技术的理解，并关注AI研究的行为准则等议题。

在此次AI热潮中，中国企业反应迅速，积极布局AI领域。比如，百度在自动翻译、语音搜索和无人驾驶等方面加大研发投入；阿里巴巴在广告设计和城市大脑等领域积累了丰富经验；科大讯飞深耕语音识别多年；海康威视、腾讯、大疆和华为等企业都在 AI 领域进行深入探索，并取得快速发展。

发达国家政府也纷纷布局 AI 领域，其中以美国的规划最为成熟。2016 年 5 月，美国白宫发布《迎接人工智能的未来》("Preparing for the Future of Artificial Intelligence")报告，指出 AI 将在医学、图像和语音理解等领域对社会生活产生前所未有的影响。为此，美国国家科技委员会将设立"机器学习和人工智能委员会"，负责协调、指导全国各界的相关行动。

5 个月之后，也就是 2016 年 10 月，奥巴马政府又发布了《国家人工智能研发战略规划》，作为前一份报告的延续和发展。该规划指出 "AI 正处于第三次浪潮的初始阶段"。此后，特朗普政府于 2019 年、拜登政府于 2023 年相继推出规划更新版，使美国成为最早且持续出台 AI 新政策的国家。

我们再来看看欧洲：英国、法国、德国、俄罗斯都制定了一系列国家层面的 AI 开发规划。

英国于 2017 年 10 月发布《在英国发展人工智能》的报告，2017 年 11 月发布《产业战略：建设适应未来的英国》，将"AI 和数据"列为技术革命和产业发展的"四大挑战"之首。2017—2018 年，英国政府和议会密集发布了多份 AI 相关的报告，从规划、产业、科研、人才、国际合作等多方面推动 AI 的发展，雄心勃勃地要成为世界 AI 商业发展和应用的"领头羊"。

法国于 2017 年 4 月制定《国家人工智能开发计划》，指出法国政府要从战略高度发展 AI 技术，整合 AI 领域的科技力量，确保法国成为欧洲 AI 领域的领导者。2017—2021 年，法国相继发布数个关于 AI 的规划。

德国于 2018 年发布《联邦政府人工智能战略要点》，11 月，议会通过了《联邦政府人工智能战略》；12 月，全面推出德国 AI 战略布局。

俄罗斯于 2018 年制订人工智能"十点计划"，包括大数据联盟、AI 培训与教育体系、AI 实验室和中心等内容。2019 年发布《2030 年人工智能发展国家战略》，并于 2024 年发布该战略的更新版。

日本在 2019 年 6 月出台了《人工智能战略 2019》，旨在促进全球 AI 人才聚集、技术研发及提升产业竞争力；推动 AI 在医疗与健康、农业、国土资源、交通基础设施及地区发展（智能城市）等五大重点领域的应用。

除政府外，公众对 AI 的关注度也空前高涨。2016 年，AlphaGo 战胜围棋世界冠军李世石先生，瞬间点燃了公众热情，引发媒体关注。公众的关注集中在这样的问题上：AI 和机器人何时将取代人类？这种焦虑可能受到了美国众多科幻电影的影响。

事实上，正式的人机对弈的历史可追溯至 1968 年。当时，国际象棋大师戴维·列维（David Levy）与麦卡锡打赌，认为 10 年内计算机无法战胜他。1978 年，当时最先进的计算机程序 CHESS 与列维对弈并落败，麦卡锡因此输掉 500 英镑。这场人机棋艺较量持续了半个世纪，最终以 AI 战胜人类而告终（见图 1-2）。

中国工程院很早就瞄准了 AI。中国工程院先后研究了一系列相关课题，包括"智能城市""大数据""智能制造""创新设计"和"知识中心"等项目。在推进这些项目的过程中，研究人员深刻认识到，尽

图 1-2　人机对弈简史

管立项时未专门瞄准 AI，但解决这些问题的关键均在于 AI 技术的应用。

　　以"智能城市"为例，初期研究主要基于数据库思路展开，但随着研究的深入，研究人员认识到智能城市的核心在于有效应用城市大数据，而大数据应用的关键在于 AI 技术。值得注意的是，"传统" AI 与"新型" AI 存在显著差异。这些项目的核心在于将大数据应用作为基础，是基于大数据的 AI。因此，我们提出了"大数据智能"这一新概念，以表达其与传统 AI 存在核心区别。

　　2015 年，中国工程院决定启动新的重大咨询项目，项目被命名为"中国人工智能 2.0 发展战略研究"。这一命名也源于 2013—2014 年，我们研究"智能城市"时发现：世界正经历一次重大变革。这一认识促使我们将 AI 的发展定位为 2.0 版本，以反映新时代的需求和挑战。

三元世界的提出

我们的世界原本是一个二元世界：一元是物质，一元是人类。我们将物理空间称为 P，人类空间称为 H。在人类社会出现之前，整个世界都是自然界；随着人类的出现，尤其是人类社会的形成，世界便演变为二元世界。然而，近 50 年来，由于信息的迅速发展和壮大，世界从二元世界转变为三元世界，新增了一个信息空间 C（见图 1-3）。

当然，50 年前我们已拥有大量信息，那时书籍量已经非常丰富，人类不但面对面交流，还出现了电视、广播，甚至计算机。然而，即

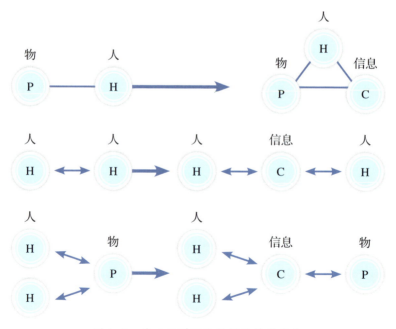

图 1-3　从二元到三元世界的关系变化

便计算机已经出现，信息却未独立成极，原因在于所有信息皆源自人类社会，皆由人发出，被用以辅助人类。渐渐地，信息开始互联，网络、搜索引擎、移动通信相继问世。即便如此，信息仍未独立成极，因为无论是计算机还是互联网的信息，均是由人发出的。

关键在于我们迈出了第三步：安装了大量传感器，如向天空发射了大量人造卫星。这些卫星搭载了众多传感器，能够观测地球上的物理世界和人类社会，并传回海量信号。同时，全球各地也部署了各种传感器，包括环境和物理传感器。城市中遍布传感器，例如公共场所的摄像头，用于监测交通状况、维护公共安全等。

所有这些信息都有一个重要特点：它们绕过了人类，直接来自物理世界。例如，手机发出的信息记录了主人的行动轨迹，这些信息并非主人主动发出，而是手机通过定位等留下的痕迹。因此，许多信息并非人类发出，人类甚至并不知晓。这些信息真实反映了物理世界和人类社会的变迁，逐渐成为独立的一极。如今，我们已进入物联网时代，大量设备不断产生信息，所以物理世界的信息量急剧增长，而人类发出的信息在其中所占比例越来越小。

许多人将这个时代称为大数据时代。大数据时代的数据不仅体量庞大、增长迅速，还有一个重要特征——大量信息并非由人类发出，而是由传感器绕过人类直接产生。在这样的时代，人类处理信息的方式必然面临巨大变革，而这一变革将由 AI 2.0 来实现（见图 1-4）。

我们可以看到，新冠疫情过后，二元世界向三元世界的转变显著加速。以开会为例，过去多人参加的会议需要大家聚到同一地点，现在则可以远程在网上进行。过去必须面对面完成的事情，未来将有相

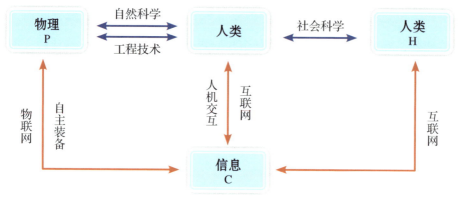

图1-4 世界的信息流变化趋势

当一部分转化为"人—信息—人"的模式，在信息空间中传达给其他人，这种方式无疑更加快捷、节省，有时也更加安全。

如今，许多学生通过网络上课，分布在全球各地的人们也能在网上开会，甚至连世界博览会都能在线上举办。网络办会虽有不足，有时效果不如面对面交流，但在很多情况下能胜任职责。目前，仍有许多涉及人与物交互的场景，信息无法介入，尤其是在制造业的生产线上。例如，在新冠疫情期间，有的肉类加工厂在加工过程中发现冷冻肉类携带新冠病毒，导致工人感染，这说明在多人操作的环境中，安全性难以保障。因此，我相信新冠疫情之后，各种自动化生产线将大量出现——由机器人、机械手和自主智能系统取代传统手工操作的生产线。

图1-4中的蓝色箭头部分展示了二元世界中人类知识来自人类社会与物理空间的信息途径。我以人类为中心，描绘了三元世界与二元世界的信息流变化。随着信息世界这一第三元的出现，新产生的信息流的变化方向如红色箭头所示。新冠疫情后，红色箭头部分显著增强，

而蓝色箭头部分则随着技术进步逐渐向红色箭头的信息流转移。这一趋势将在未来几十年中会愈发明显。

过去，人类解决问题主要依赖直接观察物理世界，而如今，我们不仅可以观察物理世界，还能深入信息世界。那些过去无法直接观察到的事物，或许很快能在信息世界中被发现。例如，观测脑神经元活动，这无论是对脑科学，还是对 AI 的发展都大有裨益。再如，我们可以通过信息世界更好地了解人类自身、自然和社会的关系。在新冠疫情期间，信息在追踪病毒传播途径方面就发挥了巨大的作用。

未来，AI 不仅能观测世界，还能改造世界。例如，上海已经出现了无人码头，码头的整个工作流程——从货船上吊运集装箱到运输车，再由运输车运至货场仓库并完成存储——都不再需要人工参与，而是由智能机器协同完成。这样的场景将越来越多。大量信息将在第三空间——信息空间中交互。新的信息流将催生科学技术、学科和产业的诸多新变化，不仅推动大数据时代的发展，也将开启新的 AI 时代——AI 2.0。

当然，未来还会涌现许多新的方法和路径。AI 之所以能够推动多学科的变革，在于其广泛的融合能力。例如，AI 与制药结合，与生物技术结合，与制造技术、材料技术结合，包括与经济、法律结合，都将为这些领域的发展提供全新的思路和方法。以浙江大学管理学院为例，科研人员专注于数字经济的创新方法，并在新作《数字创新》（魏江、刘洋，机械工业出版社，2020）中深入探讨了数字经济下的创新形态与管理方式。

我相信，未来还会涌现许多新的学科门类，这些学科大多专注于研究复杂而庞大的系统。以城市为例,城市已经存在了几千年,但我们尚未完全理解其运行科学机理。虽然我们在城市治理中积累了许多经验,并能依靠这些经验管理城市,但如果能掌握更精确的科学方法,城市的运行将更加高效,许多"城市病"也能得以避免。

此外,像环境生态系统、医疗和健康系统等复杂巨系统,具有多学科交叉的特点。它们往往同时涉及自然科学问题、工程问题和社会科学问题。再以城市为例,它本身就是多学科问题的综合体。过去,我们的学科被划分为理学、工学和社会科学,许多复杂问题是分开研究的。然而,未来这些问题都可以被映射到信息空间中,通过数字化转化为信息,并在信息空间中以统一的方法来研究。这种基于大数据科学与 AI 结合的研究方法,将催生许多新的学科方向和领域。

AI 2.0 的提出

基于这样的思考,2015 年我们在设立 AI 研究课题时,就将其命名为"AI 2.0"专业研究课题。为什么说 AI 将迎来重大变革?首先,我们坚信世界本身会发生深刻变化,在这个大背景下,众多新事物将不断涌现(见图 1-5)。

第一,信息环境发生了巨大变化。60 多年前,当 AI 先驱们提出这一概念时,计算机昂贵笨重且数量稀少,与现在不可同日而语。三四十年前,我们还是一群人共用一台计算机。如今,我们已拥有个人电脑、互联网、搜索引擎、移动计算、超级计算、可穿戴设备、物联网、云计算等众多过去难以想象的信息软硬件。在这样全新的信息

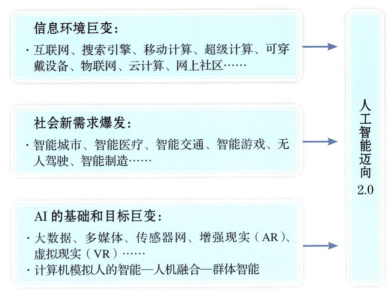

图 1-5 AI 面临大变局

信息环境巨变：
· 互联网、搜索引擎、移动计算、超级计算、可穿戴设备、物联网、云计算、网上社区……

社会新需求爆发：
· 智能城市、智能医疗、智能交通、智能游戏、无人驾驶、智能制造……

AI 的基础和目标巨变：
· 大数据、多媒体、传感器网、增强现实（AR）、虚拟现实（VR）……
· 计算机模拟人的智能—人机融合—群体智能

人工智能迈向 2.0

环境下，人工智能自然应与过去大不相同。

第二，社会需求也发生了变化。60 多年前，AI 研究的主要目标是让计算机变得和人一样聪明。如今，我们面临的问题不仅是让一台计算机更聪明，而是如何使整个系统更智能。例如，智能城市（smart city 或 intelligent city）的目标是让城市各系统运行更协调，这与单纯让机器变聪明截然不同。再如智能医疗，它需要整合医生、医院、患者、护理、制药和医疗保险等环节，使整个医疗系统更智能，而不仅仅是模拟医生看病。智能交通和智能制造也是如此。即使是无人驾驶，人们也意识到，仅靠汽车自身无法实现智能化或无人驾驶，必须让汽车与道路联动，道路系统要智能化，车辆之间也要智能互动，这样才能实现自动驾驶。因此，现在的研发更关注如何建立整个智能系统。

第三，AI 的目标也在变化。过去，AI 的目标是用计算机模拟人类智能。经过 60 多年的发展，许多 AI 专家认识到，计算机在某些方面已经超越人类，比如记忆、学习和计算能力。计算机可以轻松记住几百万甚至几千万册图书的内容，而人类能记住几百册书的内容已属不易。我们的数字图书馆存储 1000 万册书是轻而易举的事。因此，在记忆、计算和搜索能力上，计算机远超人类。然而，人类的许多智能行为对机器来说仍难以实现。比如灵感，其思维机制尚未被完全理解，难以模拟。形象思维的机制虽然已有一些了解，但模拟起来仍面临困难。当然，AI 2.0 希望能在形象思维的模拟上取得突破。

人类与计算机在智能方面的关系，类似于人类与汽车在行动中的关系。汽车可以在公路上飞驰，但在爬山、上下船、起立坐下等需要灵活性的场景中，汽车的四个轮子就无法取代人类的双腿。人类和汽车各有优势：在可以用轮子的公路上，人类无法与汽车的速度竞争，但在需要双腿的行动中，汽车无法替代人类。

社会对 AI 提出了新的要求——将复杂、庞大的系统智能化，使其运行得更加高效、聪明。然而，人类之间的情感理解、创新灵感等，其背后的脑机理尚未被完全揭示，因此在短期内难以根本模拟而应用到 AI 中。

因此，最有可能的应用方向是将计算机与人类的特长结合起来，实现人机融合，从而构建一个更强大的智能系统为人类服务。AI 的发展目标应从单纯地让计算机变得更聪明，转向在让计算机更聪明的同时，也更好地与人类协同工作，形成一个比单独的人类或计算机更聪明的智能系统。AI 的 2.0 目标是将群体智能、人机融合、增强智能作为新的发展方向。

我们可以看到，AI 的变革动力不仅源于其自身的发展，还受到整个世界从二元向三元转变的影响。因此，AI 的迭代更新是必然的。20 世纪五六十年代发展起来的 AI 被称为 AI 1.0，而如今，它正迈向 2.0 时代。

围绕这一想法，我们撰写了一份报告并上呈国家。在习近平总书记为核心的党中央领导下，经过中国工程院和科技部等多个部门的共同努力，2017 年 7 月，国务院印发了《新一代人工智能发展规划》。在规划中，我国不仅明确了发展新一代人工智能的目标，还提出了其将走向的五个新的技术方向（见表 1-1）。

表 1-1　《新一代人工智能发展规划》的内容

类别	方向
AI 2.0 关键理念与技术	大数据智能
	群体智能
	跨媒体智能
	人机混合增强智能
	自主智能系统
应用	智能城市、智能医疗、智能制造等

第一个方向是大数据智能。我刚已提到，在大数据时代，要有效利用海量数据，必会将数据转化为知识，使 AI 利用这些知识更好地服务人类。

第二个方向是群体智能。通过汇聚大众的智慧，包括人和智能机械，形成新的智能形态。

第三个方向是跨媒体智能。媒体包含图形、图像、音频、文本等，这些是不同传感器传递给人和计算机的信息。多媒体技术用于处理这些信息，但新一代 AI 还需要打通不同媒体之间的转化与协同。例如，图形转化为文字，文字转化为图像，图像转化为视频与声音等等，通过这些转化更好地处理问题和理解世界。

第四个方向是人机混合增强智能。研究如何将人类与计算机结合起来，形成更强大的智能系统。

第五个方向是自主智能系统。从传统机器人向更广泛的自主智能系统转变，例如，无人机就是一种典型的自主智能系统。

二、AI 2.0 技术初露端倪

AI 2.0 就上述的五个方向上，已经显示出了大量应用端倪和技术特征。

第一个端倪——大数据智能。大数据智能领域中，深度学习无疑是最令人印象深刻的技术。深度学习依赖于海量数据，且这些数据需要经过人工标注，才能用于训练系统，从而实现图像和声音的识别等功能。深度学习的杰出代表 AlphaGo 便是一个典型例子，其与传统 AI 博弈的区别在于，它不仅结合了"棋局感知"和"深度探索"（即全局获胜概率的计算），还融入了自我博弈技术，从而能够快速生成新的棋局知识。

除此以外，人脸识别已经进入广泛应用的阶段。已经有越来越多的企业用大数据来管理，而且还取得了很好的效果。

再举一个例子，我国有一家大型水电企业叫国电大渡河流域水电开发有限公司（简称国电大渡河）。大渡河流经我国四川，几乎横穿整个四川省，全长 1000 多公里，地势险峻，谷坡陡峭，险滩密布，水流湍急，民间俗语称"鹅毛投水见底沉"。这条河在四川境内的天然落差有2788米。国电大渡河在该流域建设了22座水电站，并在建设过程中广泛应用了大数据技术。水电站周围的山体上安装了数万个监测点，用于实时感知水坝和山体的位移与变形，从而提前预警滑坡、塌方等灾害。这一技术不仅显著提升了土石灾害防控能力，也为水灾治理提供了有力支持。

滑坡移动 42 毫米导致 2000 立方米塌方！
四川大渡河使用智能调度，让水电站避免重大损失

一个普通的早晨，在没有任何人察觉的情况下，四川省雅安市石棉县境内大渡河中游上段大岗山水电站的郑家坪滑坡体移动了42毫米。由于毫米是比较小的刻度，这种情况人眼几乎察觉不到。

但是这么微小的变化，却能带来大面积塌方。水电站的风险预警体系监测到了这一细微变化，国电大渡河公司库坝安全中心的监测人员立马启动应急预案，并对郑家坪的滑坡处实施交通管制。

随后，果不其然，郑家坪滑坡体发生了总量2000立方米的塌方，由于及时预警并且做法得当，监测人员有效避免了该自然灾害可能带来的生命危害和财产损失。

…………

据悉，国电大渡河公司还能结合大数据进行智能调度，可

通过人工智能实现三家水电站的联合调度。比如四川某地刚下大雨，系统就能把对应的水电站腾空。

该公司还利用大数据，收集了美国、欧洲国家以及中国的气象数据，从而使得大渡河流域的气象预测准确率接近95%，最终实现了智能化联合水量调度体系。

中国工程院原副院长潘云鹤院士曾专门点评大渡河公司。他说，大渡河公司提出了智慧企业理念并投入实践运用，按照以数据驱动管理理念打造企业，不是简单的数字化、信息化、智能化，也不是单纯建设企业数据库系统、自动化系统，而是充分运用大数据技术，采用各类人工智能手段，取得了实实在在的效果。

2020-10-11 11：12

腾讯新闻 DeepTech 深科技官方账号

大数据治理对多水电站联合调度的意义尤为显著。以国电大渡河为例，它不仅自建了 105 个水文雨量监测点，还整合了中国、美国、欧洲气象中心发布的天气预报数据。通过将自身监测数据与三大国家级气象预报数据相结合，形成了一种全新的大数据水情预报模式。这一模式的预报精度高达 95%，远超传统气象中心的准确水平，为水电站的科学调度提供了强有力的支持。

因此，国电大渡河基于一体化调度系统，从最初的 3 个水电站到最终建成所有水电站，实现了水电的统一调度。通过精准优化平衡各水电站的水位与负载，减少弃水并提高效益，实现了智能一体化调度。

3个水电站每年因此增加发电量 1.2 亿千瓦时，尤其在洪水期间表现突出。2017 年，大渡河上游遭遇百年一遇的特大洪水，水电站凭借精确的预报、腾库和放水操作，使发电量同比增加 74%，削峰率达到 40%。十几年来，通过优化调度累计增加发电量 94 亿千瓦时，实现纯利润 24 亿元，多次保障洪水期间人民生命财产安全，避免损失 45 亿元。这或许是人类首次在大型水电站实现多点协同治理。西门子、通用电气等企业对这一技术表现出浓厚兴趣，国电大渡河正尝试将其推广至各地。

第二个端倪——群体智能。群体智能这一概念最早由西方科学家提出。2016 年，*Science* 杂志发表了 5 篇主题文章，深入探讨群体智能的理念，并归纳出其多种形态。其中，《群智之力量》（"The Power of Crowds"）一文认为：可以结合群体智慧与机器性能来解决快速增长难题。论文进一步将群智计算按难易程度分为三种类型：实现任务分配的众包模式（crowdsourcing），较复杂支持工作流模式（complex workflows），以及最复杂的协同求解问题的生态系统模式（problem solving ecosystem）（见图 1-6）。

普林斯顿大学的研究项目利用群体智能构建和管理了一个视神经数据库。该校研究人员通过高分辨率显微镜观察到视神经的各种结构，但对这些结构中不同神经元的功能知之甚少。为此，项目团队在网上发起号召，邀请全球的科学家、视神经专家和眼科医生共同参与该项目。研究者们开发了一款名为 EyeWire 的游戏，玩家通过为显微图像中的单个细胞及其神经元连接按功能涂色，帮助揭示视网膜神经元结构和组织如何产生运动检测功能。这是首次提供哺乳动物视网膜相关功能的完整信息。该项目吸引了来自 145 个国家的 16.5 万名科学家

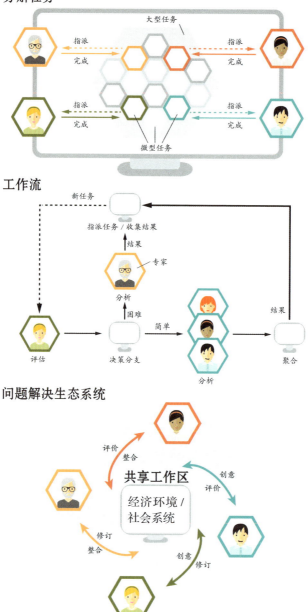

图1-6 2016年 *Science* 杂志《群智之力量》一文插图：人工计算系统
[图片来源：Michelucci P., Dickinson J. L. The power of crowds: Combining humans and machines can help tackle increasingly hard problems. *Science*, 2016(1)]

（玩家）参与。他们根据对细胞功能的理解选择相应颜色进行涂色。因此，当今世界上最完整的视神经结构与功能知识库便诞生于普林斯顿大学。

群体智能将成为 AI 未来发展的重要方向。目前，群体智能活动大多由人类组织，但未来将逐渐转向由 AI 主导。这种方式已在很多领域取得成功。例如，苹果手机的 APP Store 已拥有 130 万个应用程序，其收入甚至超过了手机销售。此外，阿里、美团和拼多多等平台企业也通过群体智能模式取得了巨大成功。

第三个端倪——人机混合增强智能。人机融合形成更强大的智能体已在很多领域落地应用，且发展迅速。一个例子是外骨骼系统，也被称作骨骼机器人，它将机器与人体肌肉结合，使机器能像人一样移动并独立承载重量。过去人单手能提起 10 公斤的重物，如今借助它可提起 30 公斤的重物。

另一个例子是著名的达·芬奇手术刀系统，医生通过视频操作机械手进行手术。浙江大学医学院附属医院已购置该设备。我曾经询问医生的使用体验，他们表示效果很好，手术视野清晰，下刀精准。特别是该系统支持画面放大和图像叠加，可将新旧检查结果对比显示，这便是增强现实（AR）技术。未来，系统还可叠加更多检测参数，让医生在手术中随时查阅过往资料并优化操作。当然，医生也反馈说，如果能增加新传感器，效果会更好。我相信，未来如果我国自主研发智能手术系统，也可以将使用中反馈的感知加于其中。

各种穿戴设备、人车共驾系统、脑控或肌控外骨骼机器人以及人机协同手术等技术，实现了生物智能与机器智能的紧密耦合，已在外科和脑科手术中得到初步应用。

中国的企业正在迅速跟进，例如杭州的三坛医疗将类似的技术应用于骨折复位。传统骨折治疗中，封闭式方法治标不治本，尤其对复杂骨折效果有限；而开创式治疗需要打开关节，创伤又较大。三坛医疗的方案是通过结合 X 射线片进行三维重建，利用激光定位和增强现实技术，帮助医生精准复位骨折处，无须打开关节，且复位精度高，再结合微创技术，使患者更快康复。这种治疗设备已开发完成，目前正在进行临床试验，未来有望推向市场。这一技术与达·芬奇手术刀的原理相似，均采用人机结合的方式实现精准治疗。

大疆公司研发了无人机的人机融合系统。大家都知道，无人机通常携带摄像头飞行，而其控制系统过去需要用户手持遥控器操作。如今，除了遥控器，用户还可以通过 VR 眼镜（虚拟现实眼镜）来操控（见图 1-7）。为了眼镜能实时显示地面情况，无人机需要配备两个摄像头，模拟双眼视觉，实现立体"观看"。VR 眼镜内置颈部转动传感器，可测量脖子的转动方向，所设数据指挥摄像头同步转动。用户通过上下左右转动脖子即可指挥摄像头的视角切换。这样一来，无人机的摄像头会随着用户头部的转动而切换视角，让用户仿佛置身于无人机之上，轻松自然地俯瞰下方。最吸引人的是，这套系统的售价仅约 4500 元，是一款价格亲民的民用设备，极具趣味性。当然，目前它尚未与知识库连接，一旦实现，其功能将更加强大。

智能篆刻。浙江大学的工业设计研究所正在尝试用人机混合的方法进行篆刻，也就是刻图章。篆刻是中国一门古老的艺术，在中国传统文化中占据着独特地位。篆刻通常需要专家操作，他们不仅要懂篆

图 1-7　大疆眼镜：远距离人机融合感知与控制
（图片来源：大疆官方网站）

字、会刻印，还要具备艺术审美的能力，传承流派风格，展现个人特色，最终达到美观而创新的效果。过去，篆刻手艺需要数年甚至十几年的磨炼才能纯熟。但为了满足人们对这门艺术的热爱，浙大设计了一个智能篆刻系统，将人与机器相结合。使用者只需告诉机器要刻哪个字，系统就会自动调出篆字，并按照篆刻家的风格进行排版。用户可以选择朱文或白文——朱文是白底红字，白文是红底白字，甚至可以模仿历代名家的印风。各项参数设置完成后，系统会呈现印文的平面效果。如果对效果不满意，系统还提供一系列调节参数，用户可以手动调节，比如调整粗细、疏密、边框宽窄等。

在这个智能篆刻系统中，用户可以在智能生成的基础上，再根据自己的喜好和审美进行修订，最终生成一个融合了个人风格和计算机风格的图章。当用户对设计效果感到满意后，系统会用机器刻出实体印章。目前的篆刻机器本质上是一种铣床，由于其走刀方式与手工篆刻不同，有些风格还无法完全呈现。因此，浙江大学机械专业的学生正在研究一种新的雕刻机，以模拟手工篆刻的走刀方式，从而能够刻出更具个性化、更接近真人书法家和篆刻家风格的作品。

2020 年，智能篆刻系统已经为浙江大学的每一位毕业研究生都定制了一枚图章；2021 年，该系统还为每一位本科生刻制了一枚图章（见图 1-8）。

人机协作画水墨画。众所周知，人类擅长构思和审美，而计算机则擅长快速绘制画面。因此，用户只需设定一些基本的框架布局，布局由人绘制，勾勒出大致轮廓后，计算机便能将局部补充完整，形成一幅完整的山水画。这种合作方式使得画面既符合用户的整体规划，又融入了计算机生成的丰富细节，既在意料之中，又不乏新的惊喜。

第四个端倪——跨媒体智能。我们已经提到，跨媒体能力是人类的重要智能之一，而跨媒体智能如今开始在众多领域得到应用。那么，什么是跨媒体呢？简单来说，它是指人类能够将脑中的文字、视觉和听觉等不同模态的知识相互关联并整合的思维能力。例如，当我们读到"张三在吃苹果"这句话时，人脑可以迅速调出苹果的形状、颜色，咀嚼苹果时的感觉、味道、清脆的声音，以及苹果在手中的触觉等信息。这些感觉虽然源自文字，但人脑能够迅速调用其他感官信息来丰富文字的内涵。然而，AI 1.0 技术还无法做到这一点，这也是计算机翻译开发中遇到的重大瓶颈。

人类能够将语言、视觉、听觉等信息整合为一体，这种能力是实现联想、推理和概括的基础。在 AI 1.0 时期，虽然也能实现一定程度

智能篆刻解决方案

智能篆刻解决方案提供智能篆刻平台与 AI 篆刻机，帮助零基础用户设计和制作个性化艺术印章。

"AI智能篆刻"小程序，只需三步，人人都可以表达创意

6种风格
8个参数
9000+标准篆字数据库
100000+风格篆字数据库

生成式人工智能技术
基于深度学习的风格化汉字生成
智能篆印生成
字体参数化与交互
风格迁移与风格融合等

零门槛篆印生成
输入简体中文，快速生成印稿

多风格实时转换
多种古篆字风格实时转换

个性化篆印设计
印面布局个性定制

探索篆刻艺术的多样化

中英文印

肖形印

文字瓦当印

图 1-8　浙江大学智能篆刻项目
（图片来源：项目方提供）

的联想，但远没有达到人类的水平。除了联想，人类还能进行丰富的想象。在推理方面，AI 在逻辑推理上表现较好，但在类比等非逻辑推理上则显得力不从心。

所以，AI 2.0 的目标之一就是实现跨媒体的创新。由任天堂、宝可梦等公司联合开发的手机游戏 Pokemon Go 就是一个典型例子。用户在真实街道上打开游戏，可以看到虚拟精灵在街道上活动，需要走到特定地点才能捕捉。这种游戏方式融合了视频和图形信息，打破了传统室内游戏的局限，让玩家在户外走动中既享受游戏乐趣，又锻炼身体，可谓一举两得。当然，这种模式也存在问题，比如可能妨碍交通，这也是中国未引进这款游戏的原因之一。

此外，微软亚洲研究院也在进行相关探索。例如，他们通过 AI 技术将一张马的照片转化为徐悲鸿画风的艺术作品。照片中的马被转换为徐悲鸿风格的马，使照片呈现出中国画的效果。这就是由图像转换为图形的技术。这些马并非徐悲鸿亲笔所画，却具有其艺术风格，照片也因此变成了水墨作品。这种技术未来可能催生一个巨大的产业。想象一下，在房间里挂几幅由自己拍摄的照片转化而成的艺术作品，这些作品正是你与 AI 共同创作的艺术成果。

如图 1-9 所示，浙江大学的工业设计研究所采用跨媒体方法创作风景画：先由人类绘制大致框架，计算机在此基础上进行扩展，生成丰富的色彩和细节。这种方法同样适用于中国画的创作——由人绘制布局草图，用不同色块表示不同形状，AI 根据色块生成完整画面，从而创造出多样化的风景画。这种人与计算机协作的方式，既保留了人类创作的灵感和布局，又借助计算机技术实现了画面的丰富性和多

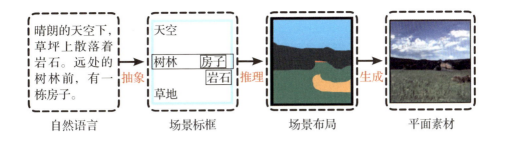

| 自然语言 | 场景标框 | 场景布局 | 平面素材 |

晴朗的天空下，草坪上散落着岩石。远处的树林前，有一栋房子。 → 抽象 → 天空 树林 房子 岩石 草地 → 推理 → → 生成 →

根据自然语言生成平面素材
· 先模仿人类作画过程，提取语句涉及元素并理解关系，抽象整体结构，再细化具体轮廓布局，最终上色生成。
· 根据语句抽象场景标框，指示元素位置大小，推理为场景布局，明确轮廓形状，进而填充纹理细节完成生成。

图 1-9　智能平面素材生成

样性。

　　这些色块可以通过语言指令进行控制。例如，我们告诉计算机："这里是天空，中间应该是树林，这里要有一栋房子，那里是草地，再远处有岩石。"计算机会根据这些指令将图案放置在相应位置，并最终生成一幅风景画。当然，对于图中的黄色色块，我们也可以将其定义为帐篷而非岩石，计算机会根据我们的指示生成新的图像。这就是将文字信息转化为图像，实现跨媒体的过程。

　　智能作曲。浙江大学研制过一个 AI 作曲系统"余音"（见图 1-10）。在这个系统中，人只需创作一小段主旋律，计算机便能完成整首曲子；或者，无须人工创作，只需提供一张图片，计算机通过分析图片的情感基调，按照其思路谱写音乐。此外，输入一段描述情感的文字，如"热烈的""欢乐的"，计算机也能根据需求生成相应的音乐片段。智能作曲系统的应用场景广泛，例如，淘宝上有大量店铺需要为产品和广

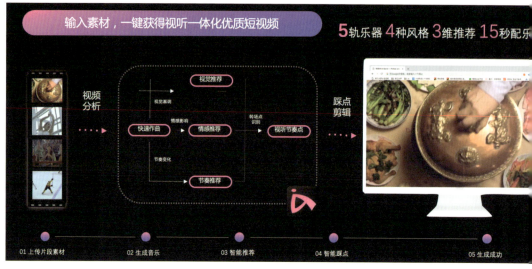

图 1-10　浙江大学"余音"智能音乐创作系统
（图片来源：浙江大学国际设计研究院网站）

告视频制作背景音乐，AI 可以低成本且高效率地完成这一任务。

　　跨媒体智能在产品开发中能够催生许多富有创新性的产品。例如，盲人眼镜的核心在于用两个摄像头模拟人眼的功能。当盲人行走时，摄像头可以实时探测前方是否有台阶、坡度，判断坡度的方向、障碍物相对于盲人的位置，从而为盲人提供精准的导航信息（见图 1-11）。

　　盲人眼镜通过摄像头识别路况，并将视觉信息转化为声音传递给使用者。最初，声音是通过符号传递的，后来发展为文字，最终演变为自然语言，以更直观的方式为用户提供指引。如今，盲人眼镜的功能进一步扩展。例如，它能够为盲人读报——过去盲人阅读依赖盲文，而现在只需用手指指向报页，眼镜便会拍摄并识别文字，将其转化为语音朗读。此外，外出时，盲人眼镜还能调用地图信息，自动生成语音导航，指引用户回家。因此，盲人眼镜不仅替代了拐杖和导盲犬，

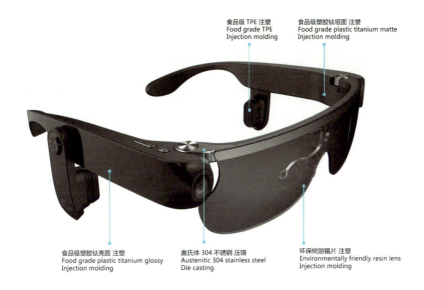

食品级 TPE 注塑
Food grade TPE
Injection molding

食品级塑胶钛哑面 注塑
Food grade plastic titanium matte
Injection molding

食品级塑胶钛亮面 注塑
Food grade plastic titanium glossy
Injection molding

奥氏体 304 不锈钢 压铸
Austenitic 304 stainless steel
Die casting

环保树脂镜片 注塑
Environmentally friendly resin lens
Injection molding

图 1-11　增强现实感知技术：盲人视觉辅助眼镜
［图片来源：DIA（Design Intelligence Award）官方网站］

还具备更多功能，是一种重要的增强型技术。通过跨媒体技术，AI 得以创造出许多有趣且实用的产品，极大地改善了盲人群体的生活质量。

　　第五个端倪——自主智能装备。在 AI 1.0 阶段，AI 科学家致力于开发类似人类或动物的机器人，取得了显著进展。例如，美国麻省理工学院在机器人技术方面处于世界领先水平。然而，尽管其技术已经取得一定成果，但人形机器人距离大规模应用仍有一定距离，主要原因是造价高昂且技术复杂。以波士顿动力公司为例，其开发的 Atlas 双足机器人是全球顶尖的机器人之一。Atlas 不仅能够实现复杂的双足行走，还能在动态奔跑和搬移重物等任务中表现出色。[①] 近年来，特斯拉的人形机器人成为该领域的新亮点。

然而，这类仿人机器人的实际应用并不多。我们可以通过一个例子来说明，为什么需要从机器人转向一个新的概念——自主智能系统。弹钢琴人形机器人在1985年日本筑波的世界博览会就已经出现了。它拥有人类的肢体和五官，能够用"双手"弹钢琴。图1-12中正在弹钢琴的是意大利发明家马特奥·苏兹（Matteo Suzzi）制作的弹钢琴机器人特奥特劳尼克（TeoTronico），它在央视2017年的《开学第一课》

图1-12　意大利的弹钢琴机器人特奥特劳尼克
（图片来源：中央电视台2017年《开学第一课》节目截图）

---

① 当地时间2024年4月17日，波士顿动力公司在一篇题为《Atlas的电气新时代》的官方博客文章中宣布，公司将推出电动版的Atlas，它将比前几代的液压版更强大，运动范围更广，其移动方式甚至能"超出人类的能力"。参见每日经济新闻，波士顿动力发布新一代人形机器人：能折叠双腿旋转360度站起，https://new.qq.com/rain/a/20240418A02VYV00。

中与琴童同台竞技。然而，人们逐渐意识到，机器人弹钢琴其实并不需要脑袋和眼睛，这些部件并无实际作用。

机器人弹钢琴无须查看曲谱，只需将乐曲存储在计算机系统中，因此仅需一双手即可完成演奏。于是，后续的弹琴机器人就简化为机械手，只要制造出高水平的机械手，就能实现弹奏。后来人们进一步发现，甚至连机械手都不需要。于是自动钢琴诞生了，它通过电磁铁驱动击打琴键来完成演奏。

目前，自动钢琴尚未实现智能化。一旦完全智能化，它不仅能自动演奏，还能自主教学，判断学生弹奏的准确性，指出错误所在，分析弹奏效果、节奏问题，并提供改进建议。到那时，它将成为真正意义上的智能钢琴。

因此，大家可以看到，这已经不是一个机器人操作设备的问题，而是如何将现有设备转变为智能化、自动化设备的问题。实际上，近十年来，无人系统的发展速度远远超过了传统机器人。无人系统并非由机器人专家主导研究：无人机由飞机设计师开发，无人车由汽车专家研究，无人船则由船舶设计师负责开发。这是因为类人或类动物的机器人造价高昂，且效率不如对现有机械进行智能化和自主化升级来得更高。

海康威视的智能运输机器人（AGV）虽然外形不像人类，但具备完整的功能，能够适应多种场景并高效工作。这类机器人目前应用广泛，价格也相对亲民，部分厂家的产品售价在几万元到十几万元。这些机器人不仅能够运送货物，还能进行分拣，甚至可以应用于车库管理等场景（见图1-13）。

图 1-13 海康叉取机器人
（图片来源：海康机器人提供）

所以，我们在 AI 2.0 中，把机器人概念扩大成自主智能系统。

三、新一代人工智能大有可为

前面我已经提到很多例子来说明 AI 的发展，以及新一代人工智能发展的五个方向。最后想谈一谈，现在新一代人工智能正处于一个萌芽阶段，各个方向的发展方兴未艾，所以会有大量 AI 的新产品涌现。

这涵盖了智能软件，如语音识别、机器翻译、图像识别、智能交互和知识处理等；软硬件结合的产品，包括芯片、插件和传感器；以及各类自主智能系统，例如智能汽车、智能轨道交通、车联网、无人系统和智能机械等；还有虚拟现实的 AR 和 VR 的艺术品、玩具、教育产品；各种可穿戴设备，智能手表、耳机、眼镜等；各种家居设备，电视、洗衣机、冰箱等智能家电与家具，以及智能服饰。智能产品在未来的几十年中会广受欢迎。

杭州每年都会举办一场备受瞩目的智能产品博览会——中国（杭州）国际智能产品博览会，国内外宾客来交流与参观。除了展示前沿的智能产品，未来几年，各领域的系统智能化进程也将加快发展脚步。目前，智能企业、智能制造的各类系统与装备，以及智能物流、智能医疗、智能教育的相关设备正不断涌现。与此同时，社会治理的智能化也成为重要发展方向，例如智能法庭、智能律师系统，以及涵盖反恐、国防安全、食品安全、信息安全和自然灾害防治等领域的智能安全系统。这些智能化应用，将成为未来发展的重要领域。

城市的智能化，尤其是交通领域的智能化，为新一代人工智能带来了极为广阔的发展空间。如今，正是新任务不断涌现的关键时期，许多新的任务正等待着我们去探索。

2018 年 10 月 31 日，中共中央政治局就 AI 发展现状和趋势举行第九次集体学习。中共中央政治局各位同志认真听取了讲解，并就有关问题进行讨论。媒体传达了重要的精神是，第一，AI 具有"头雁"效应。它在广泛的科学技术领域中起带头的作用。第二，AI 要发展，要夯实基础、独立自主，勇闯"无人区"。这个观点的意义在于，新一代人工智能的工作区多是未经探索的领域，关注各种新的问题、新的系统、新的应用。智能化社会的发展方向上有大量"无人区"，所以我们要勇敢闯入"无人区"，为人类做出新贡献。AI 和其他学科不一样，其他学科已经研究得较为成熟了。但在 AI 2.0 时代，AI 技术仍有很多工作等待开拓。因此，中国应与全球科学家携手，勇敢地冲向一片新的世界，不要在老区域踟蹰不前。第三，AI 要和产业的发展相结合，为经济发展添砖加瓦。AI 和经济的结合很重要，可以促进经济走向新的发展高潮。第四，AI 要为人民创造更美好的生活。AI 要为人服务，所以我也祝各位成为新一代人工智能的创新者。大家要努力勇闯"无人区"，从而为人类做出更大的贡献。

最早报告于 2020 年 7 月

第二讲
大数据智能

一、互联网和大数据孕育了 AI 2.0

大数据的提出

"大数据"一词最早由 *Nature* 杂志在 2008 年推出的专刊"Big Data"中提出。然而,早在 *Nature* 杂志之前,1998 年图灵奖得主詹姆斯·格雷(James Gray)在 2007 年就提出了大数据的概念,不过他称之为"数据密集型科学研究"。格雷指出,世界上已有三种科学研究方法:实验科学、理论推导科学和计算机模拟仿真科学,而从那时起,出现第四种科学研究方法(第四范式),即通过数据理解科学。这实际上就是大数据的核心思想。2012 年,牛津大学教授维克托·迈尔－舍恩伯格(Viktor Mayer-Schönberger)等人出版了畅销书《大数据时代:生活、工作与思维的大变革》,使大数据的概念广为人知(见图 2-1)。

在此之前,我们在研究数字图书馆时也提出了"数据海"的概念,

图 2-1 《大数据时代：生活、工作与思维的大变革》

（维克托·迈尔－舍恩伯格、肯尼思·库克耶著，盛杨燕、周涛译，浙江人民出版
社 / 湛庐文化，2013 年）

时间更早一些。在 2003—2004 年。我们认为，图书数字化聚集到一定规模后会发生质的变化。当时，我们已经完成了 200 万册图书的数字化，确实见证了这种质变。不过，我们提出的概念并未流行起来，最终流行的还是"大数据"。

2012 年，瑞士达沃斯世界经济论坛发布了一份报告《大数据，大影响》(*Big Data, Big Impact*)。报告指出，数据已成为一种新型资产，如同货币和黄金一样，对经济的推动作用远超其他科学技术。特别是将数据比作黄金的提法极具感染力，使得"大数据"一词迅速在社会上流行开来。

截至目前，大数据尚未形成统一的定义，但普遍认为它具有四个特征，即 4V：大量化 (volume)、多样化 (variety)、快速化 (velocity) 和价值化 (value)。也有人提出 5V，在 4V 基础上增加了准确性 (veracity)。这些特征都是对大数据内涵的初步描述。

三元世界和 AI 2.0

前文提到，我们基于各种项目的研究归纳出一个观点：世界正从二元世界转向三元世界。我们认为，这一转变始于大约 30 年前。

三元世界的出现标志着一个新时代的开启。这个时代不仅产生了海量的信息和数据，而且这些数据具有一个重要的特征，与之前提到的 4V 或 5V 不同——大量数据绕过了人类，直接来自物理世界。因此，大数据时代的特征除了 4V 或 5V 之外，还有一个关键点：越来越多的信息并非由人类主动发出。许多信息源自物理世界，也有不少虽来自人类社会，但它们都是被动产生的。例如，我们使用手机时，尽管不希望自己的行动轨迹被记录，但实际上这些信息已经被传输出去。此外，这些信息将人视为物理对象。正是这些特征共同构成了大数据时代。然而，如果大数据时代不能发展为大知识时代，那么这些数据对人类的意义将大打折扣。只有将其转化为大知识，人类才能实现真正的变革，迎来巨大的发展。

我们看到，新冠疫情以后，变化加速了。也就是在今后的 30 年中，信息流与人类社会和物理世界的交互会加速且复杂化，大家可以回忆一下第一讲的图 1-4。

在这样的背景下，我们可以清晰地看到，各行各业的研究和生产将迎来三个重要变化。2015 年，我们提出了一个关键课题——中国工程院的重大咨询课题"中国人工智能 2.0 发展战略研究"。我们认为，AI 将迎来巨大发展并进一步升级。尽管 AI 的快速发展有目共睹，但当时许多人，包括欧美发达国家的相关人士，并未充分认识到其升级的可能与可行。2016 年，我们提交了《建议我国启动"中国人工智能 2.0"重大科技计划》的报告，旨在推动这一领域的深入发展。

科技部和中国工程院组织 220 多名 AI 研究者经过一年的深入研讨与努力，起草了规划的初稿。2017 年 7 月 8 日，国务院发布了《新一代人工智能发展规划》，这一规划引起了全球的广泛关注。规划明确提出了我国在 AI 发展中的宏伟目标：到 2025 年，AI 基础理论实现重大突破，部分技术与应用达到世界领先水平，AI 成为带动我国产业升级和经济转型的主要动力，智能社会建设取得积极进展；到 2030 年，AI 理论、技术与应用总体达到世界领先水平，成为世界主要 AI 创新中心，智能经济、智能社会取得明显成效，为跻身创新型国家前列和经济强国奠定坚实基础。

实际上，更吸引全世界专家目光的是，规划中对新一代人工智能提出的五个重要方向，即大数据智能、群体智能、跨媒体智能、人机混合增强智能、自主智能系统。其中，大数据智能、跨媒体智能、人机混合增强智能这三个概念是由中国的科学家首次提出的。群体智能的概念在以前就已经有了，但是我们也把它纳入 AI 2.0 研究的重要方向。

相当一部分科学家对这五个方向给予了高度关注，尤其是对第一方向的关注度可能远超另外方向。此外，我们的应用目标也非常明确，包括智能城市、智能医疗、智能制造、智能农业等领域。

过去，国外对这五个方向的关注及相关公开报道并不多，但如今开始逐渐增多了。2020 年 7 月 12 日，《日本经济新闻》报道了一项可能预示着 AI 未来走向的技术——多模态 AI。熟悉 AI 的人知道，多模态基本就是多媒体，其核心在于跨媒体。报道中的提法虽与我们的用词不一致，但本质上是一致的。就像人类通过五感理解周围世界一样，AI 可以通过图像、声音和文本等多种数据进行高水平判断。这就是跨媒体智能。

二、知识的表达将引导大数据智能的发展

认识各种形式的知识

要做好大数据智能，正如我之前提到的，核心是将大数据转化为

大知识。因此，我们需要理解各种形式的知识。很多人将大数据分为两部分：第一部分是结构化数据，第二部分是非结构化数据。

第一种知识表达就是结构化数据。那么，什么是结构化数据和非结构化数据呢？有人提出了一个简单的判断法则：不能用关键字表达的数据都属于非结构化数据。反过来讲，如果能提取关键部分并形成一条记录，那就是结构化数据，这延续了数据库数据处理的概念。从AI的角度来看，这种说法大体上是正确的。结构化数据本质上也是一种知识，数据库中的表格与AI中框架（frame）的知识表达是相通的，不过后者更复杂一点罢了。

然而，数据库和AI在处理数据时采用的方法有所不同。数据库依靠程序化的计算方法来处理数据，而AI则采用数据驱动的方法，通过算法直接从数据中学习和提取知识。正是由于这两种方法的差异，同样的数据在数据库和AI中可能会产生不同的结果。我认为，AI的下一步发展中很重要的是要以更聪明的方式处理数据库中的数据，从而更高效地利用这些数据库中的宝贵的数据。

第二种知识表达方式是知识图谱。知识图谱是AI中一种规范化的知识表示形式，它不仅可用于搜索和分析——这是目前最为普遍的应用场景——还能用于推理和学习，后两者的应用也正逐渐增多。尤其是学习方面，计算机已经能够自动从文本（一种非结构化数据）中提取实际元素及其关系，并自动生成知识图谱。知识图谱的应用领域广泛，包括搜索引擎、智能客服、自然语言处理和数据分析等，随着技术的成熟，知识图谱正逐渐成为智能时代的重要基础设施。

2012年，中国工程院建立了中国工程科技知识中心（CKCEST），旨在通过知识服务协同创新体系，支撑国家战略决策和高端智库建设。浙江大学人工智能研究所的庄越挺教授团队成功抓住了项目的核心，即如何将大数据转化为大知识。为此，团队建设了一个重要的平台——KS-Studio。该平台以知识图谱技术和深度学习为核心，是 AI 工具平台的重要组成部分（见图 2-2）。然而，这类平台在中国工程科技知识中心库中的应用还不够广泛。主要原因在于，各行各业数据中心的从业者大多沿用数据库路线处理数据，对 AI 概念的理解相对较慢。

同时，庄越挺团队在国际知识图谱构建大赛（NIST TAC KBP）中表现突出。2016 年，参加了针对英文文本的知识库实体识别与链接项目竞赛，与全球众多著名大学和企业同台竞技，包括卡内基梅隆大学（CMU）、伊利诺伊大学厄巴纳－香槟分校（UIUC）、IBM、伦敦大学学院（UCL）、科大讯飞、浙江大学和北京邮电大学等 15 支队伍。在比赛中，浙江大学的知识图谱自动构建技术表现出色，获得综合指标第一名。

第三种知识表达方式是深度神经网络（DNN）。对于有些 AI 领域

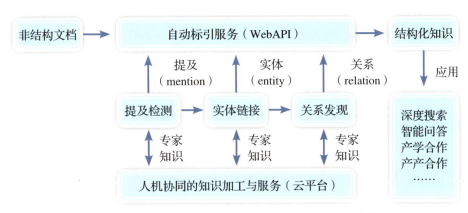

图 2-2　浙江大学人工智能研究所的 KS-Studio 系统

的人来说，DNN 往往被视为一种特殊的模型或技术。但从宏观角度，尤其是从 AI 发展的历史来看，DNN 实际上也是一种知识表达。从知识表达这个角度去看待 DNN，能看穿很多问题。

DNN 是一种通过大量标注数据训练而自动生成知识的模型，它主要有两大优点。一是能够自动生成知识。这种知识并非由人类编写，也无法由人类编写，而是一种复杂且高度抽象的知识。DNN 的架构虽然由人类设计，但训练结果是由模型根据数据自动生成的。因此，它是一种基于数据驱动方式生成的知识。然而，自动生成知识是有代价的，需要大量人力标注海量数据，模型通过对这些数据进行学习并组合出知识结构。

DNN 的另一大显著优点在于其强大的数据处理能力。它不仅能够处理离散型数据，还能处理大量非结构化数据，如图像、声音和文本等，这些数据用传统方法很难处理。因此，DNN 推动了 AI 的这一波巨浪。

但它也有一个很大的缺点——难以解释。尽管计算机能够很好地理解和应用，却很难向人类解释清楚，为什么模型能够识别出某种特征，如同黑箱一般。因此，DNN 是一种在计算机上很好用，但人类无法理解的知识表达方式。

我预计很快会出现第四种知识表达方式——视觉知识（visual knowledge，VK）。视觉知识是一种能够对视觉形象进行操作的知识表达形式，其目标是模拟人类的形象思维，从而提升设计、创意等形象相关工作的效率和水平。视觉知识的应用可以显著提高识别、设计和创意等领域的效率，尤其是在模拟人类形象思维方面，我们在第六讲会详细解释。当然，目前还有其他知识表达方式存在，但以上四种（结

构化数据、知识图谱、深度神经网络和视觉知识）是最容易被大众接
受和应用的（见表2-1）。

表2-1　各类知识表达

序号	数据形式	知识表达	特色应用
1	字符（结构化）	结构化数据	统计、分析、计算
2	字符（文本）	知识图谱	搜索、推理
3	传感器数据	深度神经网络	识别、分类
4	视觉数据	视觉知识	设计、创意

总结来看，知识表达主要有以下几种形式。

第一种是结构化数据。虽然传统上未被视为知识表达，但通过提
取关键信息和建立关联，我们完全可以将其转化为知识表达。

第二种是知识图谱。它已被广泛认可为一种知识表达形式，适用
于推理、搜索和学习等多种应用场景。

第三种是深度神经网络。尽管在AI领域应用广泛，但目前尚未被
纳入知识表达的范畴进行系统研究。

第四种是视觉知识。这一领域已经有所发展，例如场景图可视为
向视觉知识迈进的中间产物，但目前仍缺乏系统化的研究。

未来的趋势

我们发现，这四种知识表达方式在应用上各有特点。通过对这些
知识表达方式的整体研究，我们总结出了一些趋势。

首先，数据的形式和应用目标的不同，会催生出不同的知识表达

方式。随着 AI 的不断发展，未来必然会出现更多新的知识表达方式。例如，在声音识别领域，目前主要依赖 DNN 来提取特征和识别模式。然而，随着技术的进步，未来可能会出现专门针对声音的新型知识表达方式，与现有的 DNN 相结合，以更高效地表达声音。

越来越多的非结构化数据在信息空间中涌现，这些数据并非由人类直接生成，而是来源于各种传感器、设备和自动化系统，所以是非结构化的。它的进一步细分和应用甚至会推动新的知识表达的诞生，这是我们要关注的一个重点。由此推论，大数据智能和跨媒体智能彼此关系十分密切，在知识表达这一领域已经成为两者的核心问题。

其次，多种知识的协同使用能够提升系统的智能水平。这是因为人类在解决问题时，会同时调用短期记忆和长期记忆，不同知识类型（媒介）协同工作，从而实现高效智能的表现。然而，目前我们的 AI 往往只单独使用某一种知识表达方式。例如，现有的翻译系统之所以难以突破最后的 5%～10% 准确率，原因就在于它们只依赖单一的知识表达，要么是 DNN，要么是其他知识形式，缺乏多种知识的协同。

以杭州摸象大数据科技有限公司（简称摸象科技）为例，该公司由高鹏博士创办，正在探索多种知识表达方式的协同应用。他们通过数据库关键字构建用户画像，利用知识图谱表达金融产品知识，最终实现精准匹配。这种多知识协同的方式，突破了传统金融机构客户经理在产品推荐中的局限。金融机构产品种类繁多，客户经理往往只能记住其中一小部分，而 AI 系统则可以全面覆盖所有产品，做到持续、不间断地为客户提供更精准的推荐服务——"总有一款适合你"。

摸象科技采用用户画像技术，用 8000 个基础标签来标示用户，还有 200 个以上的高级标签。这些标签可以判断用户的投资额范围、信用水平、投资偏好（稳健型或激进型）等。

另外，产品用知识图谱来表达，目前已经积累了 10 万个绩点的知识图谱元素（KG 元素），不但能够表达知识，还能表达和分析各种场景，并在此基础上进行推理。因此，它使用了一个场景识别、语义理解和智能对话的深度自然语言系统，来设置、分析用户的需求，向用户推荐产品。

摸象科技的产品工作方式十分巧妙：首先通过数据库确定用户类型，再根据用户信息匹配知识图谱进行推荐。推荐后，系统会与用户对话，理解自然语言并翻译对话内容，从中提取新知识加入图谱。这一过程不仅实现了推荐，还能根据对话不断优化推荐结果。

与传统客户经理只能推荐少数产品不同，AI 可以持续、精准地推荐产品，且越沟通越符合客户意向。系统具备强大的闭环能力，每天可推荐 100 亿种产品，响应时间仅 20 毫秒。这种高效的推荐能力，正是多种知识表达方式协同作用的结果（见图 2-3）。

再次，DNN 与视觉知识的联合使用，能够显著提高识别率。DNN 在图像识别中已经表现出很高的准确率，但如果在此基础上加入视觉知识，识别率还能进一步提升。这是因为 DNN 类似于人类的短期记忆，虽擅长快速感知识别，但难以解释其决策过程；而视觉知识类似于长期记忆，能够支持推理、变换和迁移等复杂任务。两者的结合可以弥补彼此的不足，从而更高效地完成识别任务。

海康威视的产品通过结合视觉知识和深度学习技术，显著提升了识别能力。视觉知识的最基础应用是场景图，海康威视利用这一技术

基于智海金磐大模型构造金融超级大脑

图 2-3　杭州摸象科技的"金融超级大脑"
（图片来源：摸象科技提供）

设计各种场景，效果显著。例如，过去摄像头只能识别完整的人体图像，但当图像只有局部（如两条腿）时，识别就会出错。如今，海康威视的识别技术可以很好地处理这种情况。过去，系统甚至很容易将狗的背影误识别为人的背影，但现在的技术已经能够准确区分结构化的场景。实验表明，即使在遮挡较多的场景下，漏检率也能有效降低，性能点检测结果普遍提升 4.5%～12.8%，部分场景提升超 10%。这说明视觉知识与 DNN 联合应用，能大幅提高图像设备的识别能力（见图2-4）。

性能测试结果

Dataset	RECALL@FPPI＝0.1	
	Baseline	Ours
小区场景 A	90.78	95.28（＋4.50）
景区场景 B	45.70	50.67（＋4.97）
园区场景 C	67.33	75.56（＋8.23）
园区场景 D	33.41	46.23（＋12.82）
园区场景 E	56.14	66.47（＋10.33）
小区场景 F	69.86	81.35（＋10.49）

图 2-4　海康威视的结构化场景试验结果（2021 年）

（图片来源：海康威视提供）

三、大数据智能的应用广泛而深入

大数据智能是 AI 2.0 中极具潜力的技术。当 AI 2.0 被提出时，很多人质疑为何没有将深度学习列为独立内容。我解释说，深度学习已经被纳入大数据智能中。当时，几乎所有 AI 专家，尤其是年轻专家，都一头扎进深度学习领域，这可能不利于中国 AI 的全面发展。深度学习只是知识表达的一种方法，而知识表达还有其他方式，我们必须认识到这一点。因此，这些方法的整合都聚焦于大数据智能。

大数据智能可以涵盖所有这些方法，因为它们都是基于大数据的不同应用分支。我们看到，中国信息通信研究院（简称中国信通院）对智能制造的调研发现，智能制造中有 20 多个工序用到了 AI 技术。这些工序可分为三类。

第一类大量使用深度学习，主要集中在制造过程的底层单元。为什么集中在底层单元呢？因为这些工序大量依赖视觉知识。例如，原料分类、设备自动执行、设备维护、产品质量检查等任务，大多是需要类似于"眼睛"和"手"协同的动作，既要看到，又要操作，还要行走，这些都是底层运行的工作。

第二类应用非常广泛的是知识图谱，主要用于智能制造的上层工作。上层工作主要涉及数字、符号和文本的处理，例如融资、供应链、库存和物流管理等。这些场景中，知识图谱通过结构化数据的关联和推理，能够有效支持复杂决策。虽然库存管理中可能还会涉及视觉知识，但在整体流程中，库存管理更多地被视作数据问题来解决。生产成本管理等环节也主要依赖知识图谱来实现智能化。总体来看，深度学习和知识图谱的应用场景在智能制造中呈现出明显的分层特征（见图2-5）。

第三类问题是当前智能制造中的难点，目前还难以很好地解决，例如产品研发。这一类问题之所以难，是因为仅靠现有的知识表达方式（如深度学习和知识图谱）无法满足实际需求。有些问题需要结合

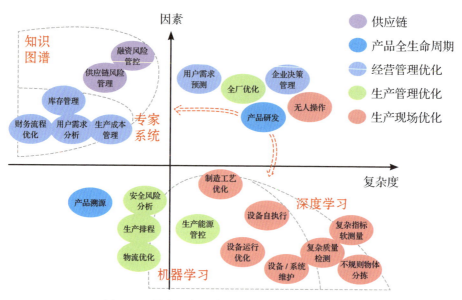

图2-5 制造业智能应用总体图（中国信通院）

多种知识表达方式，甚至可能需要引入新的知识表达类型。例如，在产品研发中，深度学习和知识图谱在某些情况下都存在局限性，无法满足需求，必须引入视觉知识。这表明，现有的知识表达方式（如深度学习、知识图谱和视觉知识）虽然在智能制造中发挥了重要作用，但仍需进一步发展和丰富，以满足更复杂问题的解决需求。

浙江大学正在开展协助政府部门对经济运行进行智能治理的项目，重点聚焦区域经济产业链图谱的分析与诊断。过去，政府部门主要通过数据分析和统计、可视化等手段来了解经济运行的宏观态势，但难以深入产业链层面。现在，浙江大学的研究团队通过构建产业链图谱，将区域经济的宏观数据细化到产业链的各个环节，不仅涵盖区域内产业链，还与全国乃至全球产业相连。因为产业链上的部分零件可能是进口的，也可能是在国内偏远的地方生产的。

这一产业链知识图谱不但能动态展示产业链上各节点的发展情况，更重要的是，它能综合分析区域产业的优势和短板，为企业提供精准的升级规划（见图2-6）。这种智能化的产业链分析工具，不仅为政府提供了更精准的经济治理手段，也为区域经济的高质量发展提供了数据支持和决策依据。

智能系统能够辅助政府和企业进行多种所需操作。如**助力政府招商与企业合作**：系统可以帮助政府精准识别区域产业的优势与短板，为政府提供招商方向与目标；帮助企业利用图谱寻找新的合作伙伴。**帮助企业寻找人才**：系统能分析产业链上各环节的人才需求，定位对口人才的分布，指导企业招聘方向。**助力企业寻找科研合作伙伴**：系统可以分析高校和科研机构在不同领域的强项，例如清华大学、北京

图 2-6 区域经济的智能治理助手

大学、浙江大学和北京邮电大学等各高校的科研优势与成果，帮助企业精准对接科研资源，完成技术升级。

这种基于大数据和AI的管理方式，仅靠人工无法完成，而系统能通过推理、分析和搜索技术，实现国内外范围内的资源搜索与任务分配。

至于AI在社会科学领域中的应用，我们可以看看金融方面。在杭州市，大数据智能和AI技术在金融领域的应用已经取得了显著进展，主要可以分为：客户服务、风险控制、精准营销、资产管理和金融监管等五个方面。AI 2.0的技术也可分为五个方向，在这五个方向上金融领域大客户都有所应用，我们可以来看看杭州某企业的案例（见表2-2）。大数据智能在五个方面都用到了，群体智能（含区块链）用于四个方面，本表不涉及区块链。跨媒体智能用于三个方面，人机混合增强智能用于三个方面。自主智能系统用得最少，现在只在客户服务中应用了服务机器人。

表 2-2　智能金融各领域与 AI 2.0 各技术关系鸟瞰

AI 技术应用	客户服务	风险控制	精准营销	资产管理	金融监管
大数据智能 （深度学习、联邦学习、知识图谱）	√	√	√	√	√
群体智能 （区块链等）		√	√	√	√
跨媒体智能 （身份识别、语音问答）	√	√	√		
人机混合增强智能 （表情识别、自然语言理解）	√		√		√
自主智能系统 （服务机器人）	√				

从金融领域应用角度看，风控智能化应用最为广泛。风控智能化基于大数据，整合了人脸识别、实时爬虫、图算法、机器学习模型和决策系统等技术。这些技术既利用了结构化数据，也涵盖了非结构化数据，包括字符型、图形型和图像型等多种形式。若涉及自然语言对话，还会加入声音识别等非结构化数据。正是基于这些多元化的数据和技术，风控智能化策略得以构建，从而实现对贷前、贷中、贷后风险的精准评估。

我们进一步探讨智能城市。根据中国工程院的宏观研究与战略分析，智能城市的技术结构应由五个层次构成（见图2-7）。其中，黄色代表信息空间，绿色代表物理空间，玫红色代表人类社会空间。智能城市本质上是三元世界（信息空间、物理空间、人类社会空间）之间的交互与计算。这种交互和计算正是智能城市的核心特征。

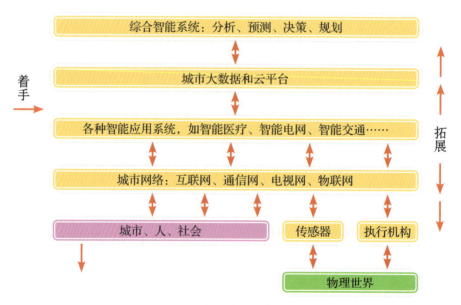

图 2-7　智能城市的技术结构

在五个层次中，大家主要关注的是中间层次：智能医疗、智能电网、智能交通等，IBM最初向中国推荐的系统正是基于这一层次的。经过研究，我们认为IBM推荐的系统虽然可以作为起点，但并不全面。系统的下方还应包含两个层次，上方也有两个层次。只有全面考虑这五个层次，智能城市的技术结构才能完整。最上层实现了综合性智能，中间层就是大数据，所以智能城市用到的是大数据智能。

根据《大数据时代：生活、工作与思维的大变革》书中的描述，2010年全球互联网数据呈现爆发式增长，具体数据如下：全球网站数量达到2.55亿个，博文数量为1.52亿篇，数字歌曲数量约为2000万首，网络注册用户数量接近20亿，英文数字图书数量约为1.5亿册，中文数字书刊数量约为150万册。这些数据反映了全球互联网的蓬勃发展态势，大数据的增长速度令人瞩目。

所有的这一切还都不是大数据的核心，这一切都是人发出的数据。在智能城市中，大数据的核心并非仅限于人类活动产生的数据，而且涵盖了更广泛的物理空间和城市运行的多维度数据。这些数据包括：城市建设的建筑、街道、交通、照明等信息；城市环境的水、气、土壤、垃圾等资源与环境监测数据；城市经济与金融数据，服务、贸易等活动数据；城市产业的机械、家电、轻纺等各行业的企业数据；城市教育的中小学、大学数据；城市医疗与卫生的医院、食品等数据；城市文化和媒体的传播数据；等等。大量的城市管理信息是物理世界发出的，或是人不经意发出的数据。

对于城市的管理者来说，这些数据才是智能城市治理的关键，而这些数据在哪里呢？它们大多掌握在负责实际工作的各个单位手中，目前的核心痛点在于各单位掌握的部分数据难以实现共享。要真正推进智能城市建设，市场数据的整合与共享是关键，要将孤立的数据拿出来打通。所以，智能城市必须是一个"书记市长工程"，才能确保数据共享的顺利实施。

总体来说，大数据智能及其新知识表达方式，无疑是当前科研领域一片富饶的"无人区"。对于 AI 研究者来说，进入这片领域并产出各类科研成果，有巨大的潜在空间和价值。

最早报告于 2021 年 1 月

第三讲
跨媒体智能及其研究方向

一、从多媒体技术到跨媒体智能

计算机多媒体技术

1990 年，微软、飞利浦、IBM 等公司发起多媒体 PC 机学会（MPC），定义了如图形卡、声卡、CD-ROM 等硬件规格，宣告多媒体技术诞生。

多媒体技术其实就是让计算机处理不同类型信息的一门技术，比如文字、图片、视频、音频等。这些信息不仅我们人能看懂、听懂，计算机也能"理解"并加以处理。正是因为有了多媒体技术，我们的生活才变得更加丰富多彩。它在很多领域都有广泛的应用，比如影视、医疗、旅游、办公等，几乎无处不在。

下面我们来看看多媒体技术具体包括哪些内容，以及它们是怎么改变我们的生活的。

文本处理技术

文本处理技术主要是对文字数据进行加工的，比如清洗、分析和挖掘。在电商行业，商家可以通过分析用户的购买记录、浏览行为等文本数据，来推测用户的喜好和购买意愿。这样一来，商家就能更精准地推荐商品，甚至给用户推送个性化的广告。比如你最近经常在购物平台搜索"运动鞋"，很快就会被推送各种新款跑鞋，这就是文本处理技术的功劳。

图像和视频处理技术

图像和视频处理技术可以说是多媒体技术中的"视觉专家"，它涵盖了图像的编码、增强、修复、分割和识别等多种功能。比如——

人脸识别：现在很多手机都能用面部解锁，这就是图像识别技术的应用。

生物监测：在农业领域，可以通过图像处理技术监测植物的生长状况，帮助农民更好地管理作物。

视频编辑：电视、电影的大量编辑工作如剪辑、配音、增强、存储等等都需要视频和图像处理技术的支持。

计算机图形学技术

计算机图形学技术是多媒体技术中的"艺术家"，它专注于图形的几何变换、光照效果、纹理贴图、动画制作等。这项技术为很多领域提供了基础算法，比如——

计算机辅助设计（CAD）：工程师可以用它来设计建筑、汽车等复杂结构。

动画游戏：那些逼真的游戏场景和流畅的角色动作，都离不开计算机图形学技术。

虚拟现实（VR）：戴上 VR 头盔 / 眼镜，你就能进入一个虚拟世界，这也是计算机图形学技术的功劳。

音频处理技术

音频处理技术是多媒体技术中的"音乐家"，它涵盖了音频的采集、编辑、存储和播放等功能。这项技术在很多领域都有应用——

音乐制作：通过音频处理技术，音乐人可以创作出独特的音效，甚至过滤老唱片中的杂音。

电影音效：电影中的爆炸声、风声、雨声等音效，都是通过音频处理技术制作出来的。

语音识别：像 Siri、小爱同学这样的语音助手，也是靠音频处理技术才能听懂你说的话。

其他交互技术

除了上面这些，多媒体技术还包括一些与其他感知有关的技术，比如触觉、嗅觉、动作捕捉等。这些技术让人和机器之间的交互变得更加自然和直观。比如——

触觉反馈：有些游戏手柄可以模拟震动，让你感觉像真的在开车或者打枪。

动作捕捉：电影里的 CG 角色（比如《阿凡达》里的纳美人）的动作，都是通过捕捉真人演员的动作来实现的。

嗅觉模拟：虽然还在研发阶段，但未来可能会有能散发气味的设备，让你在看电影时闻到花香或者火药味!

总之，多媒体技术就像是人的各种感知器官，能处理文字、图像、声音、动作等各种信息，让计算机不仅能"看懂"世界，还能"听懂"甚至"感受"世界。正是因为有了它，我们的电脑才变得更加通情达理、便捷有趣!

跨媒体信息处理是人类的重要智能

对人类的感知和行动，多媒体技术还是不够的。其背后其实是一种非常复杂的"跨媒体智能"在起作用。简单来说，跨媒体智能就是同时综合处理多种类型的信息，比如视觉、听觉、触觉等，只有把它们整合在一起，才能帮助我们做出反应或决策。这种能力在日常生活中无处不在，甚至我们自己都没意识到它的存在。

比如，一个小朋友看到桌子上有一块饼干，他走过去，踮起脚伸手抓住，送入嘴里吃掉。这个过程看起来自然而简单，但其实背后涉及了十分复杂的信息处理过程。

①视觉信息：小朋友先用眼睛看到饼干，确认它的位置和形状。

②动作信息：大脑指挥身体走过去，踮起脚，伸手去抓。

③触觉信息：当手碰到饼干时，触觉会告诉大脑"抓到了"，然后手会调整力度，确保不会把饼干捏碎。

④空间信息：在整个过程中，大脑还在不断建立一个环境空间模型，判断距离、方向，甚至要考虑身体的平衡，比如踮脚时会不会摔倒。

你看，光是"拿一块饼干"这么简单的动作，就需要这么多对信息的协同处理。这还不算完，如果饼干放得比较高，小朋友还得调动腿部的肌肉使劲让脚踮得更高，用手臂努力去够，甚至手指的肌肉也要配合好，才能稳稳抓住饼干。这是一场"全身总动员"。

再举一个更高级的例子，人类的学习和创造也离不开跨媒体智能。比如，心理学家谢泼德（R.N. Shepard）在1971年做过一个著名的实验，叫作"心理旋转实验"。在这个实验里，参与者需要看一对三维物体的二维图片（就像看一张立体物体的照片），然后判断这两个物体是不是同一个东西。

听起来好像不难，对吧？但事实上，参与者的大脑需要做很多工作：首先，他们得在脑子里把二维图像"转换"成三维物体。其次，他们还得在想象中"旋转"这些物体，看看它们是不是能在某个角度重合。最后，他们才能做出判断。

这个过程不仅需要视觉信息的处理，二维到三维的变换，还需要空间想象力和逻辑推理能力的配合。这就是跨媒体智能的另一个典型例子——它不仅仅是感知和行动，还涉及更高层次的认知和创造（详见第七讲"论视觉知识"）。

所以，跨媒体智能技术其实是深刻地揭示了我们人类与生俱来的一种能力。从最简单的"拿饼干"到复杂的"心理旋转"，都是这种能力的体现。它让我们能够更好地理解世界、适应环境，甚至创造出新的东西。是不是很精彩？

二、跨媒体智能研究的主要方向

跨媒体记忆与知识表达

跨媒体记忆

认知心理学早就发现，人类的记忆可不仅仅是记住一些符号或者文字那么简单，它还包括了心象（也就是我们常说的"脑海中的画面"）等多种形式的信息。换句话说，当我们记住一件事时，不仅仅是记住了它的名字或者描述，还会在脑子里形成一幅画面、一种感觉，或者一种声音。这种多媒体相关联的记忆方式，让我们对世界的理解更加丰富和立体。

最近几年，脑科学研究在这方面有了重大突破。科学家们通过研究大脑中的信息处理过程，发现了符号概念（如文字）和心象（如图像）这些跨媒体信息在记忆中的紧密联系。2021 年有一项发表在 *Nature Neuroscience*（第 24 卷第 11 期）的研究特别有意思。这篇由波帕姆（S. F. Popham）等人发表的论文"视觉和语言语义表征在人类视觉皮层的边界处对齐"（"Visual and linguistic semantic representations are aligned at the border of human visual cortex"），通过功能性磁共振成像（fMRI）技术，直接观察到了大脑中的"视觉表达地图"和"语义地图"。简单来说，科学家们发现，当我们想到一个概念时，比如"苹果"，大脑中不仅会激活与这个词相关的语义区域，还会激活与苹果图像相关的视觉区域。而且，这两个区域之间还有过渡地带，它们并不是完全分开的，而是以一种梯度分布的方式连接在一起的。

更有趣的是，这项研究还指出，人类的记忆并不是像录像机一样简单地复制和回放过去的经历。相反，记忆更像是一种"重构"——我们的大脑会根据语义内容（也就是事情的意义）重新组合和构建过去的经历。比如，当你回忆起一次旅行时，你的大脑并不是简单地回放当时的画面，而是会根据你当时的心情、环境中的声音，甚至是气味，重新构建出一个完整的场景。

这些发现对我们理解大脑的工作方式非常重要，尤其是它揭示了视觉、符号、声音等不同媒体信息在大脑中的物理关联。这项研究不仅是脑神经科学的一个重要发展，还给 AI 技术带来了很多启发。比如，AI 要想真正模拟人类的智能，可能也需要像人类一样，将文字、图像、声音等多种媒体信息整合在一起，而不是仅仅依赖单一媒体的数据类型。

总之，大脑的记忆机制远比我们想象的要复杂和神奇。它不仅仅是一个存储信息的"硬盘"，还是一个能够将多种媒体信息融合在一起，并不断重构和创新的"智能计算机"。这些研究成果不仅让我们更了解自己，也为未来的智能科技发展提供了新的思路。

生理知识和心理知识之多重表达

我们大脑处理概念的方式很神奇。比如，当你想到"苹果"这个词的时候，你大脑里的一群神经元正在忙碌。这些神经元可能分散在大脑的不同区域，它们通过复杂的网络连接在一起，形成了一个独特的"苹果"编码。当然了，我们自己根本意识不到这个神经网络的生理存在。

对意识而言，当我们想到"苹果"的时候，情况就完全不同了。这时候的"苹果"是一个完整的印象——你自然会想到它的颜色、形状、味道，甚至是咬一口时的脆响。这些来自视觉、味觉、听觉等多方面的信息完美地融合在一起，形成了一个有结构、能理解、能推理的跨媒体的心理整体概念。

这给我们开发 AI 带来了重要启示：知识在 AI 中的表达也应该多样化才合理。就像我们的大脑既有隐性的神经网络记忆，又有显性的结构化认知一样。在跨媒体智能领域，我们可以用神经网络大模型来模拟大脑的记忆功能，同时用其他更结构化的方式来表达那些需要分析、综合、推理和解释的知识。

这种"双管齐下"的方法可能是 AI 发展的一个重要方向。就像我们人类既能凭直觉快速识别事物，又能深入分析思考一样，未来的 AI 也可能具备这种多层次的智能。这样的 AI 不仅能像人类一样理解事物的多重含义，还能像专家一样进行复杂的推理。

跨媒体知识表达

说到 AI 技术，知识始终是它的核心。这几年，大家有没有注意到很多公司都在找人给图片和视频打标签？这其实就是在做一件重要的事情——让 AI 学会用不同媒体方式理解和表达知识，形成跨媒体的知识表达。

现在，文本和其他媒体之间的转换已经做得很顺畅了。比如：

·看到一张照片，AI 能准确描述出"一只橘猫在沙发上睡觉"（图

像↔文本对）

· 看到一段视频，AI 也能生成对应的文字（视频↔文本对）

这种跨媒体的人工标识（也就是"看图说话"和"看视频说话"的能力），已经发展成了一个庞大的产业。图形的自动分割与识别技术为"图像↔文本""视频↔文本"等知识表达的自动化打开了通道。现在的技术已经能让计算机自动识别图片中的物体了。有些公共平台就能提供这种服务。视频识别稍微复杂点，需要先识别每一帧的画面，再把这些信息串联起来。

为什么文本这么重要呢？因为它简单明了，容易理解与推理。当然，光让 AI 在图片、视频和文本之间转换还不够。我们还需要突破"文本↔图形""文本↔实体"等结构化信息的跨媒体表达：让 AI 理解图形中的结构信息，把文本描述和真实物体对应起来。

只有做到这些，AI 才能真正帮助我们解决复杂的科学和工程问题。想象一下，未来 AI 不仅能看懂设计图纸，还能根据文本描述或图像自动生成 3D 模型——这就是我们现在努力的方向。

跨媒体转换与生成

大模型是跨媒体生成与转换技术使用的最新工具，但"图形↔ X"的大模型目前还有待研究。

"图像 / 视频↔文本"类跨媒体大模型已可实用

用跨媒体知识预训练的大模型，可以实现跨媒体转换的工作。其中，用"图像／视频↔文本对"训练的跨媒体大模型已能够完成由图像生成文本（"看图说话"）和由文本生成图像（"看文字画图"）的工作。

"看图说话"可用于图像和视频的说明或标题的自动生成，以及视觉问题的回答等。

"看文字画图"可用于艺术作品和设计方案的生成，在建筑、工业设计、动漫、影视、儿童教育等领域都有广泛的应用前景。

"图形↔X"大模型有待突破

在此处需解决的关键问题是图形知识及其跨媒体表达，就是"图形↔文本"和"图形↔图像／视频"的转换问题。图形这东西很特别，它既能让人类看懂，也能让计算机理解，所以也是一种重要的媒体数据。但图形有个问题，它不能由传感器直接生成，比如它不能像照片那样直接用相机拍出来，而是需要经过复杂的计算处理才能生成。正因为这个原因，这方面的研究进展一直不太顺利。

但是，图形真的太重要了。想想看，从随手画的草图，到科学图示，再到工程图纸，这些都是以图形表达形状问题为基础的，还和我们记忆中的心象密切相关。而且，图形还能把触觉、视觉和语言都串在一起。

正因为图形既重要又特别，它肯定会成为接下来研究的重点方向。说不定哪天，我们只要把想法随手一画，电脑就能理解，并自动生成专业的工程图！

世界模型的自动生成

图形和图像的跨媒体转换可是个非常有用的技术，它能帮我们解决一大堆有趣的问题。比如说：平面变立体——能让普通的 2D 照片呈现立体的 3D 视觉效果，把平面画变成 VR 场景；让图片动起来——可以让照片里的人和动物做出各种动作；照片变雕塑——还能把平面照片转换成 3D 雕塑模型。

特别是在机器人这类"具身智能"领域，这个技术更是大有用武之地。要让机器人能自如行动，它得先理解周围环境空间，预测物体的状态变化。这就需要一个精确的"世界模型"来帮忙。

目前虽然有一些专门的算法能解决零星的问题，但都是各管各的，不够全面。我们真正需要的是一个"全能"的解决方案。这就是为什么"图形↔X"的大模型研究方向这么重要——它有望把图形、图像等各种信息整合在一起，提供一个快速自动生成世界模型的解决方案。

所以，未来的 AI 模型，一定能搞定从平面到立体、从静态到动态，实时而精准的各种转换，这就是我们现在努力的方向。

跨媒体识别与推理

跨媒体识别

识别复杂的东西并不是件容易的事，需要多种信息的配合才能做好。就拿识别人的情绪来说吧，光靠视频的训练是不够的。实验表明，如果把以下几种信息结合起来，准确率会大大提高。一是视频信息，看人的表情和肢体动作；二是文字信息，听他说了什么话；三是语音信息，注意他说话的语气和语调。把这些信息综合起来，我们就能更准确地判断一个人的情绪状态。这就像破案一样，可靠的线索越多，判断就越准确。

即使是识别简单的东西，比如停车场里的是人还是动物，用多种信息一起判断也能让准确率更高。比如说，看形状和轮廓、听声音、观察移动方式。把这些信息综合起来识别，让它能看得更清楚、判断得更准确。所以说，在处理识别任务时，多收集几种信息，让它们互相配合，往往能得到更好的结果。这就像是团队合作，每个人发挥自己的长处，最后的效果会比单打独斗强多了。

跨媒体推理

跨媒体推理听起来很深奥，其实说白了就是通过变换不同媒体的信息来推进思维链，这是解决复杂问题的好办法。

在工程领域，跨媒体推理用得非常普遍。就拿建筑设计来说，设计师们经常要在图形和数字之间来回转换，用图形构造建筑的形状，用字符计算结构构造的可行性。比如，先用图纸画出建筑的样子，再用数字计算这个设计是否可行，如果发现力学、施工或成本方面有问题，就修改设计，然后再计算，如此递进，直到设计出既实用，又经济，还美观的建筑。

在科学研究中，跨媒体推理也帮了大忙。比如解数学几何题时，我们会在图上画辅助线（图形信息），然后套用公式计算（字符信息），这样来回转换和推理，最后就能找到答案。物理学家和生物学家们也经常用这种方法做研究，先通过形象思维提出假设（比如想象分子结构），再用数学公式和实验数据来验证，很多重大科学发现都是这样得出的。

所以说，跨媒体推理就像是在用不同的"语言"思考问题，让我们的思维更加灵活，更容易找到解决问题的好办法。

跨媒体推理的过程

实现跨媒体推理的过程，其实就像是在玩一个"猜谜—验证"的游戏。首先，用图形知识来猜答案——看着形状，发挥想象力，猜测可能的结果；然后，再用数学符号知识来验证——用公式和计算检查猜得对不对；如果不对就重新猜——循环往复直到找到正确答案。

这个过程中，我们需要在不同类型的信息之间来回切换，包括"符号↔图形"（比如把数学公式变成几何图形），"图像↔图形"（比如把照片变成设计图），"图形↔图形"（比如把简单图形组合成复杂图形）。特别要说的是图形之间的转换，这和计算机图形学有点像，但又不完全一样。它包括把复杂图形拆成简单部分，把简单图形组合成新图形，对现有图形进行修改调整。虽然这些研究方向现在还不够深入，但它们很重要。就像搭积木一样，掌握了图形转换的技巧，AI 就能创造出无限可能。

三、跨媒体智能的技术进展

跨媒体的数据聚集、知识表达和算法竞赛

AI 2.0 是由数据和知识双轮驱动的，因此，多媒体数据聚集和跨媒体知识是跨媒体智能发展的基础。跨媒体智能的代表性的进展有：

1. 斯坦福大学李飞飞教授主导构建了 ImageNet 图像—文本数据知识集（包括 1500 万张图像及其标签），并以此为平台，推动图像识别比赛，有力推动智能视觉和深度神经网络的发展。

2. 全球共享的蛋白质结构数据库（protein data bank，PDB），包括蛋白质、DNA 和 RNA 的数据与结构知识，以及其蛋白质 3D 结构预测比赛，有力推动分子生物学的进展和 AlphaFold 等算法的成功。

跨媒体大模型快速涌现

跨媒体大模型的代表有：

1. Open AI 于 2021 年推出用 4 亿"图像↔文本对"进行预训练的 CLIP，有零样本迁移学习能力。2023 年推出 GPT4，引发了跨媒体大模型新热潮。

2. DeepMind 于 2022 年推出 Flamingo，用 1.8 亿图像、182 吉字节文本和 4330 万个实例进行预训练，在视觉问题回答、图像标题生成上效果卓越。

3. 阿里巴巴于 2023 年推出 Qwen-VL-Max，在图像中文理解和

文档分析上有强大功能。

4. Meta 于 2023 年推出 AnyMAL，将文本、图像、视频、音频、深度、热量、惯性 7 种信息融合，扩展了跨媒体表达的范围。

跨媒体感知已广泛用于各产业中

跨媒体感知在很多生产、生活领域得到了应用。比如，智能交通——让交通系统变得更聪明，能同时处理视频监控、传感器数据等多种信息，帮助缓解堵车问题；智能工厂——让生产线变得更智能，能综合处理机器状态、产品质量等各种数据，提高生产效率。智能农业——这个特别有意思，就拿室内垂直农场来说吧，它就像一个高科技植物园，可以用摄像头"观察"作物长势，用传感器"感受"温度、湿度和二氧化碳浓度，把这些信息综合起来，智能调节光照、浇水和施肥。用了这套系统，肥料用量能减少 50%，用水量能节省 95%，作物产量得到了提高，既环保又高效。

跨媒体感知也可用于各种具身智能和智能设备，让机器人"看得见、摸得着"。它们是怎么做到的呢？主要靠这两种"眼睛"：一是视觉相机，就像我们的双眼，能看清物体的样子；二是深度相机，能感知物体的距离和深度。把这两种相机得到的信息结合起来，就能生成详细的 3D 点云数据。这就像赋予了机器人"立体视觉"，让它能准确感知物体的形状和位置。

但这还不够，我们还可以把这些 3D 数据转换成更详细的实体模型，再加上触觉传感器（就像机器人的"手指"），让机器人不仅能看，还能"摸"。

这项技术现在很受欢迎,在很多地方都能派上用场。比如智能机器人,能更灵活地抓取和操作物体;比如医疗手术设备,帮助医生做更精准的微创手术,手术机器人用上这套系统后,就能像经验丰富的外科医生一样,既看得清手术部位,又能感知操作的力度,让手术更安全、更精确。

跨媒体生成在文化领域的进展

以下我们用"文心一言"作画的例子来说说跨媒体生成在文化领域的进展。

在"文心一言"中输入:"'黄河入海流'是一句很有名的诗,你能按照这句诗画一张画吗?这张画希望能够体现油画的风格,而且要模拟印象派的画风。"输出的结果如图 3-1 所示。

在"文心一言"中输入:"用凡·高的画风来画'白日依山尽,黄河入海流'。"输出的结果如图 3-2 所示。

在"文心一言"中输入:"用欧洲画家马奈的画风来画'白日依山尽,黄河入海流'。"输出的结果如图 3-3 所示。

图 3-1 "印象派"风格的"黄河入海流"

(图片来源:作者使用文心一言生成)

图 3-2　凡·高风格的"黄河入海流"　　　图 3-3　马奈风格的"黄河入海流"
（图片来源：作者使用文心一言生成）　　（图片来源：作者使用文心一言生成）

"文心一言"的例子，我们后面还会详细讲到。

接下来我们再来介绍使用其他工具的创作：Stable Diffusion＋Photoshop。

有了 AI，现在要把普通照片变成艺术感十足的油画变得很简单。首先，我们用一个 AI 绘画工具 Stable Diffusion 的"图生图"功能，选择专门的油画风格模型，包括大笔触模型（负责整体氛围和色彩）和小笔触模型（处理细节和纹理）。

然后，我们要给 AI 一些"提示"：描述你想要的风格，比如"印象派"或"写实派"；说明画面重点，比如"突出人物表情"或"强调光影效果"。得到 AI 生成的初步效果后，我们还要用 Photoshop 来精修，比如调整色彩平衡、修饰细节、添加个性化元素等等。

最后，反复调整直到满意为止。这样一步步地，我们就能把普通的照片变成独一无二的艺术品［见图 3-4（a）］。

比如，我们用图像融合生成杭州临安青山湖未来城的图片［见图3-4（b）］。操作过程是这样的：先选择一张青山湖的照片作为垫图，用 Stable Diffusion 的图生图功能生成若干张局部图，比如湖边秋色或者未来感建筑等。再用 MidJourney 把各个局部的图片融合在一起，把各个部分拼接完整。最后，用 Photoshop 精修，调整光影效果，修饰建筑细节，添加特色元素等，直到生成理想的图片。

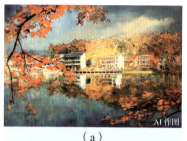

（a）

（b）

图 3-4　图像融合生成的青山湖未来城

跨媒体智能在科技研究领域的代表性进展

一是蛋白质结构预测获得诺贝尔化学奖。

AI 在预测蛋白质结构这方面已经取得了重大突破，说到这里，就不得不提 AlphaFold 这个深度学习模型，它的研究团队还因此而获得了 2024 年诺贝尔化学奖。

那么 AlphaFold 是怎么做到的呢？其实它的秘诀就藏在 PDB 数据库里。这个数据库里存着大量已知蛋白质的氨基酸序列和对应的结构信息。研究人员用这些数据来训练 AlphaFold，就像教学生认识各种蛋白质成功生成的知识。

下一步，只要我们输入目标蛋白质的氨基酸序列，AlphaFold 能像福尔摩斯破案一样，仔细分析序列中各个氨基酸之间的相互作用和结构特征。经过一番"思考"后，它就能给出这个蛋白质可能的三维结构预测。

这就像是给科学家们配上了一个"蛋白质的结构预测工具"。以前要花好几年才能解析一个蛋白质结构，现在可能几天就能搞定。这不仅大大加快了科研进度，还可能帮助开发新药、治疗疾病。

二是跨媒体化学大模型正在发展。

如果我们有一个智能的化学助手，它能阅读成千上万的化学论文和实验数据，就像海绵吸水一样吸收所有的化学知识——这就是很多科学家现在正在做的事情，他们正在训练 AI 系统，让它学会理解分子结构和性质之间的奥秘，弄清楚化学反应背后的规律。

这个系统很厉害，它不仅能帮我们发现新的化学知识，还能解决一些棘手的问题。比如，科学家们想要设计一种新分子，以前可能要反复试验几百次，现在这个 AI 助手可以根据学到的知识，预测出最有可能成功的分子结构。它还能预测某种分子可能有什么特性，甚至能模拟出生成新分子的化学反应过程。

这就像是给化学研究配上几个智能新工具，开发新材料、新药物和新工艺的速度会大大加快。比如，以前研发一种新药可能要十几年，现在可能只需要几年。这对于我们开发更环保的材料、更有效的药物，甚至是更高效的工业流程来说，都是一个巨大的飞跃。

未来我们一定会因为这个技术的发展而用上更便宜好用的新材料，

或者更快地找到治疗疾病的新方法。这不仅是化学界、材料界的革命，更是可能改变我们生活的重要突破。

报告于 2024 年 12 月

第四讲
群体智能的结构与平台

　　人类能发展到今天这么高的文明水平，不光靠个人知识的增长，还得靠整个社会的进步。因为群体进步太重要了，从 20 世纪末开始，计算机科学就开始研究怎么用技术来管理群体，比如多智能体、分布式协同、开源平台。

　　到了 21 世纪，互联网、大数据和无人机这些新技术飞速发展，网上组织新群体的能力也大大增强了。智能制造、智能商务、智能交通、数字经济、智能城市这些领域的快速发展，让研究群体智能的机理和算法成了新的热门需求。在中国，群体智能也被看作是 AI 未来发展的一个重要方向。通过互联网，大规模的智能个体可以展现出超乎想象的智慧，这成了解决复杂问题的新方法。所以，我们把群体智能的研究列为 AI 2.0 的一个重要方向。

　　群体智能里的"智能群体"其实就是一群在同一平台上为了同一个目标自主行动的智能个体。这些智能个体可以是人，也可以是信息系统，它们都是独立自主的智能系统。群体智能主要研究这种智能群体的特点、运行原理和应用技术。

　　群体智能通常有以下几个特点。

个体具有智能：每个个体都能感知周围环境，并且能适应变化，比如能自主地学习、做决策、和其他个体互动等。

共享平台：这群智能个体都在同一个平台上活动，比如某个特定的领域或空间，且大家都是为了完成自己的目标。

共同规则：虽然每个个体都有自己的行动方式，但它们都遵循一些共同的规则。这些规则是大家在平台上行动的约束和准则。即使规则很成功，也不能完全消除群体中的矛盾，但至少要能调节那些可能妨碍目标达成的主要矛盾。

开放性：群体的个体数量可以随时增加或减少，也就是说，个体可以随时加入或退出。

共识：群体智能会在一个共同的知识库中存储它们的知识。共识会随着时间变化，共识的水平也反映了群体的整体水平。

自动演化：群体智能会随着时间自动演化。这种演化既包括个体智能的提升，也包括群体结构的变化。

简单来说，群体智能就是研究一群智能个体怎么在一个共享平台上，通过共同的规则和共识，自主地完成目标，并且随着时间的推移不断进化。根据不同的组织结构特点，我们可以把群体智能系统分成几类。

按个体类别分类：如果系统里只有一种类型的智能个体，那就是单类群智系统。如果有多种类型的智能个体，比如两类、三类等，那就是多类群智系统。

按个体之间的关系分类：比如有些系统里，个体之间是双层关系（像上下级），有些是循环关系（像互相依赖的环）。不同的关系会导致系统不同的激励和演化机制。

后面几节我们会详细讨论这些分类和它们的特点。

一、单类群智和单层群智系统

单类群智系统就是群体里只有一种类型的智能个体，它们都能自主完成任务。每个智能个体会根据规则、知识和对周围环境的感知，来决定自己该做什么、怎么和其他个体沟通和协作，最终完成自己的目标。

图 4-1 展示了单类群智的基本结构。为了更好地理解它是怎么运作的，我们可以用公路上的驾车群体来举个例子。

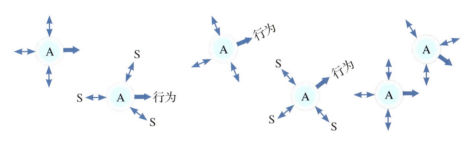

图 4-1　单类群智系统基本结构

注：A 是智能个体，S 是对环境的感知，粗箭头表示 A 的行为方向

公路上的驾车群体就是一个典型的单类群智系统。大家按照交通规则，在公路这个平台上开车。每辆车都会根据对周围环境的感知，来调整方向、速度、打信号灯等行为，目标就是安全到达目的地。图 4-2 展示了这个系统的运作方式。

单类群智系统有个明显的弱点：每个个体只能感知到局部信息，

图 4-2　公路正常车流

通信和控制的范围也有限，但它们的行为却可能对整个系统产生很大的影响。这种局部和全局之间的矛盾，使车辆在遇到路障或者交叉路口时，容易导致拥堵，就像图 4-3 里展示的那样。

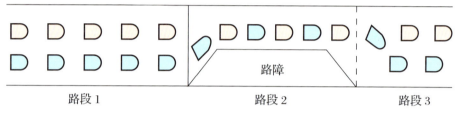

图 4-3　公路有路障时车流状态

注：路段 1，双车道；路段 2，出现路障时，双车道变为单车道；路段 3，绕过路障时，恢复双车道

接下来，我们来分析一下单类群智系统在遇到路障时为什么会堵车，以及怎么解决这个问题。

1. 影响司机行为的因素。这些因素包括：车子的目标方向是什么；司机对路况、其他车辆、标志牌等环境的感知能力；这条路有什么交通规则；司机的经验，比如对路况变化的反应是好奇、疑惑还是慌张。

2. 发生路障而不堵车的条件分析。假设有一条双车道公路叫路段 1。在路障出现之前，车子都在匀速行驶，速度是 s_1。后来路段 2 出现了路障，双车道变成了单车道，车速变成了 s_2。这里有一些设定：

（1）公路的车道数是 W 条；

（2）每条车道上车子的密度是 Nkm^{-1}（每千米有多少辆车）；

（3）每条车道上的车子都以 s km·min^{-1} 的速度匀速行驶；

（4）每条车道的车流密度是 $D=sN$min^{-1}；

（5）交通规则规定了车速为 s 时的最小安全车距，所以也能算出最大车密度 N_{max}。

如果出现路障，但还想让车流保持畅通，需要满足以下条件：

$$D_2 \times W_2 = D_1 \times W_1$$

在这个公式里，D_1 和 D_2 分别为路段 1 和路段 2 中每条车道的车流密度；W_1 和 W_2 分别为路段 1 和路段 2 中的可用车道数。

$$s_2 \times N_2 \times W_2 = s_1 \times N_1 \times W_1$$

在这个公式里，N_1 和 N_2 分别为路段 1 和路段 2 中行驶车辆的密度。

因为路障，路段 2 的车道数 W_2 比路段 1 的 W_1 少（在图 4-3 中，少了一半）。为了让车流保持畅通，必须让 $s_2 \times N_2 > s_1 \times N_1$，也就是说，要么增加车子的密度 N_2；要么提高车速 s_2。如果某段公路的行车分布密度已接近最大密度 N_{max}，那就只能提高车速 s_2，在双车道变单车道的情况下，可能需要 $s_2 \geq 2 \times s_1$。不过，对于人类司机来说，在并道和绕过路障时大幅提速是很难做到的。

3. 单层群智系统的局限性。在路段 1 与路段 2 衔接处，司机们因为搞不清楚状况，再加上大家互相抢道，反而会把车速降下来。到了路段 2 上，如果还要观察绕开路障，车速就更慢了，便会形成堵车。

通常的做法是，在这种车道变少的地方安排交警来指挥，让车子有序地并道。这样一来，路上就有两种人了：一种是开车的司机，另一种是指挥的交警。这个系统就从只有司机参与的"单类群智系统",变成了有司机和交警共同参与的"双类群智系统"。

但问题是,交警其实也不知道整条路的情况,所以他们虽然能让并道的地方变得有序,却解决不了路段 2 因为并道导致的减速甚至堵车的问题。要想真正解决问题,得有人知道整条路的实时情况才行。

这种系统里,不管是司机还是交警,都只知道眼前的情况,属于同一层次,所以我们叫它"单层群智系统"。说白了,这种系统的缺点就是大家都只知道局部情况,看不到全局。

二、双层群智系统的结构

而双层群体智能系统能让团队合作更顺畅。简单来说,这个系统里有两种不同的智能群体:一种是完成具体目标的,另一种是负责整体安排的。因为这两种群体之间有上下级的关系,一个管调度,一个管执行,所以大家就叫它"双层群智系统"。图 4-4 是个简单的模型,一看就明白了。

因为全局协调者掌握全局信息,所以双层群智系统在处理突发事件时能显示其优越性,如车路网就是双层群智系统。在图 4-3 所示的有路障的情况,智能交通能发挥全局协调者的作用。全局协调者发出的自动驾驶操作指令不但能令路段 1 和路段 2 衔接处有序并道,也能令车速 s_2 提高一倍。

上述分析也表明,在智能交通中,只有发展自主智能驾驶汽车+车路网的双层群智系统才能有效解决交通堵塞问题。

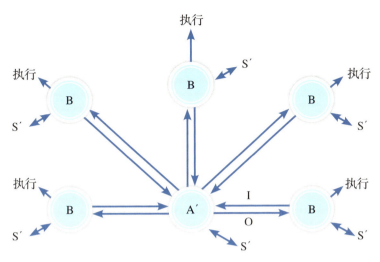

图 4-4　具有全局协调者的双层群智系统基本结构

注：A′ 为全局协调者。它应有全局认知能力和特殊情况下的调度能力。B 为目标执行者。B 之间也可通信，以分享信息，协调行动。在一般情况下，B 自主执行目标；而在特殊情况下，B 执行 A′ 的调度指令。I 指针为报告信息流，由 B 到 A′；O 指针为调度信息流，由 A′ 到 B；S′ 指针为感知与通信信息流

双层群智能系统用于很多领域，如灵活协调的无人车间、知识库开放建设系统、协力行动的无人机群等。随使用领域不同，其上层调度的机理也有所不同。

在大数据智能领域，搞定很多问题的关键其实就是建好知识库。比如联邦学习、知识词典、供应链、营销网、创新网等，都可以用能吸收知识的双层群智系统来优化。为自动建设知识库而组织智能群体提供知识的双层群智系统，其结构如图 4-5 所示。

在这种双层群智系统里，负责全局调度的知识库管理者 A″ 可以根据任务和分工的不同，选择不同的调度方式。如果角色 A″ 比较强势，系统就会变成"计划执行型"系统，所有决策和调度都集中在 A″ 手里；

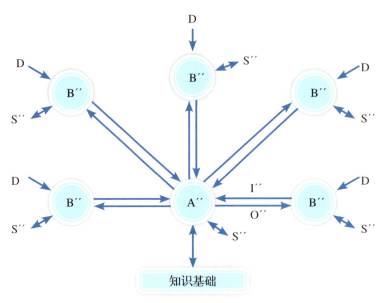

图 4-5　知识吸纳型双层群智系统的基本结构

注：A″为知识库管理者，B″为知识提供者，D 为数据流，I″为提供知识信息流，O″为知识库反馈信息流。此例中 A″类智能个体与 B″类智能个体的关系是全局工作者与局部工作者的关系。但 A″不能调度 B″的行为，只能调度 B″所提供的知识。S″为感知与通信信息流

但如果 A″比较弱势，系统就会变成"协作行动型"系统，决策和调度的重心就会分散到 B″那边。这时候，B″的自主决策能力和信息流 S″的沟通感知能力就变得特别重要了。简单来说，就是看谁说了算，系统就会跟着变。

2016 年，*Science* 杂志的论文《群智之力量》认为，结合群体智慧与机器性能来解决快速增长难题时，群智计算按难易程度分为三种类型：实现任务分配的众包模式、较复杂支持工作流模式的群智以及最复杂的协同求解问题的生态系统模式。在此三类调度计算中，A″的角色分别是强势的、中势的、弱势的。

三、循环群智系统的结构

循环群智系统其实就是一种资源能在不同群体之间来回流动的系统。这里面最典型的就是供需循环群智系统。我们现在用的很多服务平台，比如打车软件、外卖平台，都是这种系统的成功例子。它的工作原理很简单：先搭一个基础平台，然后把服务提供者和使用者都吸引过来，让他们在平台上自己配对。这样一来，服务和资金之类的资源就能循环起来了。具体结构可以看图4-6。

根据图4-6，我们会发现服务是可以不断细分的。比如电商平台，一开始只是卖产品，后来慢慢发展出了金融服务、物流服务、广告服务等。这种细分的服务越多，整个服务生态就越好，对平台的商家（P）、管理者（M）和用户（U）都有好处。

循环群智系统的应用范围特别广，像我们常用的电商平台、手机APP，还有那些推销金融产品的平台，都是这种系统成功运作的例子。简单来说，就是让资源在各方之间流动起来，大家都受益。

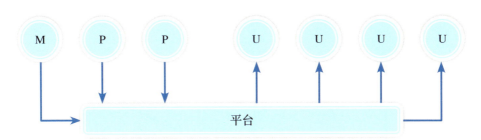

图 4-6　供需循环群智系统基本结构

注：M 为服务平台构建与维护者，如政府；P 为服务提供者，如电商平台上的商家；U 为服务使用者，即用户。图中箭头方向表示产品供给等服务流向，反方向则表示资金的流向

市场经济也是一种群智结构。如果从结构的角度观察，我们可以发现，市场经济也是平台服务型的供需循环群智系统。图 4-7 就是"经济学原理"所展示的市场经济结构模型。

对比图 4-6，我们会发现图 4-7 里少了一个关键角色——服务平台的构建和维护者 M′。这个角色其实应该由政府来承担。事实上，世界上已经有不少政府成功扮演了这个角色。在图 4-8 中，我们就能看到有 M′ 参与的市场经济群智系统的结构了。简单来说，政府在这里就

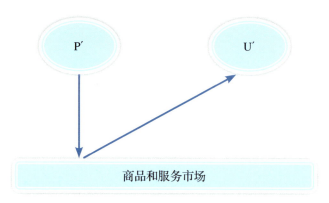

图 4-7　市场经济的供需循环群智系统的结构

注：服务提供者 P′、服务使用者 U′ 在商品与劳动力市场中交易，实现供需循环。图中的箭头方向代表商品与服务提供流向，资金则流向箭头的反方向

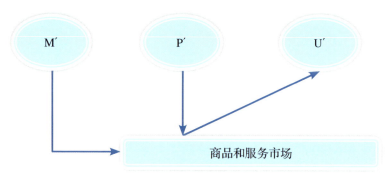

图 4-8　市场经济的双层循环群智系统的结构

像个"平台管理员"，帮着把市场运转得更好。

角色 M′（通常是政府）可以通过制定法律和规则来保证市场的公平运行，还能利用全局信息来调节和优化市场。比如，政府调控经济、支持科研、推动教育和文化发展，这些都是 M′ 的工作内容。因为 M′ 和 P′（平台）、U′（用户）之间有上下级关系，所以这种有 M′、P′、U′ 的市场经济模型就属于双层循环群智系统。

这种双层结构很有意义，说不定以后会成为经济学研究的一个热门方向。

四、激励机制与演化机制

我们在本小节中介绍群智系统的激励和演化机制，并证明它们会随着不同群智系统类型和内部关系的变化而变化。

激励机制。激励机制说白了就是怎么让大家更愿意干活。在群体协作中，如果是纯机器或者其他单一类型的群体，它们完成任务的速度本身就是一种激励。但如果这个群体里有人参与，那就得好好设计一下激励机制了，这样才能让大家更有效率。

不同结构的群智系统适合不同的任务，所以激励机制也得跟着变。比如，在需要指挥调度的群体里，像政府部门或者军队，常用的激励方法就是提升、奖励或者惩罚；而在需要收集知识的群体里，比如建知识库或者数据库的工作团队，因为工作量好计算，所以通常是根据业绩来给奖励的。

至于平台经济，它的激励机制又不一样。在这种结构里，供应方和需求方是互相激励的，所以这是一种自我激励的机制。正因为这样，平台经济往往能用较低的成本，实现较高的工作效率和快速发展。

演化机制。群智系统的演化机制，简单来说，就是系统随着时间的推移，不断改变自己的结构，积累知识，展现出进步。这种机制可以分为两大类。

1. 智能体内部的演化：指的是每个个体内部的自我更新和改进。比如，在图4-8的例子中，服务提供者 P' 通过引进自动化生产流程、改革管理方式来实现自我提升。再比如，服务使用者 U' 可能会因为家庭成员的增加或减少、教育水平的提高，或者消费和就业观念的变化而发生改变。

2. 智能体之间关系的演化：指的是不同个体之间关系的动态变化。还是以图4-8为例，智能体之间的关系会随着时间的推移而演变，可能是合作方式的变化，也可能是互动模式的调整，具体可分为以下几类。

（1）智能体的种类增加，比如在供应链上多了一些制造材料或零部件的企业，或者在服务链上多了金融、物流、商务类的企业，这些都意味着系统的分工更专业、更精细了。举个例子，像电商平台这样的系统，服务提供者 P' 可以细分成很多角色，比如 P_1' 是卖家，P_2' 是物流，P_3' 是金融服务，P_4' 是广告，P_5' 是用户画像分析，P_6' 是设计……参与者种类越多，能提供的服务就越丰富，整个系统的协作生态也会变得更好，就是"人多力量大，分工越细，效率越高"。

（2）细分平台的增加，例如增设技术、旅游、进出口、培训等专业市场板块。这种市场细分策略对 P' 和 U' 两类主体的发展都具有积极的推动作用。

（3）调控者 M′ 通过建设大学、职业院校、研究机构、医院、会展中心、图书馆、博物馆、经济科技数据中心和智库等基础设施，为整个系统提供前瞻性支持。这些举措虽然不直接作用于 P′ 和 U′，但能为二者的长期发展创造有利条件，起到间接但重要的推动作用。

群智系统就像自然界中的各种生态系统，各有其独特的运作方式。我们深入探索了三种典型的群智系统，就像观察不同的生物群落——从高度组织化的蚁群到灵活多变的鸟群，每种系统都有其精妙的结构和运行机制。研究发现，正如不同的生态系统需要不同的养分，群智系统也需要有量身定制的激励和演化策略才能蓬勃发展。

五、群体智能与多智能体

在 AI 1.0 阶段，就有涉及多个智能体一起工作的研究，学名叫作"多智能体"（multi-agents）。我在 20 世纪 90 年代访问 MIT 的 AI 研究所时，他们就向我展示多个小型机器人一起推动一根木杆的研究项目。木杆很粗大，一个小机器人推不动，要七八个小型机器人一起推才行。这个项目主要是研究机器人群如何协同，把木杆快速向前推动的。当时多智能个体的研究着力在模仿昆虫的行动，比如蚁群行动、蜂群行动等。这些系统的特点是模拟昆虫等低级智能体的行为，模拟相同角色的智能群体的协作，多智能体的这种研究往往用于机器人群的组织。

直至今日，机器人群体的协调自主工作依旧是群体智能研究的热点。比如，浙江大学控制学院研究团队做的模仿蜂群的无人机系统，在一片非常复杂的树林环境中间，一大批无人机可以非常自由地结队低空飞行，也可以在树林里协同跟踪一个目标。当目标暂时消失它也会预测它的出现，而不会无所适从。

AI 2.0 研究又从新的角度提出了问题，群体智能将突破多智能体系统的局限，不仅要模拟低级智能体，还希望模拟高级智能体，最高级智能生物体当然就是人，也即模拟人群工作时的行为。而且不是简单的一大批都是一样的智能体，要研究模拟有多种不同角色智能体的群体协作，探讨他们究竟是怎么进行合作的。

六、群智系统的循环结构和数字平台

群智系统有不同的结构如下：

上下结构。各种智能体的上下级关系如同树状结构，它们之间形成了清晰的层级。指令如同养分，从树的根部向上输送，经过主干、分枝，最终到达每一片树叶。在这个过程中，每个节点既遵循整体的生长方向，又能根据环境灵活调整自己的姿态。

军队系统就是这种结构的典型代表。许多传统企业也采用了类似的"树形架构"。整体的战略方向由"树根"决定，而战术执行则交给每一根"枝条"和每一片"树叶"去灵活应对。就像在战场上，士兵们知道要攻占哪个高地（战略目标），但具体如何躲避炮火、选择进攻路线（战术执行），则依靠个体的智慧和应变能力。

这种层级分明的结构就像一台精密的机器，当目标明确时，能够以极高的效率运转，将集体的力量发挥到极致。

平面结构。 各个智能体之间的关系是平等的，它们形成了一个点状结构。这种结构的最佳类比就是公路上的驾驶场景：每位司机都是平等的，集体行动由统一的交通规则来协调。在遵守交通规则的前提下，每个司机可以根据周围环境自主决策。

这种结构的重要性不容忽视。当个体素质较高时，系统能够发挥出极佳的效益。例如，一个城市的市民素质越高，管理规则越清晰，城市的文明程度也会越高。这种良性循环使得整个系统更加高效和有序。

循环结构。 各个智能体之间互为供需关系，形成循环结构。循环结构的集体行为也是由规则所制定的，循环结构最好的例子就是市场经济（见图 4-9）。

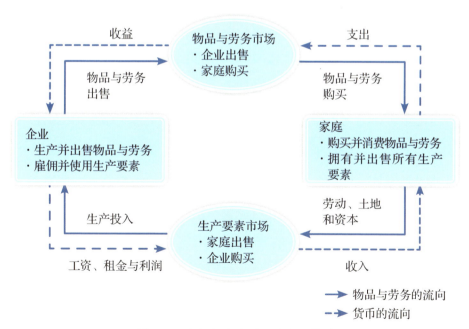

图 4-9 市场经济的循环流向图模型

大家可以看到图 4-9 中有两类主体，一类是企业，一类是家庭。有两个市场，一个市场中企业把商品卖给家庭，另一个市场中家庭把自己的劳动力卖给企业，两边出售的东西不一样，但是钱的关系是循环互补的，企业付钱给家庭，家庭用钱来买企业的产品，形成这样一个市场经济模型。由于它是循环流动的，所以可以完成经济运行的整个过程。这个模型中有三类节点：交易环境—市场，产品供应者（劳动力购买者）—企业，产品购买者（劳动力供应者）—家庭。

各种群智结构，有大同小异的运行特征。不同结构的群体智能有不同的运行方式，但是它们有共同特点。这些特点与不同的组织结构相结合对系统的运行产生不同影响。尤其今后在数字经济发展中，需要仔细研究。

激励机制：每一个群体结构都要有激励机制，让激励机制产生激励效益就非常重要。**上下结构**用的激励机制往往就是升级，做得好的个体就提拔起来，但是成本比较高。**平面结构**采用的方式往往是记过惩罚，违反交通规则就得扣分和罚款。当然在自主系统中，自己也要对自己负责，因为不遵守规则就无法在社会中生存。**循环结构**的优点就是自激励。如果在规则之内，个体做得越好就能得到更多回报，所以要找到更加合适的合作伙伴。因为循环结构是不需要额外成本的自激励系统，致使其效益很高。所以搞经济以市场经济为佳，根本原因在于它是一种有自激励功能的群体智能系统。

结构稳定性：群体智能结构的稳定性定义了当个体失效时对整体的影响。**上下结构**的失效虽然有影响，但是影响是限于局部的。比如说一个班长在战斗中失效了，整个班会受到影响，但是其他班不会受到影响；平面结构中的个体则有时会影响全局，如一辆汽车在公路上出了问题，可能会导致整条公路的拥堵；循环结构往往只影响个体，问题不会很快进行扩散，所以稳定性最好。

运行平台：群智平台指群内智能体所共用的工作空间或领域。群智系统运行必有平台支撑。改变平台的性质能改变该群智系统的运行水平。

对上下结构而言，如改变战场的信息空间，应用了移动通信和星链，战争的形态就改变了。信息空间也用起来了，老百姓用手机拍下坦克，把照片传到网上后，部队根据手机的精准定位很快可以击中坦克。所以如何改变群智系统的运行平台是非常重要的一件事情。对平面结构，如改变交通状况，群智系统的运行情况是完全不一样的。对循环结构，如改善市场物流和金融条件，整个系统的交易双方水平可以大大提高，市场规模会因此扩大。

平台管理者的调控力对群智系统十分重要。迄今为止，对群智系统平台的研究还不够，实际上平台非常重要。因此，平台的管理者在群智系统中的调控能力也非常重要。

比如，对上下结构而言，如果战争一方的管理者能够充分调度平台，增强屏蔽信息覆盖、防空覆盖等能力，就很有可能赢得战争，所以不仅武器和军队很重要，平台的管理也非常重要。平面结构中，智能个体很重要，如在交通管理中实现汽车智能化，但是公路智能化同样重要。循环结构中，不但金融、物流、法律、税收等十分重要，而且科技、人才、招商、医疗、环境等也十分重要。在浙江绍兴、义乌的经验已证明，市场经济是跟市场环境建设一起发展的。

接下来，我们谈谈群智模型对经济学模型的启示。对比群智模型和经济学模型，我们可以发现，西方古典经济模型缺少市场管理者，所以无法解释中国在改革开放以后经济为什么发展如此之快。中国的经济之所以自改革开放以来发展很快，不仅因为使用了市场经济的模型，而且，政府积极地扮演了市场管理者的角色，所以20世纪90年代到浙江各地去，可以经常听到一句话，叫作"政府搭台，企业唱戏"，现在我们经常听到的"政府负责阳光雨露，企业负责茁壮成长"也是这个意思。

因此，中国的市场经济、政府调节实际上是有群智结构理论根据的，且理论在进一步的发展过程中被揭示出来了（见图4-10）。

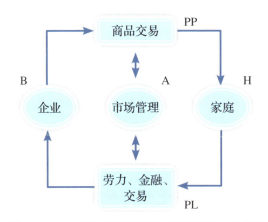

图 4-10　有市场管理者的经济循环流向图模型

七、用好数字平台，发展数字市场经济

我们正处在人类发展的新技术大潮流的开端，即数字化、智能化时代的技术大变革。

技术革命进入第四轮发展阶段，第一轮是动力机械化—煤炭、蒸汽机—大工业、车辆交通；第二轮是电气化—发电机、电动机、电网—炼钢、生产线；第三轮是电子信息化—电子、集成电路—电视、电脑；第四轮是数字化智能化（DI）—数据、知识、算力、算法、平台。也有人把第三轮、第四轮放在一起，当然也可以，但是大家可以看到技术运行的主要介质是不一样的，第三轮运行的介质是半导体、集成电路，第四轮运行的介质主要是数据、知识。当然集成电路对我们很重要，因为我们在第三轮还有没解决的问题，所以把问题留到第四轮一起解决。进入第四轮的阶段后，人类空间发生了很大的变化，从二元世界（P、H）变成了三元世界（C、P、H）。数智化变革是在信息—物理—人类社会（C、P、H）的三元世界中进行的。

数字化、智能化时代的循环群智系统出现的一个新的重要形态就是数字平台。数字平台之所以崛起得很快，就是因为它正符合群体智能结构中的循环模型，我们认为带有自激励的机制会发展得非常之快。

2015—2020 年，中国平均每年新增的平台企业达 26 家，这些平台企业都是独角兽企业，其中 5 家市值超过 100 亿美元，包含了杭州的蚂蚁金服。有研究者认为交易型、社交型、创新型企业都可以采用数字平台这样的方式工作。创新型平台加上知识服务是当下的应用热点，如谷歌、微软、百度在搜索市场进行竞争，而 ChatGPT 已经为大家所熟知。在知识服务中，AI 将有一个很大的改变，即从过去的搜索工具转变成深层次搜索、综合生成的工具。

数字平台是新的数字市场形态。

巨大的吸引力和成长性

我们要认识到,数字平台实际上是一种新的市场形态。我们的市场从城市市场进入新的数字市场,具有很大的吸引力和成长性。平台企业成长得都非常快,比如说淘宝、京东、拼多多,几年之内用户数以亿计,而且成交的金额不断刷新纪录,这是过去的市场形式很难达到的。改革开放以后,浙江的小商品市场、纺织品市场增长都很快,但和平台企业相比还是缓慢。而且平台企业中的跨境电商也发展得势不可当,全世界现在都担心"去全球化""脱钩",但是政客无法阻挡跨境电商,因为它让老百姓得到很大的便利。海关总署统计了网上跨境电商的相关数据,2021年我国进出口贸易额达到1.92万亿元,5年增加了10倍。杭州是跨境电子商务的开路先锋,在这一领域大有可为。

以远程高效交易,改变城乡发展逻辑

数字平台正在改变城乡运行的逻辑。大家知道城市和农村过去都有各自的运行逻辑,以前城市商业远好于农村。但是互联网平台出现后,依靠流畅的网络与物流、丰富的数据、强大的算法,供需双方可以精准地进行远程匹配,因此城市的优势和乡村的劣势正在慢慢改变。数字平台将重塑城市的生产、生活和交易逻辑,而这是城市发展的三大动力,所以城市发展应该充分研究平台经济发展后带来的大变化。我们亲眼看到在农村,尤其在扶贫工作中,数字平台发挥了很大的作用,把农、工、商结合在一起,使农村的市场、产品和产业都得到了充分的发展。

数字平台改变城乡运行逻辑的同时，使就业生态也发生了很大的改变。2020 年，我国平台企业的员工为 631 万人，但带动了 8400 万人就业，并具有灵活、多元（转岗方便、可在线培训、兼职等）等特点。比如，2020 年美团平台有 35% 的骑手原来是工厂工人。

数字平台企业成为科技研发先锋

数字平台企业大部分已经成为科技研发的先锋，这一点给人的印象非常深刻，所以国外将这些数字平台企业归为科技巨头。2021 年，规模以上互联网企业的 R&D 平均投入为 5%，如 2021 年腾讯投入科研经费 518 亿元，阿里巴巴投入 572 亿元，都超过了 10%，它们对区域的科技发展起到了重要的推动作用。

中美两国领跑全球数字平台的发展

观察全球数字平台的分布，中国和美国领跑全世界。到 2021 年底，全世界超过 100 亿美元市值或者估值的平台企业共 85 家，中国和美国最多，均为 31 家，全球平台经济发展最活跃的就是中国和美国这两大经济体。但是我们要看到美国平台企业的营业收入有 40% 以上来自海外市场，而中国不到 10%。所以中国平台企业要快速走出去，迅速发展跨境电商，不仅进出口，"买全球、卖全球"也是非常正确的方向。

数字平台面临的问题

作为一个新生事物，数字平台除了有很多优势之外，也面临很多问题。

1. **平台企业的行为问题**。一是平台企业的**垄断行为**较为普遍，如滥用市场支配地位、"二选一"、数据屏蔽、"杀熟"等。二是平台企业存在**不正当竞争行为**，如利用"网红效应"进行虚构评价、虚假宣传等。三是**侵害消费者权益行为**现象时有发生，如搜索引擎竞价排名误导消费者、用户数据买卖、小贷平台高利率与庞氏骗局问题等。原因在于平台企业太大，而其权力缺乏边界，管理没有走上正轨等。

2. **政府的管理问题**。数字平台兼并了部分政府管理市场的功能，如市场准入、质量检查、金融服务、纠纷处理、劳动保障、反垄断……因此，如何保证网上市场和公共服务的公正性、安全性、可持续发展性？如何管理网上市场，开展网上服务，制定网上经贸科技协作的规章制度？相关问题尚未解决。欧洲各国政府对平台企业很警惕，对数据企业严加管理。但政府如果和平台企业在网上分工合作，管理好网上市场，制定网上市场新的规章制度，将对经济市场在数字时代的健康发展起到重大促进作用。

八、小结

认识到数字平台是市场经济的新发展，十分重要。当代是数字市场经济的大变革期，会引发全球经贸的数字式变革。我们要看到，改革开放几十年来得益于市场经济、政府调节，中国经济飞快发展，现在一个新的机遇摆在我们面前。传统市场以城市为主，现在则从城市转移到数字平台。这在数字化时代中是非常重大的一次变革，会催发新的经济全球化，呈现网络全球化或者数字全球化。

认识到数字平台的群智系统本质，发挥该系统中自循环、自激励特点也非常重要。数字平台之所以有力量，其核心就是群智系统。它充分调动了消费者和供货者，提供了很好的搜索工具、信息匹配工具。能运用平台组织方式的企业，与传统方式组织的企业相比，成长性不一样，所以我们要千方百计将循环群智结构导入各种产业，如软件平台、产业链服务平台、创新设计平台、数商平台等。

认识到由政府与企业分工合作管理平台，也很重要。创建能保障平台公正运行，抑制垄断性和改善供、销、管各方盈利性的新规章，将推动数字经济和数字市场的创新发展。

最早报告于 2023 年 6 月

第五讲
自主智能系统和机器人

一、从机器人到 AI 2.0 的自主智能系统

AI 诞生于半个多世纪以前，自那时起，机器人便成为其重要组成部分。从 20 世纪 70 年代开始，AI 研究的基本框架大致确立。在 AI 1.0 阶段，研究主要聚焦于七个典型任务，其中前六个任务的核心是研究并模拟人类思维，探索如何通过计算机实现人类智能的模拟。这些任务包括机器定理证明、机器翻译、专家系统、博弈（如下棋、战争模拟）、模式识别，以及学习。最初，学习机制主要采用统计方法或者符号分析方法，并进一步发展出著名的"神经网络"方法。

第七个任务则是关于机器人与智能控制的研究，重点探讨人是如何感知对象并控制自己的行为的。由此可见，前六个任务的核心目标都是对人类思维智能的模拟与实现，最后一个则是对人类行动智能的模拟与实现。

前面已经说过，这七个研究方向最终形成了 AI 的不同学派，主要包括符号学派、连接学派和行为学派。在 AI 1.0 阶段，连接学派尚处

于启蒙阶段；而到了 AI 2.0 阶段，它已形成以深度神经网络为核心的大模型方法，是目前 AI 的主要学派。

行为学派则专注于探索如何通过机器人和智能控制来实现对人类行动智能的模拟。这一讲我们重点讨论机器人和智能控制这一方向。在 AI 发展的大半个世纪中，我们发现机器人的研究与实践并未沿着单一方向前进，而是朝着多个方向并行发展。

其中，第一个方向是拟人化和拟生物化机器人的发展。事实上，机器人这一概念的出现甚至早于 AI。据考证，最早提出机器人概念的是 1921 年捷克作家卡雷尔·恰佩克（Karel Čapek），他在科幻剧本《罗苏姆的万能机器人》（*Rossum's Universal Robots*，*R.U.R.*）中首次提出了"机器人"这一概念。

机器人这个概念刚诞生时，指的就是"人形机器"。从图 5-1 的剧照中可以看到，站着的几个高大的演员扮演的就是机器人。早期的机器人的设计目标就是模仿人类的外形和动作。

图 5-1 《罗苏姆的万能机器人》剧照

后来，人形机器人一直是研究的热门方向，而其中最出名的就是波士顿动力公司开发的人形机器人。波士顿动力代表了全球这个领域的最高水平。自2013年来，波士顿动力分别被谷歌母公司Alphabet、软银集团、韩国现代集团收购。2025年2月，波士顿动力宣布携手RAI研究所，推动Atlas人形机器人强化学习，其研发水平还在持续提升。

当然，我们知道中国目前的机器人的研发进展已经开始暴发。在2024年召开的世界机器人大会中，中国企业展出了自己的产品（图5-2）。近年来，人形机器人的发展速度非常快，许多公司纷纷投入这一领域进行研究。其中最引人注目的是2025年春节晚会上，人形机器人与人类同台共舞的场景，这一幕成为当时的热点话题（见图5-3）。

尽管人形机器人的发展热闹非凡，但截至目前仍处于研究阶段，离市场普及还很远。

图5-2　2024年8月举办的2024世界机器人大会现场
（图片来源：中国新闻截图）

图 5-3　宇树科技 Unitree H1 机器人在央视春晚表演
（图片来源：2025 年中央电视台春节联欢晚会截图）

　　真正推动机器人技术快速发展的，其实是实用型机器人。早在 1954年，也就是 AI 概念提出前后，美国物理学家乔治·德沃尔（George Devol）发明了第一台可编程机器人"Unimate"，这是一种液压机械臂。德沃尔随后与约瑟夫·恩格尔贝格（Joseph F. Engelberger）创立了 Unimation 公司。经历 7 年的研发和改进，这种机械臂在 1961 年正式投入生产线使用。这一发明被认为是现代机器人技术的起点。汽车制造商将其用于处理人工操作难度很大的热压铸件、焊接和搬运等任务，这彻底改变了全世界的制造业（见图 5-4）。

　　如今，走进一家现代化工厂，我们就能看到工业机器人在制造业生产线上大显身手（见图 5-5）。它们已经成为现代工业生产中不可或缺的一部分，极大地提升了工作效率和精度。

　　以上是机器人发展的两个方向：拟人化和实用化。然而，第三个

图 5-4　德沃尔等人调试工业机器人

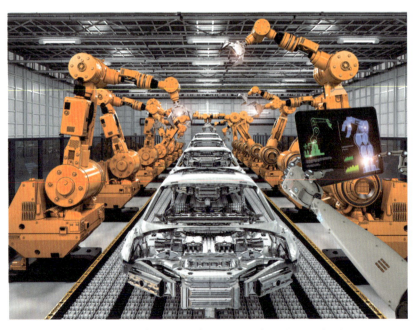

图 5-5　工业机器人已在制造业生产线上大显身手

重要方向并非由机器人科学家主导，而是由许多从事其他制造业的科技专家推动的，他们将 AI 技术应用于运载工具，从而催生了无人智能运载系统。在这一领域中，发展最快的是美国军方。美国军队是最早广泛使用无人机的机构，其无人机种类繁多，包括大型、小型、高空、低空等多种型号，用于侦察和攻击等多种任务。

而且其无人化技术的布局不仅限于空中，还包括海上。他们开发了多种无人船只，既有水下潜航器，也有水面航行器，甚至还有悬浮式设备。这些无人船只被大量用于海底情报的搜集和探索任务。

进入 21 世纪以来，中国在无人系统领域也取得了长足发展。以深圳的大疆公司为例，其生产的无人机主要面向民用市场，产品覆盖从小型到中型的多种型号，且已实现了高水平的批量化和标准化生产，展现了强大的制造能力。

在陆地无人系统方面，杭州的海康威视公司开发的 AGV（自主运载车）系统表现尤为突出。这些自主运载系统广泛应用于智能仓库的货物搬运，并与管理信息系统紧密结合，能够高效地、精准地取出货物并将其运输到指定位置。无论是户内外的分类、搬运还是操作，这些系统都展现了极高的便捷性和实用性。大疆和海康的工业机器人与民用机器人均已实现大规模生产，发展速度非常迅猛。

由此可见，无人系统的发展速度甚至超过了传统机器人领域。无人系统也可以被看成飞行机器人、航行机器人、陆地搬运机器人等等。

机器人发展的第四个方向是各种工具、仪器和机械的智能化。其中最典型的例子就是家喻户晓的扫地机器人。从 20 世纪末开始，扫地机器人在国内外展开了广泛研究，到目前已逐渐成熟，并成为市场上非常重要的产品。如今，网络上销售的各种各样的扫地机器人（见图5-6），本质上是一种自主智能吸尘器。它的工作原理是，启动之后，它能自动测量环境数据、避开障碍物，并在完成清洁任务后，自动返回充电站进行充电。

从家用机器人的发展趋势来看，清洁机器人和烹饪机器人将可能是最早普及的两大类。清洁机器人除了扫地机、智能吸尘器和智能拖地机外，智能擦窗机也在快速发展中。而烹饪机器人则有多种形式，目前仍处于探索阶段，但未来有望取得显著进展。总体来看，专用型智能机器人的发展速度可能会比通用型智能机器人更快。这是因为专用机器人是针对特定任务进行优化的，更容易实现技术突破和市场应用，而且性价比也非常高。

图 5-6 扫地机器人：自主智能吸尘器

机器人发展的第五个方向是人机融合一体化。如果人和机器合在一起，我们可以发展出很多比单独的人或机器水平更高的智能化系统，比如第一讲中已经提到的外骨骼和达·芬奇手术刀。外骨骼技术又有新进展，下文我们还会详细讲。

2017 年，国务院印发的《新一代人工智能发展规划》包含了 AI 2.0 的五个方向，即大数据智能、跨媒体智能、群体智能、人机混合增强智能和自主智能系统（见表 5-1）。

表 5-1　中国新一代人工智能总结了机器人发展的新方向

类别	方向	
AI 2.0 关键理念与技术	大数据智能	思维
	跨媒体智能	
	群体智能	
	人机混合增强智能	行为
	自主智能系统	
应用	智能城市、智能医疗、智能制造等	

在这五个研究方向中，大数据智能和跨媒体智能主要聚焦于思维模拟的探索。而人机混合增强智能与自主智能系统则更侧重于行动模拟的研究。值得一提的是，群体智能这一领域兼具思维模拟与行动模拟的双重特性，两者各占一半。从 AI 1.0 到 2.0 的发展历程中，我们可以观察到一个显著变化：在 1.0 阶段，七个研究方向中仅有一个涉及机器人领域；而到了 2.0 阶段，机器人相关研究的比重明显增加，从一个方向扩展到了两个半方向。由此可见，当前 AI 的发展正沿着两条主线推进：一是思维模拟，二是行动模拟。行动模拟的研发近年来发展迅猛，不仅研究力度持续增强，而且已逐步进入从实际应用到产业化阶段。

二、自主智能系统和行为智能的发展

自主智能系统快速发展

2024 年在日本横滨举办的国际机器人学术权威会议 ICRA 上，举行了一场四足机器人比赛。其中一家是著名的波士顿动力的机械狗 Spot，而另一家则是杭州的公司——宇树科技，如今也声名鹊起，他们带来了两款机械狗 B2 和 Go2，形成了业内的一场巅峰对决。

比赛结果显示，波士顿动力的机械狗在通过一段由木板构成的崎岖路面时，卡在了木板之间的缝隙中，动弹不得。而宇树科技的机械狗则迅速摆脱困境，灵活地跳起并继续前进。宇树科技的机械狗不仅行动敏捷，而且价格更具优势。波士顿动力的机械狗 Spot 售价高达 7.45 万美元，而宇树科技的 Go2 仅需 1 万元人民币，价格悬殊。

波士顿动力的机械狗可以负载 11 公斤，而宇树科技的 B2 则具备更强的负载能力，可承载 120 公斤的重量，甚至能够让人骑乘并自如行走。正因如此，宇树科技已成为全球四足机器人销量最高的企业之一。

从当前发展来看，四足机器人是仿生机器人领域中进展最快的。仿生技术实际上是机器人发展的入门技术。在机器人技术的初期，仿生是一条重要的探索路径，但随着技术的深入，其应用范围已远远超出了最初的仿生范畴。产品要做到大量占领市场，提高性价比，就要摆脱仿生这条路，走上超仿生之路。宇树科技还有一款特别的机械狗展现了强大的发展潜力，其设计比波士顿动力的 Spot 更为先进之处是它在足底部增加了轮子。这种兼具轮式与足式的混合设计，使这样的机械狗简直和哪吒一样，行动时能根据地形智能运用移动方式，不但可以轻松应对复杂的地形，而且速度非常惊人。这款产品已经超越了仿生理念而走上了超仿生的创新道路（见图 5-7）。

图 5-7　宇树科技 B2 轮足机器人
（图片来源：宇树科技提供）

另外，云深处科技也是一家知名的四足机器人研发企业，其产品的亮点在于与机器视觉技术的深度融合。该公司机器人已广泛应用于电力巡检领域，并展现出高度成熟的应用水平。

这款名叫 Spock 的机械狗具备自主规划巡检路线、系统完成巡检任务的能力。它不但能判断设备的正常与否，而且在完成巡检后，它能够自动生成巡检报告，并自行返回充电房。云深处科技的机械狗产品已在电力行业得到应用，并成功出口到新加坡的电力公司。目前，该机械狗已在新加坡投入日常巡检工作，它能够在隧道中高效完成各类电力线路的巡检任务，每年可大幅节省人力成本。中国外交部发言人林剑在网络上发布了在新加坡执行巡检任务的机械狗 Spock 视频，还夸它"太酷了"（见图 5-8）。

除了机器人技术的迅猛发展外，无人系统在较短时间内也已迈入规模化发展的阶段。无人系统规模化进程最为显著的体现，莫过于其在俄乌冲突中的广泛应用。根据 2025 年《参考消息》的报道，无人系统在俄乌冲突中快速发展。

《参考消息》持续报道了俄罗斯和乌克兰展开无人机领域的军备竞赛。2024 年 10 月 15 日的报道题目是，"美陆军追赶无人机技术的更新"。起初，我以为美国陆军是要追赶中国的创新，但仔细阅读后发现，

图 5-8　在新加坡执行电力隧道日常巡检任务的机械狗 Spock
（图片来源：云深处科技官方网站）

他们实际上是要向乌克兰学习。

这一转变的原因在于，乌克兰总统泽连斯基在 2024 年 10 月宣布，乌克兰在 2024 年生产了 150 万架无人机。这个数字十分惊人，充分展示了乌克兰在无人机领域的强大生产能力。

乌克兰军队约有 88 万人，而其生产的无人机数量却高达 150 万架，这意味着平均每位士兵配备近两架无人机。相比之下，全球每年生产的工业机器人总数约为 50 万台。俄罗斯在 2023 年仅生产了约 14 万架无人机，远低于乌克兰的产量，情况十分不利。意识到这一差距后，俄罗斯迅速调整策略，提出在 2024 年将无人机产量提升至 140 万架，是前一年的近 10 倍。

乌克兰和俄罗斯两国在战场上投入的无人机总数预计将达到约 300 万架。乌克兰的一项创新技术引起了美国的关注：乌克兰将装有铝热剂的罐体固定在无人机上，当无人机飞抵目标区域后，通过遥控开关释放出高达 2400 摄氏度的高温火焰。

这种高温能够迅速熔化金属，并引燃整片树林。其主要战术目的是通过焚烧树林，暴露出隐藏在其中的俄罗斯坦克和火箭炮等军事装备。随后，第二批无人机便可对这些暴露的目标进行精准打击。这项技术由乌克兰首创，甚至连美国也尚未掌握。我们看到，无人系统规模化生产发展得远比机器人领域更快。

当然还有无人车，百度已在武汉试运行无人出租车"萝卜快跑"。

2024 年 3 月，百度推出的无人驾驶车"萝卜快跑"，已经在武汉实现了全覆盖。单车一天的接单量已经超过了 20 单，和一个老司机的接单量差不多了。并且其价格便宜，不拒载，不坑人，严格遵守交通规则，还能 24 小时不间断工作，不超速，不绕路。如果"萝卜快跑"发生了交通事故，那 99% 都是对方的责任。但它也存在缺点，那就是跑得太慢了。不管你怎么按喇叭，它的"情绪"依旧十分稳定。

"萝卜快跑"目前的主要问题是其速度限制在每小时 20 公里。百度公司非常谨慎，尽量避免发生事故。尽管如此，该技术的优点仍然非常明显。它还能收集大量有价值的数据，为将来中国电动车的无人化和智能化提供强有力的支持。我坚信，无人驾驶汽车会在更多城市中得到推广，中国的汽车产业也将迎来一个智能化的新时代。

未来还会不断有新型无人系统涌现。比如，我国同济大学最新研发的水空两栖机器人（TJ-FlyingFish），它具备飞行与潜水的双重能力。当机器人从水中升空时，它的四个螺旋桨迅速展开，使机器人如同无人机一般飞离水面。这一水空两栖机器人，不仅能在水中如船只般航行，还能在空中如飞机般翱翔，极大地拓展了其应用场景。

我们已讲了自主智能系统的两大发展方向：一是机器人技术，二是无人系统。现讲第三个发展方向，是各类机械与设备的智能化。这一方向预计将比前两者拥有更广泛的应用空间，并引发更深远的行业变革与升级。比如浙江大学的孔德兴教授团队研发的智能超声仪。

2021 年，孔德兴团队申请到国家自然科学基金委员会针对数学和医学交叉设立的"医学影像精准分析的数学理论与技术"重大项目，担负起突破传统医学影像分析若干瓶颈，实现面向医学精准分析的数学理论与技术的新发展，同时为解决临床诊疗从经验到理论、从定性到定量问题提供普适性的科学方法论与关键技术的重任。

孔德兴带领团队为此做足了"功课"，他在调研中发现，尽管国内的超声硬件生产厂商成百上千，但涉足人工智能超声研究的企业却寥寥无几。"这是超声人工智能研发图像分辨率低、信息局部化、数据不标准的天然技术壁垒所造成的。"孔德兴将它们称为制约人工智能超声影像应用发展的"三座大山"，他的目标则是翻山越岭，取得突破。

面对西方国家的垄断与封锁，很多技术都要靠孔德兴团队一点一点地自主摸索。"中国的人工智能医学影像装备要想打一场翻身仗，想在高端医疗设备产业化的道路上取得关键性突破，除了自主创新之外，没有别的路径可走！"在孔德兴看来，眼前就算是横亘着一座"珠穆朗玛峰"，也挡不住他率领团队风雪兼程，勇往直前。

"超声还有一个特点，就是严重依赖于医生的经验与手法。不同的医生扫的图像是不一样的，即便是同一个病人，同一个医生的扫描手法不一样，得到的影像也不一样。"所以，孔德兴团队在超声的数据标准，包括采集标准、标注标准和质控标准等方面也下足了功夫。为了构造高质量的数据集，孔德兴带领团队与顶尖医院的医生们进行深度合作，通过医学专家制定的标准指南来一张张地标记超声影像的特征。这些超声影像数据具有质量标准极高的特点，数量更是达到千万量级。团队利用深度学习处理超声影像，同时加入旋转不变性等现代数学的一些概念，让系统变得更"聪明"。在计算数学模型建模和高性能科学算法设计这两方面修筑"护城河"，形成核心竞争力。

2017年，一款填补全球空白的能看病的"机器人"——"DEMETICS超声诊断机器人"（以下简称"机器人DE"）由孔德兴团队研制而成。"这是一套基于超声影像的智能诊断系统，它能像机顶盒一样插到超声机上，在医生扫描的过程中，这套人工智能辅助诊断系统便开始工作，通过运用算法进行超声快速扫描分析，清楚地标记出患者的结节位置。它一旦发现病灶，就会在图像上提醒医生，勾画出异常的地方。如果用绿色框标出就是良性的，用黄色框标出来就是疑似恶性，用红色框标出来则是恶性的。这样一来，大幅度减轻了医生的工作量，阅片速度也成倍加快，不仅提升了影像诊断的精准性，避免漏诊误诊，还节约了医疗资源及社会成本。"孔德兴如数家珍地介绍着该成果的特点。

一如当年腾空出世的AlphaGo挑战世界上两大围棋高手李世石和柯洁那样，机器人DE也与某著名三甲医院超声医学科的医生们进行了一场针对超声影像的甲状腺结节良恶性甄别的大战。医院方派出老、中、青3位代表（年轻的具有两年工作经验，中年的具有中级职称，老年的具有高级职称）。对同样一帧超声图像，3位医生先看，看完以后给出结果，然后机器人DE再给出结果，最后去做活检。从抽取的34个样本准确度结果来看，医生的准确率为 63.4%，而机器人 DE 的准确率高达 85.7%。

节选自《科学中国人》2024 年 1 月封面人物报道

2012—2023 年，我国医疗装备市场经历了显著的增长，市场规模从 2966 亿元迅速扩张至 12700 亿元，占据了全球市场约 1/3 的份额。尽管市场规模庞大，但高端医疗装备市场仍以进口产品为主导。然而，随着 AI 技术的迅猛发展，这一格局正迎来深刻的变革。AI 技术的应用不仅提升了医疗装备的智能化水平，还推动了国产高端装备的研发与创新，提升国内产品的竞争力，有望在未来改变市场格局。

人机混合增强智能

人机混合增强智能最直接的应用是在人与机器人之间的交互上。如今，借助大模型技术，我们可以用自然语言直接指挥机械手或机器人完成各种任务。这种技术属于浅层次的人机混合增强。而近年来发展最快的人机混合技术，则是通过脑机接口实现的深度融合。这种技术将人类大脑与机器直接连接，开启了人机交互的全新维度。

杭州有一家名为强脑科技的公司，目前在脑机接口领域颇具知名度。这家公司专注于将大脑信息与机械手臂相结合，通过提取大脑信号来驱动机械手完成各种动作。他们的技术主要服务于因事故失去手臂的病人。尽管这些病人的大脑仍然能够清晰地发出指令，断臂处的神经信号也依然存在，但由于失去了手，他们无法完成哪怕是很简单的日常动作。为此，强脑科技研发了一款高度灵巧的机械手，能够帮助使用者完成诸如弹钢琴、写字、抓取名片，甚至捏住纸巾等精细动作。这款机械手通过与病人手臂的残余部分相连，利用大脑发出的神经信号来驱动机械手。例如，一位病人可以通过机械手流畅地弹奏钢琴（见图5-9）。

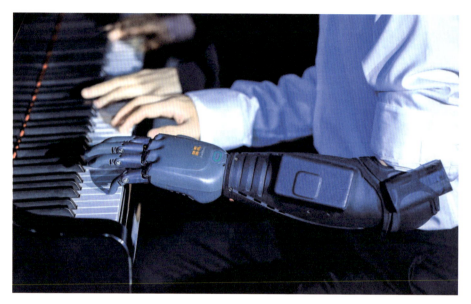

图 5-9　杭州强脑科技脑与机械手连通
（图片来源：强脑科技官方网站）

我曾参观过这家公司，工作人员向我演示了病人如何佩戴机械手写书法。大家知道，写书法是一项极其精细且复杂的动作，调动的肌肉非常微妙。但使用者凭借机械手的精准控制，出色地完成了书写。这场演示令人印象深刻，也让我感受到强脑科技在脑机接口技术上的突破（见图5-10）。

如今，强脑科技已成为脑机结合领域的领军企业。通过他们的技

图 5-10　强脑科技产品：可以写书法的机械臂
（图片来源：强脑科技提供）

术，我们可以看到脑机接口在医疗康复中的广泛应用。具体来说，脑机接口技术可以分为三种类型：非植入式、半植入式和植入式。强脑科技的机械手属于非植入式，传感器并不需要植入大脑内部，而是通过外部设备读取神经信号。而像马斯克展示的脑机接口技术则属于植入式，需要将传感器直接植入大脑皮层。这三种类型各有特点，但都展现了脑机接口技术在改善人类生活方面的巨大潜力。

强脑科技的优势也正在于采用了非植入式技术，同时结合了大脑信号和身体残余神经信号进行工作。这种技术不仅安全性高，还能有效利用两种信号源，从而实现高水平的控制。在输出端，如果患者的肌肉仍然能够活动，系统可以直接驱动人体自身的肢体；如果肌肉无法活动，则可以驱动数字人或机械手。

所以，这套系统不仅适用于残疾人康复，还为脑机接口技术的应用开辟了新的可能性。通过结合大脑信号和神经信号，他们成功实现了对机械手的高精度控制，为失去手臂的患者提供了重新完成日常动作的机会。这种技术的广泛应用，将极大地改善残疾人的生活质量，并推动脑机接口技术在医疗和康复领域的进一步发展。

未来，该技术也可能驱动另一种强大的机械手，使用者可以用大脑指挥吊臂将车辆等重物提起来，例如用于地震、车祸救援等场景。这种人脑驱动吊臂的技术原理与脑机接口是相通的。

除了助残领域，适用于健康人群的机器人产品也出现了。例如，2025年春节，关于泰山的一条"热搜"引发了广泛关注。前面我们提到过外骨骼机器人，对其进行了简化设计后，不仅适用于残疾人，还能为健康人群提供服务。

在2025年春节登泰山的活动中，许多老年人使用了这种简化的外骨骼机器人。借助这种设备，他们在登山时感到更加轻松。因此，外骨骼机器人不仅可以帮助残疾人重新站立，还能为病人和老年人提供更好的行动支持，帮助他们更轻松地上下山。目前，外骨骼机器人已经设计得比较轻便，但价格仍然较高。相信随着技术的进步和成本的降低，它将进入更多的家庭，为更多人服务。

另外，还有控制动物大脑的研究，浙江大学也在这方面早有建树，我们在第十三讲会更详细地展开。

群体智能系统

群体智能系统可以分为两种不同的群体智能，一种是同构的，另一种是异构的。同构的群体智能系统，比如无人机群，大家都很好理解。异构的群体是指不同功能的智能体，为解决问题而协调一致地工作。异构群智系统在无人码头、无人矿山、智能车间都有非常重要的应用（见图 5-11）。

大家知道，在码头的运作中，通常需要多种设备协同工作，例如运载车、吊车和堆垛机等，这些设备共同配合才能完成货物的装卸堆放任务。现在中国的很多港口、码头正在推进智能化转型。

无人驾驶车是智能港口的核心设备，以飞步科技的产品为例，其无人驾驶系统基于实时 AI 算法，能够实现高精度的实时定位感知和自主路径规划。在实际应用中，无须对港口基础设施进行改造，同时这些车辆还能与人工驾驶车辆混合作业，极大地提升了港口的运营效率和灵活性。这种技术不仅简化了操作流程，还为港口的智能化升级提

图 5-11　异构群体智能系统：宁波舟山港无人码头
（图片来源：飞步科技提供）

供了切实可行的解决方案（见图 5-12）。

　　飞步科技在港口无人驾驶领域做得很出色，市场份额也是最大的。比如在宁波舟山港的梅东码头——一个超大型港口，其每年集装箱吞吐量超过千万，每天进出的集卡有 8000 多车次。飞步科技在那里实现了无人驾驶和人工驾驶的集卡（集装箱卡车）混行，已经连续 5 期提供自动驾驶服务，已落地了 102 台无人集卡，车队规模达全球第一！他们用的是"车端智能＋云端调度"的技术，把港口的运输流程全自动化了，效率提升十分明显。

　　在甬舟码头，飞步科技也正在帮助他们打造全流程自动化的集装箱码头。那里的无人集卡、IGV 和传统集卡可以混编运营，一期落地了12 台 IGV，2024 年又新增了 45 台无人集卡。他们提出的"强车＋强云"

图 5-12　宁波港飞步科技 IGV 多路编组实船作业
（图片来源：飞步科技提供）

技术体系，解决了多车型混行的大难题，这在行业里属于首创。

三、自主智能产业链的深度发展

实现自主智能产业链的深度发展首先要创建自主智能产业生态，实现该产业的模块化、标准化和芯片化。自主智能系统由七个核心模块组成：感知、记忆、计算、控制、通信、交互和管理。这些模块可以灵活组合并标准化。它们的功能各不相同，比如感知模块负责"看"和"听"，记忆模块负责"存"和"记"，计算模块用来"算"和"想"，控制模块则指挥动作，通信模块传递信息，交互模块负责人机交流，管理模块负责统筹协调。这种模块化设计和工业芯片的分类非常契合，为智能系统的设计提供了清晰的思路，我们在第八讲中还会详细解释。

其次，还要注重优化产业链合作。以杭州萧山为例，当地建立了一个智云机器人产业大脑，为机器人的生产和使用搭建服务型产业链。

这一产业链以 AI 为核心，帮助各行各业——包括机械制造、纺织、轻工和化工等领域——更好地应用机器人技术。它不仅解决了将机器人融入生产流程的问题，还推动了与机器人配套的数字化环节的建设，从而促进机器人应用的快速落地和高效运行。

该智能系统主要具备以下功能。机器人供需对接：联接机器人需求方与供应方，有效地实现市场需求与供应链的匹配。产业内部协同：打通机器人产业链上下游，确保各环节之间的顺畅协作，从而提升整体产业链的效率。

这个系统能为使用机器人的企业提供全面的服务，比如帮助企业如何选购或租用机器人，怎么将机器人应用到生产线上，甚至设计整个生产线的改造方案。改造完成后，还会告知企业去哪里采购零部件，怎么把零部件装到生产线上。如果企业资金不足，系统还能帮忙找金融服务。这样，企业在使用机器人改造生产线时，就能更快、更方便地完成。

另外，这个系统还能帮机器人企业把产品销售到国外，它可以帮企业找海外客户，调查这些客户的信用，评估客户的风险。如果客户信用好，又需要机器人，系统就能帮助企业对接，开拓更大的海外市场（见图 5-13）。

接下来，我想谈一谈，中国现在正是发展自主智能系统和机器人的时候，要志存高远。根据国际机器人联合会（IFR）发布的《2024年世界机器人报告》，我们可以看到，2023 年，全球新增了 50 多万台机器人，平均每台价格约为 50 万元。由此推算，全球机器人市场的总规模已达到数千亿元。从地域分布来看，亚洲占据了全球机器人市场的 70%，欧洲占 17%，而美洲仅占 10%。显然，亚洲是机器人市场的

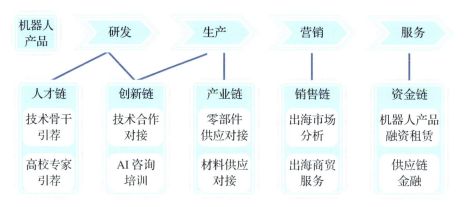

图 5-13　以杭州萧山智云机器人产业大脑为例的产业链优化

核心区域。其中，中国新增了 27.6 万台机器人，占全球总量的 55.2%，成为全球机器人市场的最大贡献者。

中国目前是全球机器人应用的主要市场，且增长速度非常快，年增长率约为 10%。与此同时，印度的机器人使用年增长率高达 59%，但由于基数较小，实际新增数量仅为 8500 台。相比之下，中国稳居全球机器人市场的首位。

中国不仅是全球最大的机器人市场，也是全球最大的机器人生产基地，以宇树科技等一些领先企业为代表。过去 10 年间，中国在机器人技术领域克服了许多"卡脖子"难题，中国的机器人技术正在迈向世界一流水平，逐步接近全球顶尖标准，在这一领域的进步令人瞩目。未来，中国很有可能成为全球最大的机器人出口国。

此外，中国在发展机器人技术时，必须制定正确的发展策略。我们要看到，虽然当前机器人产业并不大，但机器人加上无人系统的产业规模就比较大。如果将机器人、无人系统与智能机械、智能仪器（如智能医疗设备）相结合，将催生出一种对人类至关重要的产品——自主智能产品。因此，将机器人技术扩展至自主智能系统领域，有望引发制造业的一场革命。这一领域的竞争必将异常激烈。

对于中国而言，在这一领域的发展中，必须制定并把握正确的发展策略。从该产品的发展历史来看，以下几点至关重要。

首先，我认为在发展过程中需要重点关注的是：实用性优异者胜。我们在发展这类产品时，不要太关注外表。在世界机器人大会上，我们看到许多人形机器人设计得非常精美，甚至有不少"美女"。然而，我认为外表并不重要，真正关键的是其实用性。只有那些性能卓越、实用性强的机器人，比如像宇树科技的机械狗这样能够快速、稳定地奔跑，同时价格又相对低廉的产品，才能在市场竞争中脱颖而出，取得成功。

其次，速占市场者胜。要尽快占领市场，而不是只醉心于展览品、表演品、实验品。应该将实验性产品逐步推向市场，因为市场是最大的"裁判"。买家规模越大，产品的实用性就越强，性价比也越高。因此，这两点至关重要：一是实用性，二是性价比。

再次，人机交互顺畅者胜。机器人必须要易于使用，操作流畅，用户才会喜欢并愿意使用它。如果一个机器人难以指挥、控制复杂，用户就无法很好地使用它，甚至可能频繁引发事故，那就更糟糕了。因此，人机交互必须做到非常顺畅。

最后，产业链强健者胜，所以产业链要完整而强大，我们国家要尽快建立自主智能系统的产业链。一方面，需要在制造者与使用者、制造者与制造者之间建立紧密的联系，确保双方的需求和反馈能够顺畅传递。另一方面，产业链需要进一步深化发展，朝着模块化、系统化和芯片化的方向推进。

我们现在来重温习近平总书记在中共中央政治局第九次学习时，关于 AI 的一些论述，而且我们感到这些论述已经越来越重要。

习近平总书记指出，要发挥人工智能在产业升级、产品开发、服务创新等方面的技术优势，促进人工智能同一、二、三产业深度融合，以人工智能技术推动各产业变革，在中高端消费、创新引领、绿色低碳、共享经济、现代供应链、人力资本服务等领域培育新增长点、形成新动能。

我们相信，中国的自主智能产业一定能形成工业新动能，推动经济大升级。

报告于 2025 年 2 月

第六讲

AI 的发展需要突破性创新

一、AI 发展的内外之势

美国是全球最早布局 AI 的国家。正如前文所述，美国白宫早在 2016 年就发布了关于 AI 的报告，当时的关注重点主要集中在医学、图像理解以及语音识别等领域。然而，到了 2020 年，仅仅 4 年之后，美国当局对 AI 技术的态度就发生了显著变化。

最早的变化可以追溯到 2020 年 7 月。当时，美国司法部部长威廉·巴尔（William Barr）在福特总统图书馆做了一场报告。这场报告是面向众多美国 AI 企业家的。他指出，无论哪个国家成为 AI 领域的全球领导者，都将占据最有利的位置，不仅能充分释放其巨大的经济潜力，还能实现一系列军事应用。从他的讲话中，我们可以看到美国官方对 AI 发展意义的认识已经发生了变化。此外，他特别强调，AI 技术是中国与美国竞争的最关键的技术因素。

到了 2021 年 3 月，于 2020 年成立的美国人工智能国家安全委员会（NSCAI）发布了一份年度报告。该报告就在 AI 时代保卫美国国家安全，美国如何在 AI 激烈竞争的时代赢得竞争、维持全球领导地位等主题展开了一系列论述，并在报告最后详细阐述了联邦各机构今后改革的行动路线。报告大量讨论中国的 AI 产业发展，其中有这样一段话，"尽管世界上很多国家都有自己的 AI 战略，但是只有中美两国真正拥有 AI 竞赛的资源、商业实力、人才资源池以及创新生态，中国的各类规划动用的资源以及目前已经取得的成就都足以让全体美国人担忧"。

我们看到这份报告后也十分吃惊。美国对中国的 AI 发展如此关注，甚至表现出了焦虑情绪，这背后的原因值得深思。根据中国信通院整理的信息，将世界各地在 AI 规划中涉及的应用领域打√后汇总如表 6-1 所示。

表 6-1　发达国家在各个领域的 AI 布局

细分领域	美国	欧盟	英国	日本
医疗健康养老	√	√	√	√
交通	√	√	√	√
制造业	√	√		
物流	√			√
农业	√		√	√
商贸营销	√			
金融	√			
能源		√	√	√
通信	√			
司法	√	√	√	
教育	√		√	
政务服务	√			
食品				√
环保				√
国防	√	√	√	
科学和技术	√		√	
个人服务	√	√	√	

（与经济有关：交通、制造业、物流、农业、商贸营销、金融、能源、通信）

来源：中国信通院整理

纵观全球各地对 AI 发展应用的关注、规划与部署，我们可以看到这些努力被细分为 17 个领域。美国在其中 14 个领域已经进行了布局，仅在能源、食品和环保领域的投入相对不足。欧盟则布局了 8 个领域，英国涉足了 10 个，而日本则覆盖了 9 个领域，且其侧重点各不相同。由此可见，这些地区在未来的发展过程中，将在许多方面依赖其他地区的 AI 技术。那么，他们会依赖谁呢？目前的答案可能主要依赖美国。因此，美国对于这些地区的 AI 发展并不担忧。

而在这些应用方面，中国已经进行了全面布局，因此中国的 AI 产业不仅较为完整，而且在多个领域展现出了独特的优势。下文将提到的这些情况还只是局部现状，多是我在杭州及其周边地区（主要是长三角地区）了解到的产业现状，以及珠三角和北京的发展情况。

在医疗健康养老领域，几乎世界所有的发达地区都已开始了 AI 的医疗研发工作。中国在医疗健康养老领域的 AI 应用处于起步阶段，与其他地区一样，是从 AI 读取医学图像技术入手的。然而，如今 AI 医学图像技术已经与超声仪、CT、核磁共振等医疗设备本身相结合，实现了硬件与软件的深度融合，形成一系列智能医疗装备。虽然目前尚未有成熟且普及的产品，但已经有许多企业沿着这一方向努力探索。相信在不久的将来，中国有望在智能医疗仪器领域取得丰富的成果，或许会实现领先，或许会与其他国家的企业并驾齐驱。

交通物流中的 AI，也是我国发展很快的一个领域。在全球智能交通的发展初期，主要研究集中在智能汽车和无人驾驶领域。中国最初也是如此，但随后迅速转向了车路协同和无人码头等更广泛的应用场景。如今，自主智能技术已在交通管理领域得到广泛应用。

杭州的零跑汽车在 2024 年实现了业绩的逆袭。零跑汽车的性能已能与特斯拉媲美，且价格极具竞争力。值得注意的是，零跑汽车并非由传统汽车厂商生产，而是由专注于机器视觉的大华股份等打造。大华作为一家在监控产品领域表现卓越的安防企业，如今从视觉技术扩展至智能驾驶，在智能汽车领域发展迅猛，实属不易。当然，其最终是否成功还需看市场表现。

过去，我国的制造业不算是很发达，然而，当前长三角的制造业已率先采用机器替代人工。中国企业广泛使用机器人，使中国已然成为全球最大的机器人市场，而且也使得中国的机器人企业成为全球发展最快、数量最庞大的群体。

另一个快速发展的领域是工业互联网。过去，德国工业 4.0 在这一领域较为著名，但随着 5G 技术的普及，中国开始加速发展，并利用 AI 管理和优化产业链和创新链。在这一领域，中国正大步向前迈进。尽管国外企业过去的发展速度也不慢，但中国不仅企业在进步，政府也在积极探索，这种合力将产生巨大的推动力。

再如物流方面，我们正在不断深化实践。浙江省现已启动"四港联动"战略，将海港、陆港、空港和信息港有机结合，实现海陆空多维度的协同联动，从而让物流运输更加高效、便捷。我相信，只要保持这样的发展势头，我们完全有能力与世界领先的物流企业齐头并进。

金融领域更是如此。中国的数字货币、移动支付是全世界发展得最快的，移动支付业务在全世界处于领先地位。

通信领域中，我们有成熟的 5G 技术。目前，中国已建成全球规模最大、技术最先进的 5G 网络，5G 基站数量占全球总数的 66% 以上。

截至 2024 年 10 月底，中国 5G 基站总数已达 414.1 万个，提前完成"十四五"发展目标。这些广泛的 5G 基站分布，为海量数据的传输和成长提供了坚实的支撑。

非经济的领域，比如说司法领域，中国已经设立了互联网法院和智慧法院，例如北京智慧法院、杭州互联网法院、广州互联网法院和宁波移动微法院，这些法院的智能化实践探索已经持续多年。如今，法官在判案时可以借助 AI 技术自动调出过往案例进行借鉴和参考，这一应用表现得非常出色。

政务服务也有很多实践经验，比如数字化改革，政府和党政机关全面采取数字化的治理方式，将数字技术广泛应用于"最多跑一次"等政府管理服务，推动政府治理流程数字再造和模式优化，不断提高决策科学性和服务效率。

食品方面，美国没有入规划，但是日本很重视，现在中国也重视起来了。在食品卫生方面，政府对所有的食品生产行业都有管理职责。现在，我们的外卖行业十分发达，根据新浪财经的统计，2021 年，中国餐饮外卖消费者规模增长至 5.44 亿人次，外卖市场规模达到 8117 亿元。但是，对外卖行业的监管十分困难，它不像对企业的监管那么成熟，所以我们要采用 AI 来协助监管工作。

我认为，中国目前在 AI 辅助科学研究和教育领域的投入与发展反而是十分不足的。我们常常看到国外在 AI 生物技术等前沿领域取得突破性成果，例如 AlphaFold，这让中国的许多研究人员和机构感到焦虑。相比之下，我们在这方面确实需要下更大的功夫，取得更多突破，缩小与国际领先水平的差距。

除了上述应用领域，企业的发展情况也值得关注。自 2018 年起，中国信通院就开始对全球 AI 企业进行统计，包括全球 AI 企业数量较多的城市——TOP20 城市，各国 AI 企业数量的排名，以及我国各地 AI 企业的分布情况（见图 6-1）。

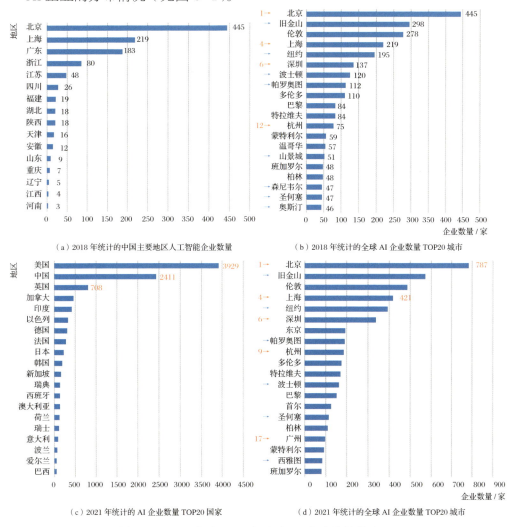

图 6-1　2018 年和 2021 年全球 AI 企业数量排名

数据来源：（a）（b）为中国信通院 2018 年 9 月统计数据，（c）（d）为中国信通院数研中心 2021 年 6 月更新的数据

让我们先回顾一下 2018 年的情况。当时，在全球 AI 企业数量排名 TOP20 的城市中，美国占据了 8 个席位，中国有 4 个城市上榜，加拿大则有 3 个，而英国、法国、德国、印度和以色列各占 1 个。可以看到，红色箭头标出的中国的 4 个城市中，北京位居榜首，上海排名第 4，深圳位列第 6，杭州则排在第 12 位。蓝色箭头标注的美国城市中，旧金山、纽约等名列前茅，例如波士顿就排在第 7 位。

到了 2021 年，根据中国信通院的统计，全球 AI 企业总数方面，美国仍位居第 1 位，中国排名第 2 位。然而，全球 AI 企业数量 TOP20 的城市排名，发生了显著变化。中国的上榜城市从 4 个增加到 5 个：北京继续保持全球第 1 位，上海排名第 4 位，深圳位居第 6 位，而杭州从第 12 位升至第 9 位，广州新晋进入第 17 位。与此同时，美国进入 TOP20 的城市数量从过去的 8 个减少到 6 个。

这种变化速度之快令人瞩目，例如波士顿的排名在 2021 年已经落在杭州之后。这表明在全球 AI 企业的发展方面，中国的城市正在崛起，而美国的城市数量有所减少。因此，美国官方的焦虑并非没有道理。从美国的角度来看，这些数据确实会让他们感受到竞争的压力。

因此，美国人工智能国家安全委员会（NSCAI）在 2021 年 3 月提出了一系列力度极大的措施，令我们读来感到十分惊讶。NSCAI 建议美国的国防 AI 科研预算在 5 年内从 15 亿美元增加到 80 亿美元，增加超过 4 倍。非国防 AI 科研预算则计划在 5 年内从 20 亿美元增加到 320 亿美元，增加竟达 15 倍。此外，NSCAI 建议将现有的 15 家 AI 研究所，到 2024 年增加到 45 家，其中 2021 年已新增了 8 家。

同时，NSCAI 的措施中居然有特别针对中国留美的 AI 人才方面的政策。在美国攻读 AI 博士学位的中国学生以及在美国公司工作的中国籍 AI 人才数量庞大，因此 NSCAI 建议对这类人才的绿卡发放量扩大 2 倍，以降低他们回到中国的概率。这种人才政策的调整旨在增加美国的人才储备，同时削弱中国的人才优势。我们在这份报告中，读出了在 AI 领域，各国所面临着巨大的竞争压力和焦虑情绪（见图 6-2）。

图 6-2　2021 年美国人工智能国家安全委员会行动计划

当然，我们与美国的焦虑重点并不相同。我们聚焦于如何实现 AI 的突破性创新，如何推动 AI 技术取得更大的创新成果，以及如何为人类的 AI 发展贡献我们自己的力量。

二、近期我国发展 AI 的三条建议

第一条建议就是我国在发展 AI 技术的五个方面布局的整体战略中，

要将赶超与自主创新突破两者相结合。关于如何发展 AI 技术，美国专家认为关键在于算力、算法和数据。从 NSCAI 的报告中也可以看出，他们认为美国 AI 技术的发展重点已不再是"怎么做"，而是"做什么"。他们提出，未来 AI 的发展关键在于算力、算法和数据，具体措施包括建设公共算力基础设施、国家 AI 测试床、AI 公共数据集、开放知识图谱网络 / 库等（见图 6-3）。

关于如何发展 AI，中国也有众多专家进行了分析，总结这些分析，中国在数据方面其实具有优势，政府和平台型企业在数据聚集方面的能力相对较强。当然，中国在数据方面的不足在于研究机构和大学的数据聚集能力还有待提高。

建 AI 创新研究基础设施，以及配套的科研机制

"不能将纳税人的钱花在过时和低效的设备上"
——NSCAI，最终报告

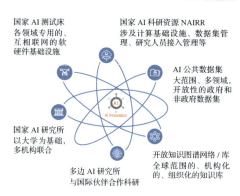

国家 AI 测试床
各领域专用的、互相联网的软硬件基础设施

国家 AI 科研资源 NAIRR
涉及计算基础设施、数据集管理、研究人员接入管理等

AI 公共数据集
大范围、多领域、开放性的政府和非政府数据集

国家 AI 研究所
以大学为基础，多机构联合

多边 AI 研究所
与国际伙伴合作科研

开放知识图谱网络 / 库
全球范围的、机构化的、组织化的知识库

建设公共算力基础设施

1. 国家 AI 科研资源（NAIRR）法案，以每年 3000 万美元预算作为算力补贴

2. 解决科研和学生研究的算力鸿沟（Compute Divide）问题

建设国家 AI 测试床

1. 320 亿美元投资计划的重要部分

2. 聚焦基础设施的现代化改造，或大数据和 AI 研究专用专建

建设 AI 公共数据集

1. 国家首席数据官牵头组织（归属白宫）

2. 由能源部实操，5 年内完成，每年 2500 万美元预算

3. 与国家 AI 研究所协同，确保数据符合 AI 科研需求

4. 国家标准与技术研究院负责数据标准、规范、工程化、工具化等

5. 设立激励措施，引导和利用产业、学术界的力量

6. NSF 投资的研究机构负责研究政府数据开放的安全机制

建开放知识图谱网络 / 库

第一步，由白宫科技政策办公室 OSTP 牵头，由网络信息研究开发计划组和跨部门大数据工作组具体负责，先建政府开放网络和平台

第二步，由 NSF 负责，5 年内，逐步构建更广泛的、国际性的网络和开放共享平台，每年预算 2500 万美元

· NAIRR 法案由参议院的共和党在 2020 年 6 月提出，尚未在国会通过

· 参议院先通过，众议院否决，参议院之后又否决众议院的否决

图 6-3　美国 AI 基础设施及配套的科研机制

在算力领域，中国正迅速崛起，各类 AI 云平台如雨后春笋般涌现。过去有阿里的平台，如今华为也推出了自己的 AI 云平台。算法方面过去曾是中国的短板，我们研究 AI 的算法平台多依赖国外的 TensorFlow、PyTorch 等工具。然而，如今中国自主研发的平台也开始崭露头角，其中较为成熟的有百度的"飞桨"（PaddlePaddle）。之江实验室开发的"天枢"平台，更是实现了完全自主可控。此外，华为的 MindSpore 也已正式推出，标志着中国在 AI 算法领域的自主创新能力显著提升（见图 6-4）。

其中每个平台都有自己的特点，例如"天枢"是一个具备多媒体功能的 AI 平台，尤其在图形可视化方面有独到之处。华为则致力于构建全场景的 AI 计算模型。因此，在平台建设方面我们也在迅速追赶。

那么，做好算力、算法和数据这三点，是否就能使我们的 AI 技术领先呢？为什么中国现在仍如此焦虑？我认为，许多 AI 科学家内心清楚，推动 AI 发展的核心因素并不仅仅是算力、算法和数据。这些只是其中一部分。近 10 年来，真正对 AI 发展起到关键作用的其实是两点：一是新理论和新模型。到目前为止，这一轮 AI 的发展主要由加拿大和美国引领的 DNN 理论和模型推动，当然知识图谱也发挥了重要作用，但 DNN 的作用最为显著。二是突破性的应用创新。例如，大家熟知的 AlphaGo 和 AlphaFold，这些都是谷歌收购 DeepMind 公司后实现的连锁性、突破性创新。这些成果被认为是推动 AI 发展的核心力量。中国目前并不只是缺乏算力、算法和数据，这些当然需要发展，它们是 AI 的基础，类似于信息高速公路这样的新基础设施。然而，我们更需要在上述两方面——新理论与新模型的突破，以及突破性的应用创新——

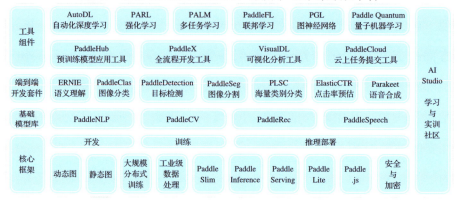

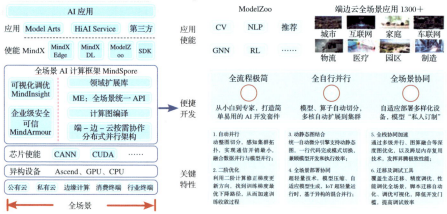

图 6-4 我国自主研发的 AI 算法平台

进行更深入、更创新的探索。

DNN 的飞跃始于 2006 年，当时加拿大多伦多大学的杰弗里·辛顿（Geoffrey Hinton）教授与团队开发了一种逐层预训练的玻尔兹曼机方法，为深度学习的发展奠定了基础。这一成果按下了 AI 这一轮热潮的启动键。

AlphaGo 在下棋领域的高歌猛进唤起了众多企业对 AI 的重视。如今，蛋白质结构预测技术的突破为 AI 与科学研究的结合开辟了新的路径，提供了优秀的案例和重要的思路。

◎ 蛋白质的结构决定其工作方式和作用，冷冻电镜是迄今解析蛋白质结构的主要工具。

◎ 2020 年 11 月 30 日，AlphaFold 程序在蛋白质结构预测挑战赛 CASP 中用深度学习＋张力控制算法得分平均达 92.4 分（90 分可与实验室比美）。

◎ 方法是学习已知的 17 万种蛋白质解析数据。

◎ 开辟了从基因组数据到蛋白质结构的新道路（见图 6-5）。

我认为上述所说的两点才是推动 AI 发展的重要力量。那么综合以上这些分析，我们总结 AI 的发展要抓以下两个方面的布局。

第一个布局是新理论和新模型。如果中国仅依赖国外的 DNN 模型开展工作，或仅在知识图谱的基础上发展，而不在理论和模型上掌握全新的技术，恐怕难以成为引领 AI 发展的大国。

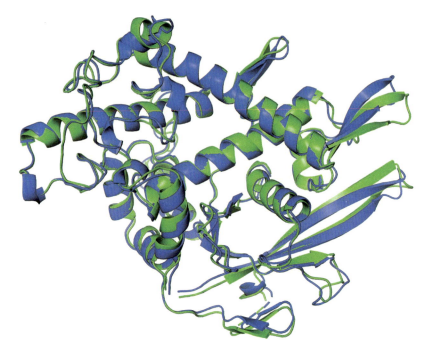

图 6-5　AlphaFold 预测蛋白质结构与验证结果对比

[图片来源：Robert F. Service, "The game has changed". AI triamphs at protein folding, *Science*, 2020(12)]

注：蓝色为计算机预测的蛋白质结构，绿色为实验验证结果，二者相似度非常高

　　第二个布局是突破性的创新应用。算力、算法和数据当然是我们需要大力发展的基础。除了这三大领域外，我们还需要实验平台、模拟平台和知识平台。如今，仅靠数据平台是远远不够的，知识平台的重要性日益凸显。中国应创新性地建立知识平台。这些工作的核心目标是促进 AI 产业的发展以及社会的进步。只有在如图 6-6 所示的五个领域进行布局，我们的产业发展和社会发展才能拥有坚实的技术基础和理论基础。

　　第二条建议是基础研究要有创新，首先要寻找切入口。2021 年，

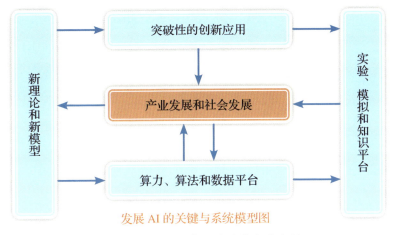

发展 AI 的关键与系统模型图

图 6-6　我国 AI 发展的总体战略布局

浙江省在数字化改革中提出了一个具有深远意义的理念，即整个社会都需要实现数字化，并寻找具体的切入口。从这些切入口着手，逐步扩大范围，就能形成一个领域。我认为目前已经有了两个明确的切入口：第一个切入口是视觉知识的表达、学习和应用。

在这方面，我自 2019 年起便开始发表相关论文，至今已发表三篇，分别是《论视觉知识》《论视觉理解》和《视觉知识的五个基本问题》。我们看到，在 AI 技术的 1.0 阶段，虽然科学家已经充分认识到知识的重要性，但当时的知识表达主要依赖字符和符号，研究也多聚焦于符号推理、布尔系统等符号型知识。然而，人类的知识不仅包括符号知识，还涵盖视觉、听觉等多模态知识。如果能够将这些知识进行有效表达，并与视觉数据相结合，将为跨媒体智能带来重大突破。这不仅能推动 AI 在图像和视频识别、图像理解、视觉知识表达等领域的发展，还能提升学习的可迁移性和可解释性，从而推动 AI 向更深入的方向发展。因此，我们认为视觉知识是新知识工程的一个重要切入口。一旦这一切入口取得突破，将为知识工程与 DNN 的结合搭建一座重要桥梁。

第二个重要的切入口是将视觉识别推向视觉理解。当前 AI 发展的勃勃生机，很大程度上是由视觉识别技术点燃的，包括人脸识别、姿态分析、环境感知、交通感知等，这些都属于视觉识别的范畴。当然，视觉识别的应用还广泛存在于工业领域，例如缺陷检测、自动化分拣、设备维护等，这些场景中的机器人也十分依赖视觉识别技术。有统计分析指出，当前 AI 技术中约 70% 的工作都与视觉相关。

目前我们利用 DNN 所开展的工作主要集中在识别上，而识别的核心在于分类。例如，通过训练模型来识别猫，要给模型"喂"大量猫的照片，经过训练后的模型便能判断一张照片中是否有猫。这种基于分类的识别是当前视觉识别的主要应用形式。然而，我们认为视觉识别需要深入进化到视觉理解。理解与识别是不同的，理解不仅涉及分类，还能够对图片中的关系进行分析，并在此基础上进行综合。这才是视觉理解的关键所在。

因此，我曾在 2021 年写过一篇论文，专门探讨视觉理解与视觉识别的区别，以及如何实现视觉理解。视觉理解也可以帮助深化识别：第一，对于那些目前识别速度较慢或识别准确率不高的领域，视觉理解能够显著提升识别的准确率，尤其是对于那些缺乏大数据支持的识别对象，可以通过知识来弥补数据的不足。第二，视觉理解可以将识别过程中积累的数据转化为知识，并用这些知识辅助下一次的识别任务，从而实现学习的迁移。

理解之后，我们就可以把视觉数据转化为知识。目前，数据转化为知识主要依赖符号系统，而视觉系统尚未实现这一功能，因此这是一个极为重要的切入口。我们可以开拓以下三个领域。

（1）多种知识的表达与应用：多种知识的表达是跨媒体智能的关键步骤。通过实现多种知识的表达和应用，我们的跨媒体工作将变得更加高效和便捷。

（2）数据和知识双轮驱动的 AI 技术：AI 1.0 阶段主要依赖知识驱动的 AI 技术，而当前的 DNN 则属于数据驱动的 AI 技术。一旦解决了视觉知识及其他多种知识的表达问题，我们就可以进入数据和知识双轮驱动的 AI 技术阶段。我们已经尝试了一些案例，确实能够显著提高图像识别的正确率，并完成更多工作。

（3）建立新的数据、算法和算力平台：在双轮驱动的基础上，我们可以构建一个融合知识和数据的平台。目前，我们只有大数据平台，未来则需要构建大数据与多种知识相结合的平台。算法也将是基于知识和数据双轮驱动的算法。最终，我们还需要开发支持新算法的芯片。因此，通过这一切入口，我们可以在 AI 技术方面开辟一条新道路，并将其与现有技术相结合，推动 AI 技术的新进展和新突破。

第三个建议，就是在发挥 AI 的"头雁效应"时，要创新 AI 的举国体制。我们看到，在"两弹一星"研究中，中国形成了举国体制并取得了辉煌成就。然而，AI 技术与"两弹一星"技术存在本质区别。"两弹一星"属于国家战略性技术，具有用于特定领域的威慑作用；而 AI 技术是一种赋能技术，需要被广泛掌握并应用于各个地区和各个行业，其核心价值在于发挥"头雁效应"，带动其他技术的协同发展，而非保密或威慑作用。因此，AI 的重要性在于它是互联网和大数据时代的技术核心引擎，互联网和大数据为 AI 提供了丰富的"燃料"和广阔的

"通道"。

AI 正是以大数据为"燃料",以互联网为"通道",而发挥作用的引擎。从中国近年来的 AI 发展情况来看,中国体制的一大特色是中央和地方的民主集中制,这种体制能够实现中央与地方的同心协力,共同推动重大战略的实施。

我们常常提到,美国大学在 AI 领域的水平似乎更高,美国企业在 AI 技术方面也总体领先于中国企业。然而,为什么中国在 AI 领域的发展速度如此迅猛?原因在于,中国的各级管理部门都在积极落实国家《新一代人工智能发展规划》,科技部也为各地提供了大量支持,建立了 AI 发展示范区。这些举措发挥了巨大的推动作用。如今,全国各地每年在 AI 和其他科学技术方面的投入,加起来已经远远超过国家层面的投入。目前,AI 的发展是由中央和地方政府共同推动的,这种举国体制是 AI 发展最有力的保障。因此,如果说"两弹一星"是一种集中型的举国体制,那么 AI 的发展模式则是一种全新的分布集中结合型的举国体制。

中国应进一步加大对 AI 科技的总投入,建立更多 AI 国家重点实验室,并扩大 AI 专业研究生的培养规模,尤其是增加 AI 与多学科交叉(AI+X)的研究生培养规模。通过 AI 平台和示范区建设,进一步调动地方政府推动 AI 发展的积极性,促进 AI 场景的广化与深化。大力培育新型 AI 独角兽企业,聚焦核心领域攻坚,完善产业生态,打造 AI 创新的沃土。

最早报告于 2021 年 10 月

第七讲
论视觉知识

一、视觉知识对 AI 的发展很重要

众所周知，近来 AI 在医学领域的应用主要集中在图像处理上，如今计算机读图的能力已经非常强大。图像识别技术的突破不仅提升了计算机对人脸、文字、指纹、生物特征以及医学影像的识别准确率，还推动了智能汽车、安全监控、智能交通、机器人、无人车间等更广泛领域的发展。由于视觉技术的应用范围极其广泛，AI 对经济活动形成全方位的支持，这也是当前 AI 热潮兴起的重要原因。图像和语音识别技术的进步对 AI 的本次发展起到了关键的先锋作用，并已在众多应用场景中得到了实际应用。

2018 年，中国科学技术发展战略研究院对中国和美国的 AI 企业做了一次比较，按技术分类统计，共分了九个大类。其中，机器学习、技术平台和处理器 / 芯片是基础大类，是大家都需要的。剩下的六个应用大类中，有四个和图像相关，包括计算机视觉与图像识别、智能无人机、智能机器人、自动驾驶 / 辅助驾驶，这些领域也非常依赖视觉识

别技术。另外两个大类和语言相关。从统计结果来看，提供图像识别技术或应用图像识别技术的企业占比超过 50%（见图 7-1）。

图像识别技术的成功应用，深度神经网络（DNN）的学习模型功不可没。DNN 本质上是一种新的知识表达方式，它与传统图像识别技术有着显著的区别。

传统图像识别技术主要基于图像处理技术，通过计算机对图像进行编辑、变换、增强、分割、边界检测和特征提取等一系列操作，最终构建识别系统。这种方法虽然逻辑清晰、过程明确，但长期以来，其识别能力始终难以实现质的飞跃，提升幅度有限。

近年来，DNN 的广泛应用改变了以往以图像处理技术为核心的识别方式，显著提升了图像识别水平。与过去 AI 主要依赖符号性知识表达（如规则、框架、语义网络等）不同，DNN 的优势更在于处理图像

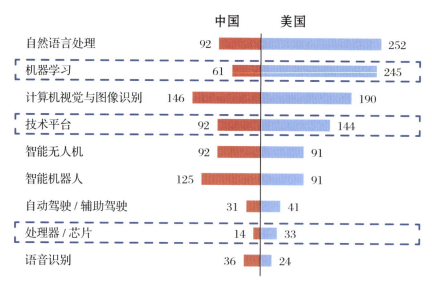

图 7-1　2018 年中美 AI 企业数比较（单位：家）

数据来源：中国科学技术发展战略研究院《中国新一代人工智能发展报告 2019》

型和语音型信息，尽管它也能处理符号型信息。DNN 的核心特征在于其对图像和语音信息的高效处理能力。它是一种基于网络结构的知识表达方式，通过其结构和权值来表征知识，而这些权值是通过学习自动获得的。这种表达方式为 AI 处理复杂的非结构化数据提供了更强大的工具。

应用 DNN 后，人们发现它具有诸多显著优势，其中最为突出的两点是：首先，DNN 能够通过学习标注过的样本数据自动获取知识。不过，在获取知识之前，训练所用的样本数据需要人工进行标注。其次，DNN 能够识别非符号型数据，例如图像和语音数据。在 DNN 出现之前，AI 在处理这类数据时一直面临巨大挑战，而 DNN 却能很好地完成这些任务。

然而，DNN 也存在一些不足之处。首先，DNN 的决策过程难以解释，人们很难理解其最终参数的意义和形成的。这种不透明性使得 DNN 难以广泛应用于需要高度可解释性的场景。其次，DNN 缺乏推理能力，这限制了其在复杂任务中的深度应用。最后，DNN 需要大量人工标注的数据进行训练，这意味着所谓的"自主学习"并非真正的全自主学习。

从上述的分析中，我们得到了以下几点启发：

一是数字视觉领域的变革是推动 AI 发展的重要力量。在本轮 AI 热潮中，它扮演了关键角色，并产生了深远影响。二是知识表达是推动数字视觉发展的核心技术之一。它为视觉信息的处理和理解提供了基础。三是克服 DNN 的缺陷是研究视觉知识的关键方向。我们需要思考如何利用视觉知识来弥补现有 DNN 的不足。

二、视觉知识的不可替代性

20世纪70年代，认知科学就对视觉知识的独特性做过一系列重要研究。实际上，在70年代，类似的例子很多。认知心理学家通过大量实验发现，视觉记忆与言语记忆存在显著差异。视觉记忆的形状可以被旋转、折叠、扫描和类比，这些特性使得视觉知识在处理和理解信息时具有独特的优势。

1971年，谢泼德（R.N. Shepard）进行了一项经典的心理旋转实验。实验请了一批被试者观察三对二维图像。图像A、B、C分别展示了三对三维物体。被试者的任务是判断每对物体是否相同，即它们是否可以通过旋转而重合（见图7-2）。

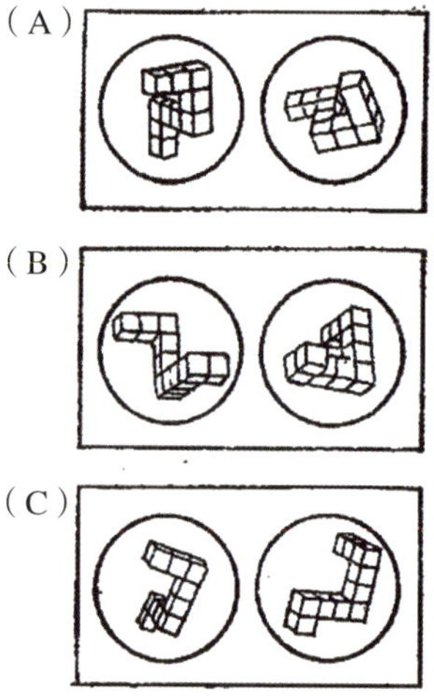

图 7-2 谢泼德 1971 年的
心理旋转实验

（图片来源：J. R. 安德森，
《认知心理学》，杨清译，吉
林教育出版社，1989 年）

在谢泼德的心理旋转实验中，A 组的两个物体可以通过平面旋转重合，因此它们是同一个物体。B 组的两个物体也能通过旋转重合，但需要进行深度旋转，这复杂于 A 组的平面旋转。至于 C 组，无论怎么旋转，两个物体都无法重合，因为它们根本不是同一个物体。

在实验过程中，被试者看了大量类似的图片，研究者发现，被试者做出最终判断的时间与物体需要旋转的角度成正比关系。也就是说，物体需要旋转的角度越大，被试者需要思考的时间就越长。无论是平面旋转还是深度旋转，这一规律都成立。谢泼德的实验表明，被试者在做出判断时，实际上在大脑中对物体进行了一次几何操作。

1972年，谢泼德进一步开展了心理折纸实验，这次实验涉及更复杂的拓扑操作。实验中，一个立方体被展开成平面，平面上有两个箭头。实验要求被试者判断，当平面重新折叠成立方体时，这两个箭头是否能够互指（见图7-3）。我们可以看到这里也给出了六个例子：

A：箭头可以互指。

B：无论怎么折叠，箭头都无法互指。

C：需要折叠五次，箭头才能互指。

D：无须折叠，箭头就已经互指。

E：折叠两次后，箭头可以互指。

F：需要折叠三次，箭头才能互指。

最终，谢泼德的实验结果表明，被试者在判断过程中实际上是在大脑中对物体的视觉记忆进行了拓扑操作。实验发现，被试者所花费

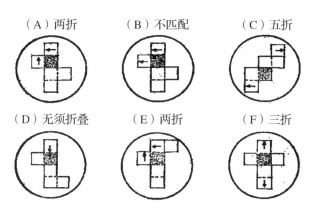

图7-3　谢泼德的心理折纸实验示意图
（图片来源：J. R. 安德森，《认知心理学》）

的时间与折叠的次数成正比。这表明，人类大脑不仅能够对看到的形象进行旋转和平移等几何操作，还能够进行更复杂的拓扑操作。这些发现揭示了人类视觉记忆和空间认知能力的强大功能。

1973年，心理学家莫耶（R. S. Moyer）设计了另一个实验。实验中，被试者无法看到图片，而是需要调动长期记忆中的知识来进行判断。实验者告诉被试者两个概念，比如一头麋鹿和一条翻车鱼，或者一只狼和一只狮子，然后问被试者哪个比较大。被试者需在大脑中搜索动物的大小，并且加以对比。实验显示，被试者耗费的时间随着两者大小的差异增加而减少：差异越大，所需时间越短；差异越小，所需时间越长。这个实验与前面的实验不同，前面的实验是通过观察图片进行问答，而这次实验则要求被试者在大脑中进行搜索和比较。

1978年，心理学家科斯林（S. M. Kosslyn）进行了一项心象扫描的实验。实验让被试者看一幅虚构的地图：一个被大海环绕的岛屿，岛上有一座房子、一棵树、一块石头、一口井、一片湖，还有一堆沙和草。被试者需要记住这些事物的位置。随后，地图被拿走，实验者会说出一个对象的名称，比如"房子"，要求被试者在记忆中的地图上指出这个对象的位置。五秒后，实验者再给出第二个对象，比如"井"，要求被试者再次在记忆中搜寻并定位这个对象。

科斯林通过大量实验发现，被试者找到第二个对象所需的时间与地图上两点之间的距离密切相关。具体来说，距离越远，搜索时间就越长。这表明被试者实际上是在大脑中对记忆的地图进行空间搜索，搜索时间与两点之间的距离成正比（见图7-4）。

这些实验在认知心理学中被引为经典案例，被认知心理学称为人

图 7-4　科斯林的心象扫描实验示意图
（图片来源：J. R. 安德森，《认知心理学》）

的视觉心象，是人脑中关于视觉信息的处理机制。与言语知识不同，心象属于另一类信息的认知，研究表明，心象是形象思维的基础。从 AI 的角度来看，我们可以将视觉心象称为视觉知识。

在心理学教材中，这样的实验不胜枚举。这些实验揭示了视觉知识的重要特征：我们的大脑中存储了大量的视觉知识，这些知识能够表达物体的形态、大小、色彩、纹理，以及它们在空间中的位置和关系；此外，这些知识还与物体的动作、速度与时间关系相关联。值得注意的是，当这些知识存在于动物的大脑中时，大脑能够通过时空、形状、操作、推理等多种方式对其进行变换处理，从而在不同时空条件下进行信息的转换和推理。

认知心理学的研究还表明，人类记忆中的视觉知识远超言语知识。因为视觉知识难以用符号语言进行精确描述，过去曾被统归为常识性知识。长期以来，AI 研究的一个显著缺陷在于对视觉知识的探索和利用的不足，这表明，视觉知识研究与应用将在 AI 2.0 的未来发展进程中占据重要地位。

三、视觉知识的结构和层次

我们知道，计算机图形学经过长期的发展，已经积累了丰富的 3D 形状表达技术，例如半边数据结构、几何变换、欧拉操作、投影变换等，以及动画和影像变形等技术。然而，如果我们要将这些技术应用于视觉知识的表达，还需要对它们进行一定的重构。那么，视觉知识的本质究竟是什么呢？让我们一起来探讨。

首先，视觉知识的基本元素是视觉概念。正如文字领域的概念，视觉领域亦有其独特的概念体系。以苹果为例，其形态各有特色，却总绕不开核心的形状与色彩——我们称其为概念的典型。苹果手机标识中那被咬掉一口的苹果，就是这一核心形状的体现。然而，围绕这一核心概念，苹果的形态又呈现出丰富多彩的变化。红富士苹果，其形态与核心概念颇为接近；而金帅苹果，则稍显远离；至于蛇果，它与金帅苹果相似，同样与核心概念保持一定的距离。

因此，苹果的视觉概念不仅包含其典型的核心形状，还涵盖了一个变化的范畴，这个范畴内的所有形态都属于苹果。视觉知识的概念，实质上是由典型形状及其变化范畴共同构成的。这个范畴应当有其明确的边界，一旦超出这个边界，我们所见的就不再是苹果，而可能是梨或其他水果。我们的认知系统会自动将其归类到其他概念之中。如果这个果子太小，我们也不会将其视为苹果；如果它既小又红，我们可能会认为它是海棠果或是花红。由此可见，视觉概念是由典型特征和变化范畴共同编织而成的。

范畴的表达方式多种多样，它既可以体现为典型特征中各项参数的变化范围，也可以呈现为典型形态与多种非典型形状共同构建的综合场。这种将典型与非典型元素融合，通过多维度的综合考量来界定范畴的方法，我们称之为综合推理。

除了范畴以外，概念还有个形状结构。概念应该包含子概念，我们很容易理解，因为言语中也有这样的结构。比如，苹果可以包含果皮、果肉、果核、果蒂，这些都是子概念。视觉概念不但要表达对象的这种空间结构关系，而且一个概念中还有子概念。诸如苹果的这种结构表达在 AI 解决植物学、农业和食品方面的问题时都有用处。

如果概念所描绘的是动物，那么它还须包括动作关系与动作结构。例如，动物的结构包括头部、四肢、躯干以及爪（指）等部位的动作及其相互关系，都是这一概念的组成部分。动物的动作不仅涵盖了各子概念的典型运动模式，还包括了动作的变化范围。对于这些动作，我们可以借助计算机图形学中的知识来进行表达，将动作与结构紧密结合，共同表示动物的活动规律。

视觉概念可以构成视觉命题。视觉概念仅是视觉知识的第一层次，视觉知识还有更深的层次，比如视觉命题。众所周知，在语言中，命题是由概念构成的，视觉命题同样是由视觉概念构成的。视觉命题一般分为两类：一类描写空间关系，另一类描写时间关系。描写空间关系的视觉命题大多表现为场景结构，即各个视觉对象的上下、左右、前后、里外、距离关系等。描写时间关系的视觉命题，则表现为动画结构，表达对象的生长、位移、动作、变化、竞赛、协同等。

除了命题之外，更高一层的结构是视觉叙事，这也是我们需要深入研究的领域。视觉叙事由一系列命题组合而成。这些命题可以用来描绘一个场景，正如一段视频也是由一系列命题构建的。多个视觉命题能够生动地叙述一个故事，展现出强大的叙事能力。无声电影便是由众多视觉命题编织而成，通过一系列图像传递情感与情节的。因此，纵观视觉知识的全貌，我们可以看到它包含了概念、命题和叙事这三个层次，并由它们共同构建了视觉表达的完整体系。

在前文中，我们探讨了视觉概念的内涵，接下来让我们转向视觉概念的学习领域。计算机视觉，如同计算机图形学一样，在科学家不懈的努力下，已经积累了丰富的从图像到图形的重建方法。这些方法包括利用多幅图像来恢复三维形状的技术，通过 3D 扫描仪对实体进行扫描，获取点云数据进而构建三维形状网络的技术，以及运用摄像机从多角度捕捉实物影像，通过对比和计算对应点来建立三维物体模型的技术（同时包括其动作的动画技术）等。

然而，我们也不难发现，迄今为止，计算机视觉在重建 3D 形状方面，主要聚焦于几何形状的复原。要从几何形状的层面跃升至视觉知识的层面，就必须对现有的计算机视觉技术进行更深层次的重构。视觉知识的学习，其目标不再局限于视觉形状的重建，而是要迈向视觉知识的重建。这就要求我们在现有技术的基础上，进一步探索和研究，明确其间的差异与转变。那么，这种转变具体体现在哪些方面呢？

第一，不仅要重建 3D 形状，而且要重建 3D 形状的层次结构。这意味着我们需要深入挖掘形状内部的组成关系，揭示其从整体到局部的多层次架构。第二，不仅要重建 3D 形状结构，而且要重建其 { 典型，范畴 } 结构，即定位其在概念范畴中的位置，如典型位置、边缘位置、中间位置等等。

四、多重知识表达

人脑中的知识是多种编码的，包括视觉的、听觉的、语言的、触觉的、味觉的、嗅觉的等等。它们在我们的记忆中既分别存在，又彼此联系，并能被关联调用，协同工作，去完成各种任务：如阅读理解、对象识别、预测判断、语言翻译、生成创造等等。人的这种方法，即被称为跨媒体智能。

AI 要模拟跨媒体智能，须包含多重知识表达，并令多重知识协同工作。迄今为止，计算机和 AI 技术已积累了多种知识表达的方法，各有优点与用途，如：

（1）语言知识表达，如语义网络、知识图谱、数据库等等。特点是语义清晰、可解释、可推理。

（2）图形知识表达，如平面图形、3D 实体、动画知识等等。特点是结构清晰、可解释、可变换、可推演生成。

（3）神经网络结构表达，如 DNN、大模型等等。它与上述两种不同，并非按感知信息的格式，而是模拟神经元工作的结构，所以它能与各种模态的知识联合工作。

（4）跨媒体知识表达。现在很多公司在做数据标识工作，以供训练大模型之用。经过标识的数据，就成了知识。其中跨媒体的标识，如以文标识图，以文标识视频等，就形成了跨媒体知识的表达。使用跨媒体的语义对齐，是跨媒体大模型形成的核心基础。

运用多重知识表达的方法，不仅有助于构建跨媒体智能系统，而且可以使之运行得更加灵活和高效。

五、小结

好，让我们来总结一下，从以上分析可以知道，视觉知识有诸多重要的优势，它具有形象的综合生成能力、时空的比较能力和形象的显示能力，这正是字符型知识和 DNN 所缺乏的。所以，视觉知识在创造、预测、人机融合等方面将为 AI 发展提供新的基础性动力。

因此，我们认为视觉知识的研究是推动新型视觉智能发展的关键，也是实现 AI 2.0 重要突破的核心技术。在研究过程中，构建视觉知识词典可能是一个至关重要的环节。目前，字符型词典已经相对成熟，但视觉知识词典仍处于空白状态。这是一项庞大而复杂的工程，我们应积极推动这一重大且实用的知识平台的建设，并在这一过程中，汇聚全球 AI 技术、计算机图形学和计算机视觉领域科技工作者的力量，共同实现这一宏伟目标。

最早报告于 2020 年 7 月

第八讲
论 AI 的两类智能模拟

一、AI 的思维和行为模拟

人的两类智能活动

我们知道，人类的智能活动可大致划分为两大范畴，其中最为核心的是以大脑为主导的思维活动。各种高级认知功能贯穿于我们日常生活的方方面面：从基础的学习思考到复杂的创意构思，从个人的写作规划到群体间的交流互动，无不体现着思维活动的精髓。作为人类智能最显著的表现，思维活动不仅支撑着个体的认知发展，更是推动社会文明进步的内在动力。

人类的另一类智能活动，便是以肌肉操作为核心的行动。这类活动涵盖了从基本的日常劳作到复杂的专业技能，包括制造工艺、设备维修、物流运输、资源采掘、物品整理、农业种植、畜牧养殖以及体育运动等诸多领域。行动智能的发挥水平往往呈现出显著的差异性，这种差异不仅体现在效率和质量上，更反映在专业造诣的深浅之中。

以体育运动为例，运动员的水平层级分明，从业余爱好者到专业选手，站在奥运会领奖台上的世界冠军是行动智能发挥到极致的典范。这种差异不仅源于生理条件的区别，更是长期训练、经验积累和智能运用的综合体现。

社会基于这两类智能活动，形成了两类职业：白领工作以思维工作为主；蓝领工作以行动工作为主。

人类的这两类智能活动——思维与行动，虽呈现主次，但也是相互交织的。以语言表达为例，虽然其本质是思维活动，但必须通过精确控制发音器官的肌肉运动才能实现；同样，在看似以行动为主的技能操作中，也时刻需要思维的引导和决策。这种主次关系的动态平衡，使得人类的智能活动呈现出丰富的层次性。

《新一代人工智能发展规划》的技术与应用同时指向两者。规划中有一条线非常清晰，就是思维的模拟和行动的模拟并举。在 AI 2.0 的五个领域中，有一半是模拟人的思维，另一半是模拟人的行为。

纵观 AI 的发展历程，从 AI 1.0 到 AI 2.0 的演进呈现出清晰的传承与创新脉络。在 AI 1.0 时代，研究主要沿着两个方向展开：其一是以问题求解和知识工程为代表的认知模拟领域，致力于通过规则系统和专家系统来模拟人类的思维过程；其二是以物理机器人为代表的行动模拟领域，重点研究机械运动控制和环境交互。这种二元划分奠定了 AI 发展的基本框架。

进入 AI 2.0 时代，我们在继承这一传统的基础上实现了重大突破和创新。在行动模拟方面，我们对传统机器人概念进行了大步扩展：不局限于机器人研发，更将智能化延伸至各类机械设备，形成了"自主智能系统"这一更广泛的概念。这一转变旨在促进从无人机、无人车、无人船到各种智能机械、装备、仪器、仪表等新型智能载体的创新和发展，并致力于实现人机协同的深度融合。在认知模拟方面，我们对强调要大数据智能和跨媒体智能进行深度探索，将传统知识工程提升到了新的高度。特别值得注意的是，这两个方向的融合发展催生了群体智能这一新兴领域，实现了从个体智能到群体协同的跨越，标志着 AI 研究进入了新的发展阶段。这种演进既体现了技术发展的连续性，也彰显了研究的创新性与跨越性。

二、思维智能的创新

AI 发展至 2.0 阶段（21 世纪初至今），在识别技术领域取得了革命性突破。与 20 世纪 AI 1.0 时期识别技术徘徊在 80%～90% 准确率的困境相比，深度神经网络的出现彻底改变了这一局面。这一技术突破不仅大幅提升了图像和文字识别的准确率，更推动了 AI 技术的广泛应用：从语音识别到人脸识别，从街景识别到智能驾驶，AI 识别技术已深度融入现代社会的各个领域。

2023 年，AI 生成内容（AIGC）的崛起，标志着 AI 发展进入了以"生成"为核心的新纪元。这一突破性进展使 AI 向"创造"领域迈出了关键一步。AIGC 的快速发展得益于三大要素的成熟：首先是海量数据资源的积累（大数据），其次是结构化知识体系的构建（大知识），最后是深度学习模型的突破性进展（大模型）。这三大要素的协同作用，为 AI 从"识别"向"生成"的跨越提供了坚实基础，预示着 AI 技术正朝着更具创造性的方向发展。

纵观 AI 近年的发展轨迹，我们可以清晰地看到一条渐进式演进的路径。这场变革并非一蹴而就，而是经过了三年的酝酿与积累：2020 年，谷歌推出的 AlphaFold 在蛋白质结构预测领域取得突破性进展，展示了 AI 在复杂科学问题求解方面的潜力；2021 年，Meta 提出的元宇宙概念，为 AI 技术的应用开辟了全新的虚拟空间；直至 2022 年底 ChatGPT 的横空出世，终于让公众直观地认识到 AI 的核心能力——生成符合用户需求的优质内容。这一系列的里程碑事件，标志着 AI 神经网络模型完成了从识别型向生成型的转变，其本质功能已明确为：理解需求、生成内容、服务用户。

自 2023 年 ChatGPT 引发全球关注以来，AI 的发展重心已从单纯的识别技术转向更具创造性的 AIGC 领域。这一转向揭示了一个关键挑战：海量数据的支撑已不足以满足 AI 生成的需求，知识的深度整合成为新的突破口。这一突破性进展为我们的 AI 研究指明了方向：我们不仅要善于运用现有的语言大模型，更要着力探索大模型与各种知识的创新性结合。

我们研究发现，人类积累的知识财富大量存储在各类数据库中。自 20 世纪 80 年代以来，数据库技术已发展了 40 余年，几乎每个单位都建立了自己的数据库系统，这些系统保存着各组织数十年发展历程中的丰富数据资产。特别是关系型数据库，虽然其数据结构严谨、知识密度高，但其特殊的查询语言和操作规则，导致其知识提取和使用存在较高门槛，形成了"知识孤岛"。

浙江大学在 AI 与知识融合领域取得了显著进展。浙江大学开发的

TableGPT 是一个创新性的 AI 模型，它将数据库与语言大模型相结合，能够通过自然语言的方式调用数据库内容，完成各种检测和分析任务。TableGPT 的核心优势在于它首次将结构化数据（如数据库、Excel 等）视为一种独立模态进行训练，使大模型能够直接理解和操作表格数据（见表 8-1）。

表 8-1　结构化数据大模型 TableGPT 与国内外同类系统对比

功能	ChatExcel	SheetCopilot	Data-Copilot	TableGPT
自然语言交互	√	√	√	√
数据可视化	×	√	√	√
分析及报告	×	×	√	√
数据预测	×	×	√	√
指令链	×	×	√	√
基础模型	未知	API	API	经过精调
指令歧义性检查	×	×	×	√
私有化部署	×	×	×	√

比如，TableGPT 可以做多轮数据分析。

用户输入指令：50 岁以上法国和德国女性的平均信用评分是多少？

TableGPT：根据你的要求，我已经计算了 50 岁以上法国和德国女性的平均信用评分。结果显示，50 岁以上的法国和德国女性的平均信用评分为 645.14。数字是从我们处理的数据中得出的，涵盖了不同年龄段的女性在这两个国家的信用评分情况。请注意，平均评分可能会随着时间和其他因素的变化而发生变化。

　　用户再输入：男女性客户的平均收入有差异吗？

　　TableGPT：在完成所有操作后，我已经为您准备了一个名为 df 的 Pandas Data Frame。Data Frame 包含了基于您提供的数据和相关计算的结果。从 df.head（）可以看到，它包含两列，分别是 Gender 和（estimated salary mean）。在 Data Frame 中，您可以查看男性和女性在不同年龄段的平均收入。我会使用 df 中的数据来回答您的问题。请您提出您想了解的具体问题，我将为您解答。

　　TableGPT 在数据分析可视化方面展现出强大的应用潜力。比如，当地区管理者需要评估城市人口平均文化水平并分析其年度变化趋势时，该系统能够智能整合多源数据：通过对接公安局的户籍信息系统获取人口基础数据，同时调用教育局的学历认证数据库，从而实现跨部门数据的自动关联与匹配。基于这些结构化数据，系统不仅能够快速生成直观的文化水平分布热力图，还能绘制出时间序列变化曲线，为决策者提供清晰的数据趋势等。这种智能化的数据分析方式，不仅大幅提升了政府部门的决策效率，也为城市发展规划提供了可靠的数据支撑。

　　所以大家可以看到，该模型不仅具备强大的数据库统计和计算能力，还能实现数据的可视化。随着大模型技术与数据库的深度融合，系统不仅能够生成高质量的文本内容，更实现了数据库信息与文本生成的无缝整合，为用户提供智能化和多样化的数据—文本综合生成服务。

TableGPT 模型巧妙地融合了自然语言交互与数据库操作两大核心功能，其各占模型能力的半壁江山。自然语言交互以其便捷性著称，却在精确度上存在局限；而数据库操作则以其精确性见长，却在用户体验上略显不便。两者的结合，不仅实现了操作的便捷性，更确保了数据的精确性，从而将传统的大语言模型升级为集语言与数据处理于一体的复合型大模型。在中国，这一领域的研究具有强大的应用潜力与竞争力。

在大模型技术的创新浪潮中，一个至关重要的方向便是突破单一语言（文本）的局限，迈向跨媒体的融合应用。这意味着，未来的大模型不仅需要精通语言理解和生成，更要具备处理图像、音频、视频等多种媒体形式的能力。

所以，欧美地区的开发者们正积极投身于这一领域的探索与创新。AIGC 的发展必将以跨媒体能力作为核心基石，这缘于生成任务本质上就是跨媒体任务。在实际应用中，我们面临的生成需求往往涉及多种媒体形式的转换与融合。例如，设计城市交通系统时，需要将文本描述转化为可操作的物理系统设计方案；为杭州亚运会设计吉祥物时，需要将文字概念转化为具体的实体形象；创作乌镇主题画作时，需要将语言表达转化为视觉艺术作品。这些实例充分表明，凡是涉及生成的实际应用任务，无一不是跨媒体的。

浙江大学在工业设计领域取得了令人可喜的进展，其研发的服装智能系统成功实现了语言大模型与图像大模型的跨媒体协同训练，并将其应用于羽绒服设计。这一创新成果已在企业落地应用，并有望进一步推广至更多的服装企业。与此同时，欧美地区在 AI 服装设计领域也进展迅速。例如，在 2023 年纽约时装周上，美国公司芒果（Mango）推出的 AI 平台"Inspire"已成功设计出 20 多款服装。该平台允许设计者通过输入草图、指定材料和色彩等条件，快速生成符合需求的服装设计。

相比之下，浙江大学的设计模型展现了更强的灵活性，它支持三种生成方式：基于自然语言描述、基于草图和基于照片的服装设计。例如，用户可以通过自然语言指令（如"设计一款冲锋衣式的羽绒服"）或提供参考照片（"喂"一张"中国风"图片）来引导模型生成符合需求的服装设计。

在这一领域，中国的研究成果与国际企业的创新形成了良性竞争格局。第十二讲中，我们将进一步深入探讨这些技术的具体实现和应用场景，分析中国在 AI 服装设计领域的独特优势与发展潜力。

三、行动智能的创新

我们刚刚探讨了思维智能领域的创新，现在将目光转向行动智能领域的创新。行动智能的模拟与创新的重要性丝毫不亚于思维智能领域，其对实体经济的影响尤为深远。AI 与实体经济的深度融合，可以从五个层次来剖析，其中行动智能与思维智能各占半壁江山，共同构成了 AI 赋能实体经济的完整图景。

例子 1 是超声机器人。浙江大学数学系孔德兴教授，研发了 AI 超声医疗图像识别系统——"DE 超声机器人"，该系统在甲状腺癌和乳腺癌识别方面表现卓越。

计算机的高速运算能力与海量学习数据相结合，使其在医学影像识别中展现出极高的准确率。这一领域的研究已在全球范围内展开，而孔德兴教授的创新之处在于使软硬件融为一体，增强了系统的实时性。他通过改造超声设备，实现了扫描与读片的同步操作：系统检测到可疑区域时，会自动增

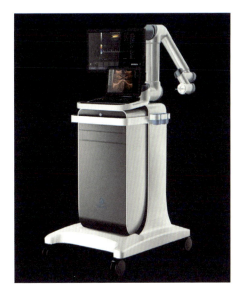

图 8-1　DE 超声机器人

加超声扫描密度，提升图像细节。这一技术设备对乳腺癌和甲状腺癌的早期诊断具有重要价值，显著提高了超声检查的精确度和准确率。值得一提的是，孔德兴教授团队的这项创新技术已被纳入杭州市西湖区"2019 年十大民生实事"项目之一，其研发的"DE 超声机器人"在全区 12 家社区卫生服务中心全面部署，为居民提供了更便捷、精准的 AI 辅助诊疗服务（见图 8-1）。

AI 读图技术的研发得到了广泛的重视，但更重要的是将读图技术与医疗设备深度融合。既然超声设备可以实现智能化，其他医疗设备如 CT、核磁共振仪等同样可以采用这种方法进行升级。未来，医疗设备的智能化将成为重要发展方向，这一趋势不局限于大型医疗设备，甚至连显微镜等基础仪器也可实现智能化升级。

例子 2 是浙江大学控制科学与工程学院 FAST 实验室研发的"丛

林自主集群飞行机器人"能够在复杂环境中实现低空飞行，即使在雷达难以探测目标的情况下也能精准作业。特别值得一提的是，其目标跟踪能力出色，即使目标暂时被遮挡，系统仍能保持持续追踪。此外，这些飞行机器人具备动态环境适应能力，可在高密度集群飞行中实现精准避障，从而能自如地穿越、飞行于复杂障碍环境之中（见图 8-2）。

通过这两个案例，我们想说明什么？行动智能的应用范围极其广泛，正如思维智能一样。然而，当前对思维智能的讨论过多，而对行动智能的关注却远远不足。行动智能领域有许多值得探索的新空间，更不应将其局限于机器人领域，它还能完成许多其他任务。

此外，各种行动智能还具备类似的智能特征：通过上述两个案例可以看出，它由七个核心智能模块构成——感知、记忆、计算、控制、协调、交互和调度。值得注意的是，并非每个智能系统都需要完全整合这七个模块，有的可能需要运用其中三个，有的需要四个或五个，这体现了智能系统的多元化应用特性。这一发现引出了一个重要概念：行动智能的技术可以实现模块化，进而标准化，这将为大规模量产奠定基础。

杭州已在工业芯片领域展开积极探索。当地企业与国家电网合作，成功实现了工业芯片的量产。2023 年，杭州举办了第一届工业芯片技术与应用高端论坛，我也受邀参会。我在会上了解到，当前推出的工业芯片已形成八大系列产品，而非单一型号。这八大系列包括：传感芯片、模拟芯片（负责模数/数模转换）、主控芯片、人工智能芯片、存储芯片、通信芯片、安全芯片以及 RFID 芯片（射频识别传感器芯片）（见图 8-3）。这一系列化产品布局展现了工业芯片领域的多元化

图 8-2 浙江大学控制科学与工程学院 FAST 实验室 "丛林自主集群飞行机器人"

（图片来源：项目方提供）

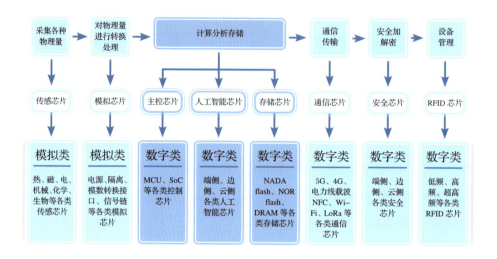

图 8-3　行动智能产品的模块化和芯片化

发展态势。

这八种芯片与前述的七个智能模块形成了高度对应，体现了行业共识的统一性。通过将行动智能实现模块化、标准化和芯片化，中国在行动智能领域的发展将显著提升其服务实体经济的能力。这种技术转化不仅能够大幅降低产品成本、提升性能水平，实现更高的性能价格比，使这些创新成果能够满足国内需求，未来还将具备全球竞争力，实现技术出口。

通过上述案例，我们可以清晰地看到两类智能模拟所需的基础硬件存在显著差异。思维模拟的核心硬件是 GPU（图形处理器），这恰恰是当前"卡脖子"问题的关键所在——虽然我国已具备 GPU 设计能力，但在生产环节仍面临重大挑战。因此，突破思维模拟的生产瓶颈是我们当前的首要任务。

而在行动模拟领域，包括传感芯片、通信芯片、人工智能芯片、存储芯片、主控芯片等在内的关键组件，我国已基本实现自主生产。这些芯片的特点在于对体积要求相对宽松，且能耗限制适中。我国现有的 45 纳米乃至 20 纳米制程工艺已完全能够满足需求，这意味着在该领域我们已经摆脱了技术封锁的桎梏。

基于这一优势，我们应当采取双轨并进的策略：一方面集中力量破解"卡脖子"技术，另一方面在已实现自主可控的领域全力发展，力争做到全球领先。这种"破解＋领先"的战略布局，将有力推动我国智能科技产业的全面发展。

最早报告于 2023 年 12 月

第九讲
人和 AI 将共同进化

　　我从人类发展史的角度探讨 AI 的角色与意义，发现"人与 AI 将共同进化"。我将以此为题围绕以下三个核心内容展开分析。

一、人类进化方式的改变

　　自生物进化论提出至今已有 160 多年历史。1858 年 7 月，查尔斯·达尔文与阿尔弗雷德·拉塞尔·华莱士在伦敦联合宣读了关于进化论的论文。达尔文于次年出版了划时代著作《物种起源》，标志着进化论学说的正式确立（见图 9-1）。

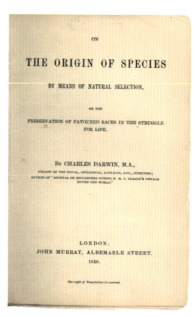

图 9-1 《物种起源》初版

　　1865 年，奥地利植物学家孟德尔提出了染色体遗传学，为进化论思想提供了补充。进化论的一般模型是：生物种群经历了三步演化的过程。第一步是基因的自然变异；第二步是自然选择，生物在竞争中实现适者生存，弱者淘汰；第三步是通过繁殖扩大种群。最终，强者与适者得以扩充，生物便在不断循环中持续进化（见图9-2）。

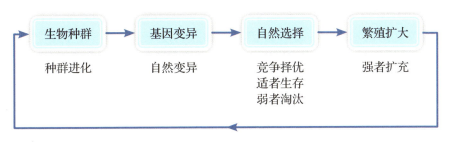

图 9-2 生物进化的一般模型

然而，将人类的进化与达尔文的进化论相对照时，便会发现难以解释之处。达尔文的进化论在解释其他生物进化时十分契合，但在解释人类的进化上却显得捉襟见肘。问题出在哪里呢？

首先，人类的繁殖扩大能力正在减弱，如今的生育率持续走低，现代人生育意愿低迷，像过去那种大规模生育的现象已变得罕见。按照进化论的逻辑，优秀种群的扩大也面临困境。

其次，过去生物进化中"适者生存"的竞争机制在人类社会中逐渐失效。随着伦理、福利和医学的发展，人类社会不再遵循"弱者被淘汰"的法则。相反，我们保护了老弱病残，使他们得以生存。在动物世界中，狮子、老虎往往攻击那些幼小、体弱、行动迟缓的动物，而人类社会却致力于保护这些群体，这与自然选择的逻辑形成了鲜明对比。

最后，竞争的方式也发生了根本性转变。现代战争不再只以弱者为打击目标，而是更加精准地针对强者，如智能炮弹和定点清除等战术的运用。这种转变使得达尔文的进化论面临了新的进化屏障。观察当代人类，我们不难发现类似的现象：如果仅使用 5000 年前良渚文化时期的工具，我们现代人实在难以复制其精美的玉器；而仅使用 2200 多年前李广时代的弓箭，现代人实在也难以达到其精准有力的射术水平。在文化艺术领域，现代人实在已难以企及 1600 多年前王羲之的书法造诣、1200 多年前李白的诗歌境界，更难以创作出 900 年前王希孟的《千里江山图》那般精妙的画作。《千里江山图》初看平淡无奇，但放大观察后令人惊叹不已——无论是水面的船只，还是山体与水纹的细腻变化，都表现出画家惊人的艺术功力（见图 9-3）。这种精细程度，

图 9-3　北宋王希孟，《千里江山图》（局部）

现代画家往往需要借助放大镜才能勉强达到。这些现象都印证了人类在许多自然体能方面即使不说退化，也难言进化。

尽管人类社会出现了诸多进化屏障，但人类的发展却更加迅猛。原因何在？我们看到，人类实际上开创了一种全新的进化方式——创造人工物。最初，人类只是制造和使用工具，但随着时间的推移，工具的演进催生了新的材料，进而出现了建筑、能源等，越来越多复杂的人工物不断被发明和制造出来。这是人类迅猛发展的原因。

而且当我们审视人工物的历史时，会发现其本身具有迭代变化的能力。人工物的创造远远快于生物进化，其发展方式也与进化论有所不同。另外，人工物的演变不仅速度快，还常常出现突破性的升级。从历史来看，人类与人工物的共同进化实际上经历了三次显著的加速。

二、人工物进化的三个台阶

迄今为止，人工物的进化可以划分为三个阶段。第一个阶段便是人工器物的出现。能够制造人工器物，标志着从猿到人的演进。

中国社会科学院历史研究所"中国历史年表"课题组出版的小册子《中国历史年表》（中华书局，2014）指出，根据目前已发掘的石器，中国的历史可追溯至约180万年前，这一时间点有较为可靠的石器证据作为支撑。由此可见，在180万年前，中国境内已出现石器时代人类的活动痕迹。

人类学家认为，在这个阶段，猿变成人的关键在于两个条件：一是直立行走，二是发明工具。这就是人与人工器物的共同进化的开始。

第二个台阶是文字的出现。有了文字，人类开始系统地积累信息，这非常关键。这一台阶在中国大约始于 3300 年前，其证据便是甲骨文。第三个台阶是始于 21 世纪的大数据和 AI，这是人类发展的三个重要台阶（见图 9-4）。下面我们来说这样分组的逻辑。

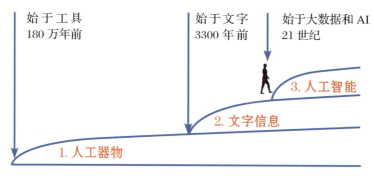

图 9-4　人工物进化的三个台阶

第一台阶——人工器物时代

我们先来看第一个台阶。中国出现旧石器的时代始于约 180 万年前，这是第一个台阶的起点。从那时起，人类的工具逐渐进化，从粗糙的石器发展为更为精细的青铜器，再到坚固耐用的铁器。与此同时，人类的生活方式也在不断进步，从最初的简单工具制造，发展到陶器制作、金属器械的使用，再到拥有农业种植和建筑建造的历史发展过程。这一过程体现了人类与人工器物共同进化的漫长历程（见图 9-5）。

如图 9-6 所示的照片，分别是石器、铁器和青铜器。

旧石器时代始于约 180 万年前；云南的元谋人生活在 170 万年前；北京人则稍晚，大约在 70 万年前。

人类凭借着人造的工具等器物，实现了越来越快的发展

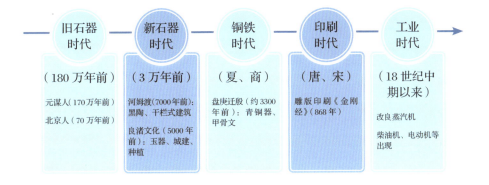

旧石器时代	新石器时代	铜铁时代	印刷时代	工业时代
（180万年前）	（3万年前）	（夏、商）	（唐、宋）	（18世纪中期以来）
元谋人（170万年前）北京人（70万年前）	河姆渡（7000年前）：黑陶、干栏式建筑良渚文化（5000年前）：玉器、城建、种植	盘庚迁殷（约3300年前）：青铜器、甲骨文	雕版印刷《金刚经》（868年）	改良蒸汽机柴油机、电动机等出现

图9-5 器物发展重要节点

（数据引自中国社科院历史所：《中国历史年表》，中华书局，2014年）

图9-6 早期石器、商代青铜器四羊方尊和春秋时期铁斧

新石器时代始于约 3 万年前。其与旧石器时代的区别不仅在于石器的使用，还包括其他方面。例如，河姆渡文化在 7000 年前已使用陶器并出现了干栏式建筑；良渚文化在 5000 年前，也处于新石器时代，当时已有城建、农耕和玉器制作，这些均有实物证据。

铜铁时代大约始于 3000 年前的夏商时期。甲骨文出现在约 3300 年前的商朝。最初，我们以石器为界限划分人类发展年代，如旧石器时代和新石器时代，后来又以青铜器作为划分标准。但随着历史发展，这种划分标准逐渐模糊，人类社会出现了蒸汽机、电灯等复杂人工器物，且发展速度发生了"爆炸"。

第二台阶——文字信息时代

第二个台阶标志着人类迈入了文字信息时代。在中国，这一进程自约 3300 年前的甲骨文诞生而开启。回顾历史，人类历经 180 万年的漫长岁月才迎来青铜器。然而，从约 3300 年前至今，人类不仅拥有了金属器物，更相继发明了纸张、印刷、电力、机械，以及广电、通信等诸多技术。文字信息的出现，宛如一条大道的打开，极大地推动了人类的发展进程，也带来了人工器物方面的质的飞跃。

人工器物的发展之所以明显加速，是因为文字信息系统的诞生。文字不仅能够存储、传播和积累信息，更是推动进化的强大加速器。它不仅保留和记录信息，还为信息赋予结构，将其组织为知识体系。例如，文字将人类对世界的感知抽象为概念，并将这些概念之间的关系联结起来，形成命题。这些命题如同画笔，勾勒出丰富多彩的世界与场景。由此，人类迈入了抽象思维的广阔天地，进而孕育出哲学，并最终催生了科学。人工器物和知识一起，形成新的人工物。

文字信息系统的出现，让历史、医学、哲学、技术、科学等人类知识和技术得以传承与迭代发展。纸张、印刷、书籍、图书馆、广播电视等文字知识的方法与工具应运而生，这加速了信息传播，也极大推动了人工器物的发展。在这一阶段，人类不仅创造了丰富的器物，还构建了浩瀚的知识体系。

在此阶段，人类是器物与知识的唯一创造者，且二者相互营造、深化，迭代发展并传承，形成了人工器物与知识之间的关系模型，其中人始终处于核心地位。这便是第二台阶上人类进化的逻辑关系（见图 9-7）。

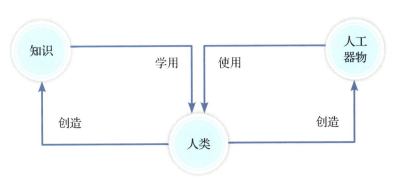

图 9-7　人＋人工器物进化的第二台阶模型

第三台阶——大数据智能时代

踏上第三台阶，人类迈入了大数据与 AI 的时代。21 世纪以来，随着大数据和新一代人工智能的崛起，人类开启了全新的篇章。AI 技术成为迈向这一新台阶的关键所在。由基于互联网、传感器、大数据驱动的 AI 2.0，已生长出五个重要新方向：大数据智能、群体智能、跨媒体智能、人机混合增强智能以及自主智能系统。

在这五个方向中，我们可以看到一半聚焦于知识创新，另一半则关注人工器物的创新，两者相辅相成，双轮推进。当我们在 AI 驱动的知识创新领域取得显著进展时，也必须同步推动人工器物创新的发展。近年来，AI 技术、人工器物以及文字信息系统的共同进化进程明显加速。从几年前的 AlphaFold，到后来出现的 Meta，再到 2023 年震撼全球的 ChatGPT，AI 技术不断突破边界。此外，各种自主智能系统和群智系统的涌现，进一步推动了这一趋势。如今，AI 技术的发展不仅深刻影响了社会，更预示着一场巨大的变革即将到来。

AI 技术的本质是发现和运用知识的强大工具（见图 9-8）。大数据智能、跨媒体智能与群体智能系统的深度融合，将显著提升知识生成的速度和应用水平，同时也让我们清晰地看到 AI 能力的飞速进步。从

AI 能力的提高：

知识的进化规律：

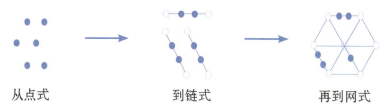

图 9-8　AI 技术是创造知识的强大工具

20 世纪中期机器模拟人类的逻辑思维开始，AI 逐步发展到模拟人类的知识与推理能力，并衍生出多种知识表达方式。到了 20 世纪末，搜索技术的出现进一步提升了信息获取与处理的效率。进入 21 世纪后，AI 的研究重点转向了学习能力，并在图形识别、声音识别等领域取得了突破。最终，以 ChatGPT 为代表的技术将目标瞄准了内容生成和知识发现，并实现了人与机器更加自然、智能的沟通方式。

如今，AI 技术正朝着 AIGC 的方向发展，在 AI 技术与人类进化的共同推动下，知识进化的形态经历了显著的转变：从过去的点状知识逐渐发展为链状知识，而现在正朝着网状知识的方向迈进。

此外，AI 在推动人工器物的创造与应用方面也展现出惊人的进化速度。自主智能系统和群体智能系统被广泛应用于人工器物的研发与优化。正如我们在第五讲中提到的，各类智能机器人正是这一趋势的典型代表。

因此，第三台阶的核心特征体现为人类与 AI 协同参与知识的创造与使用，这种共生关系将推动知识系统在 AI 时代迎来新一轮发展。这一变革将同步推动人工器物领域的智能化进步。当前可见的是，产品制造全流程——涵盖设计、生产、交换、使用及维护等环节——其迭代效率和升级速度将显著提升。供应链体系从原材料采购到成品交付的运转将日益流畅高效，而资金流、人力资源、基础设施、物流网络与信息系统的协同运作，则促使市场组织结构持续优化。

图 9-9 展示了第三台阶的模型，从中我们可以清晰地看到，人类除了创造了人工器物和知识，还创造了 AI。而 AI 在人类的引导下，也在不断生成新的知识并推动人工器物的创新。因此，人类与 AI 正在形

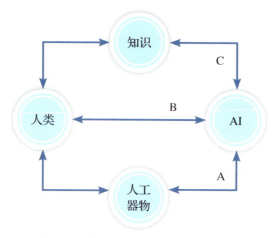

图 9-9　人＋{人工器物，知识，AI} 共同进化的第三台阶模型

成一种合力，共同推动知识与人工器物的创造与发展。当然，人类与
AI 有着本质的不同：人类不仅是 AI 的创造者，同时也是 AI 的控制者，
始终掌握着技术发展的方向与边界。

三、人工物促进人类的生物进化

接下来，我将阐述第三步：人类创造了人工器物、知识以及 AI，
而这些创造反过来也在提升人类的生活水平。如今，人类的生存已经
与人工器物密不可分。我们可以通过一些国外的野外生存真人秀观察
到，现代人类在野外环境中生存是非常困难的。试想，如果一个人不
穿防护服，也不携带任何工具，被丢入一片原始森林中，他的结局一
定是很凄惨的。然而，如果给他一把刀，他就能用来自保、砍伐树枝
或搭建庇护所。我们甚至可以做一个简单的设想：如果大家脱掉鞋子和
袜子，在荆棘石块上行走两个小时，双脚一定会伤痕累累。这说明，人

工器物不仅已是现代生活的必需品，更是人类生存的基本保障。

在当代社会竞争中，人工物的运用能力已构成核心竞争力的一个关键。具体而言，机械操作、产品制造、电脑运算、汽车驾驶及数据库使用等技能，不仅构成了现代社会的核心竞争要素，更已成为个体提升的重要筛选机制——从求学阶段的录取到毕业，从职场求职到职位晋升，贯穿人生进阶各环节的核心能力测评，本质上都聚焦于人对人工物相关知识的掌握程度及其应用水平。这种以人工物为载体的能力评价体系，正持续塑造着现代社会的生存竞争图景。

我们不难发现，人工物的发展对人类的生物特征产生了深远的影响。其中，最为显著的改变体现在人类寿命的延长上。这一变化主要归功于食品、住房、药物、医疗等人工物水平的提升。以中国为例，1949 年的人均预期寿命仅为 40.8 岁，而到 2022 年，这一数字已跃升至 77.93 岁。值得注意的是，人类自身的生物特性并未发生根本性改变，真正推动这一变化的是人工物水平的整体进步。

这一现象在全球范围内同样显著。2020 年，世界卫生组织的统计数据显示，在全球 183 个国家中，人均寿命排名前三的日本、瑞士和新加坡的人口平均年龄超过 83 岁；而排名末位的塞拉利昂、安哥拉和中非等国，人均寿命仅在 50 岁左右。如此显著的差距充分表明，人工物的进步已经完全改变了人类的生活质量，尤其是寿命这一关键指标。

人类的结构特征同样经历了巨大的变迁。在人体结构中，大脑的重要性日益凸显，与之相伴的教育体系也日趋完善和发达。回溯过往，在我国古代，人们的学习周期通常仅为十年，即所谓的"十年寒窗"，主要研读四书五经——学习九门课程。而如今，我们的基础教育阶段就长达 12 年，课程数量也增加至十余门。进入高等教育阶段，学生在本科 4 年通常需要修读平均 30 门课程，在硕博阶段还需投入 5 年时间，其间不仅需要课堂学习，更重要的是通过研究实践解决问题，获得深度认知。

现代教育方式也呈现出多元化发展趋势。与过去单一的"老师讲授、学生背写"模式相比，如今的教学体系融合了课堂讲授、实验操作、自主阅读等多种形式，且后者的比重正持续增加。学习工具的重要性也日益凸显：从过去借助厚重的字典，发展到如今需要掌握电脑、手机、网络、外部设备和各类应用软件。

值得注意的是，AI 已然崛起为一种强大的教育工具，从教材编写到难题答疑等领域均展现出显著成效。传统的标准化教材模式，即一套教材供数百乃至数万人使用的做法，正在被一种全新的知识供给模式所取代——以学习者为中心的个性化教育系统。AI 技术能够为每位学生量身定制专属教材，推动教育进入真正的个性化时代。无论学习者的进度快慢，都能获得最适合其进度与需求的学习内容和学习方法。

知识获取方式正在发生变革。在过去，课堂是获取知识的主要场所；而如今，知识的来源已大大拓展，智能手机、互联网平台、AI 系统都成为重要的知识获取渠道。这种转变不仅改变了知识传播的途径，更深刻地影响了知识生产的方式。

在知识创作层面，传统的图书编写主要立足于作者视角，着重表达作者的观点和对事物的思考；教材编写则更多考虑教学者的立场，将教学者的思考融入教学体系。然而，未来的教材编写将发生范式转换：编写者需要站在学习者的立场，精准把握学习者的需求，据此定制个性化的教材内容。这一转变使得学习者的画像变得至关重要，只有通过深入分析学习者的特征和需求，对知识内容进行精准的取舍和编排，才能创作出真正适合学习者的优质教材。

我们观察到，人类的寿命、学习模式和教育方式已经发生了实质变化，但更为深刻的变革还在酝酿中。如今，人类已经掌握了推动生物进化的关键知识、工具和能力。以农业领域为例，这一演变过程清晰地展现了人类对生物进化干预能力的提升：最初，我们仅能通过选种来筛选优良品种；随后，杂交育种技术的突破带来了农业进步；而如今，我们已经迈入了第三个发展阶段——基因工程时代。这一技术使我们创造出自然界中从未存在过的新品种，通过对现有生物基因的精准编辑和重组，培育出具有更优异特性的新物种。

人类在材料创造领域也经历了三个重要的发展阶段：最初，我们掌握了无机物的合成方法，这是高中化学课程的基础内容。随后，有机物的合成技术取得突破，这一进步构成了大学化学教育的重要组成部分。如今，材料基因组学的进展使我们能够运用 AI 预测、化合、测试、创造各种新型材料，在这一最新阶段，从农业基因到材料基因的各个领域，AI 都发挥着关键作用。

由此可见，AI 正引领我们进入一个能够规模化创造蛋白质、优质品种和新型药物等的崭新时代。事实上，人类当前所掌握的知识和技术能力已经可以改造和优化人类自身。然而，这类技术目前仍受到严格限制，无法大规模应用，主要原因在于其涉及复杂的伦理问题，被列为科学研究的禁区。这一现状凸显出我们迫切需要就相关伦理议题展开深入探讨，以建立完善的伦理框架和监管机制（见图 9-10）。

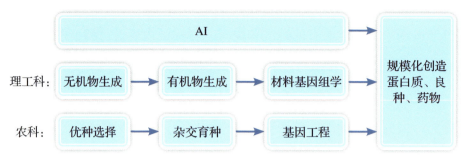

图 9-10　人类具备了促进生物快速进化的知识、工具与能力

最后，我想在小结中强调三个重要的论点：第一，在中国这片土地上，过去 180 万年间，人类的进化呈现出明显的加速趋势。这种现象的根本原因在于，人类始终与人工物共同进化的关系。值得注意的是，无论是人工器物还是知识体系，都属于逐渐扩大的人工物范畴，而 AI 则是人工物发展的最新形态。这些人工物出现的大突破，构成了三个重要的历史性台阶。

第二，21 世纪以来，AI、传感器、互联网和大数据技术的深度融合，正为知识创新和人工器物的发展开辟了广阔天地。而更为深远的观察是，这种技术聚合也将改变地球上生物进化的轨迹。

第三，现在 AI 的发展百花齐放，各种创新应用层出不穷。但是我们必须牢牢把握 AI 发展的三大核心方向。第一是运用 AI 提高人类知识的发展水平。第二是利用 AI 提高人工器物的创造水平。第三，要提高人对 AI 的理解、控制和与其合作的水平，使 AI 这匹千里良驹始终为人类所服务。

最早报告于 2023 年 4 月

下 编

AI 2.0走向应用

第十讲
制造型企业智能化的五个关键

一、AI 2.0 将引导经济的创新

2017 年 7 月，国务院发布了具有里程碑意义的《新一代人工智能发展规划》。该规划前瞻性地指出了新一代人工智能发展的五项关键技术方向，这些方向的战略重要性在近年来的实践中得到了充分验证。从全球范围来看，AI 的发展轨迹正日益清晰地沿着这五大方向推进。

规划的应用重点领域的发展展现了 AI 技术广阔的应用前景。其中，智能城市、智能医疗、智能制造和智能农业等领域的应用潜力尤为突出，这些领域不仅与国计民生息息相关，更是推动经济社会高质量发展的重要引擎。

中国 AI 产业的发展态势如何？从实际情况来看，我国在一系列应用领域中，早在 2016 年就已显现出发展雏形。进入 2017 年后，产业发展明显加速，增长曲线陡然攀升。在多个重点应用领域，中国的 AI 技术都展现出强劲的增长势头（见图 10-1）。

根据天津大学新一代人工智能战略研究院刘刚教授的研究统计，

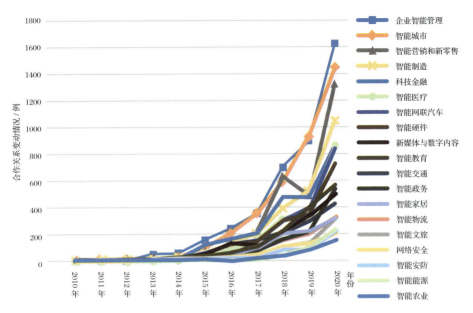

图 10-1　2010—2020 年中国人工智能应用领域技术合作关系变动情况

数据来源：中国新一代人工智能战略研究院，刘刚等

2016—2020 年间，我国 AI 应用发展呈现出清晰的分布格局。其中，发展最为迅猛的是企业智能管理领域，主要体现在企业运用 AI 技术进行大数据分析和决策支持；第二位是智能城市建设，涵盖城市治理、公共服务等多个维度；第三位是智能营销与新零售，推动零售业数字化转型；第四位是智能制造，实现生产全流程的智能化升级；第五位是科技金融，革新传统银行业务模式；第六位是智能医疗；第七位是智能网联汽车；第八位是智能硬件。

这一发展态势充分展现了我国在城市智能化建设和产业链智能化升级方面取得的显著成就。值得注意的是，我国 AI 技术的进步已引起国际社会的高度关注，特别是美国对中国 AI 技术发展的重视程度与日俱增。

在当前形势下，我们必须清醒地认识到，未来五年将是 AI 技术竞争加剧的关键时期。这一时期恰好与中国 AI 技术发展的战略机遇期高度重合，具有特殊的重要性。在这五年中，如果我们能够把握机遇，实现 AI 技术的突破性发展，则必将为经济社会发展注入强劲动力。

从我们现在观察到的情况来看，中国的经济和 AI 技术的深度融合，正在中国的大地上全方位展开。2017 年以来，在 AI 应用的八大重点领域中，有六个直接服务于经济发展，这充分体现了 AI 技术在我国经济转型中的作用。值得注意的是，除了智能城市管理和智能医疗等公共服务领域外，我国 AI 技术的应用主要聚焦于经济领域，这与其他国家的发展路径对比形成了鲜明的特色。

在这一进程中，新一代 AI 技术正与 5G 通信、工业互联网和区块链等前沿技术深度融合，推动实体经济转型升级。这种技术融合不仅催生了大量新技术、新产品，更孕育出新业态、新产业，甚至带动了新兴区域经济带的形成。当前正处于实体经济与 AI 技术融合发展的关键窗口期，这为企业实现数字化和智能化转型提供了难得的历史机遇。我们的企业家应当充分把握这一机遇，加快推进企业的数字化、智能化进程，在产业变革中占据有利位置。

当前，有很多机构正在深入探索 AI 技术与企业运营的融合路径。以中国信通院的研究为例，他们系统梳理了 AI 技术在企业中应用的 20 多个关键节点，涵盖了从生产一线的质量检测、设备维护与优化，到运营管理层的流程优化、库存管理和融资决策等多个维度（见图 2-5）。这些应用场景既涉及基层生产环节的智能化，也包括高层管理决策的数字化转型。

基于对 AI 在实体经济应用场景的深入研究，我们发现企业的智能化转型可以归纳为五个递进层次。企业的智能化的基础层级聚焦生产流程智能化，进阶层级关注实现企业运营智能化，值得注意的是第三层级——商业模式智能化，这一层面没有得到足够重视，我将在下文专门探讨。更高层级的智能化延伸至产品创新智能化，最终形成覆盖供应链、销售链、市场体系与创新生态的智能协同系统（见图 10-2）。

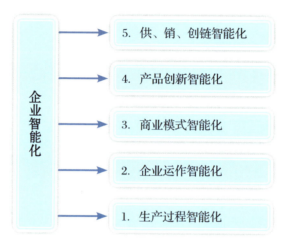

图 10-2　企业智能化发展的 5 个关键环节

二、企业智能化的五个关键

接下来，我们通过一些例子来看一看企业智能化发展的这五个关键层次。

以浙江兆丰机电为例，可清晰展现企业生产过程智能化发展的基础级实践。这家杭州本土的汽车轮毂轴承制造龙头企业，2018 年即实现 5 亿元销售额及 2.4 亿元利税，凭借 2900 余种型号产品远销欧美

30多国，产品应用于中高端乘用车及商用车领域。该企业并不属大型企业，却通过热处理自动化、AGV智能物流系统及精密机械加工等技术革新，构建起高效的生产体系，显著提升制造效率与市场响应速度（见图10-3）。

最近，这家企业正在进行一项重大改革。过去，企业的信息化系统以流程为核心，如今则要转型为以数据为核心的新型工业互联网平台。通过进一步加大传感器的应用，企业将工业互联网与传感器网深度融合，构建大数据基础。并在此基础上，企业对海量数据进行统计、分析和计算，建立大量工业链接，并据此提出精准的预测。

企业各部门员工参与了群体智能应用软件的开发，形成了大量的APP，涵盖内部协作与外部合作。在以大数据为基础的平台上，企业

自主式无人智能工厂，18 → 15 秒节拍

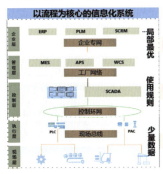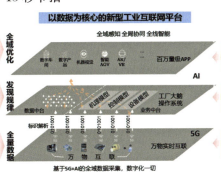

图10-3　浙江兆丰机电的生产过程

能够迅速推进数字化与智能化改革。

企业在智能化平台的应用中提出诸多创新实践，以汽车轮毂加装传感器为例，这一创新形成了新的服务模式。通过远程监测产品使用状态，企业能够基于实时数据为客户提供增值服务。如图 10-4 所示，监测系统成功捕捉到两处轮毂异常运转情况：其一位于张家口地区，监测数据显示车辆速度为 60 公里每小时，轮毂温度异常升高至 156 摄氏度。系统结合车辆行驶里程已达数十万公里的数据，智能预判轮毂存在故障风险，主动提示驾驶员前往就近的张家口某汽贸维修中心进行更换，有效避免了可能发生的抛锚事故。其二发生在攀枝花地区，系统同样检测到轮毂温度与车速不匹配的异常情况，并结合行驶里程数据发出预警。

这种创新模式标志着兆丰机电实现了从单纯销售产品向提供全方位服务的战略转型。通过智能化平台，企业不仅能够实时掌握产品使用状态，更能主动提供预防性维护服务，显著提升了客户体验。这种"产品＋服务"的创新模式，为整个产业的智能化转型提供了可借鉴的发展路径，预示着制造业服务化、智能化的重要变革方向。

第二个案例是一家创新型科技企业，他们研发了一款具有突破性

图 10-4　浙江兆丰机电的产品远程监测服务

的创新智能心电图监测设备。与传统便携式心电图仪相比，这款产品实现了质的飞跃。传统设备虽然能够通过传感器采集并存储心电信号，但需要用户在 24 小时后将设备送回医院，由医护人员导出数据并进行人工分析。而这款智能心电图监测仪的革命性突破在于，它实现了实时监测与智能分析的完美结合：在采集心电信号的同时，设备内置的 AI 算法能够即时进行数据分析和初步诊断，大大提高了心脏疾病监测的效率和准确性（见图 10-5）。

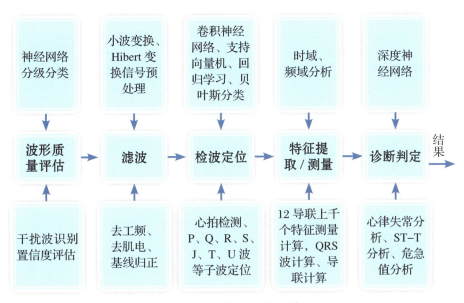

图 10-5　智能心电图监测仪

我想分享的第三个案例，是关于商业模式的问题。如今，商业模式在众多行业中发生了巨大变化。那么，究竟是什么推动了这些变化呢？答案是网络化和数字化。

许多人误以为时尚产业很前沿，实际上它相当保守，其经典商业模式便是实体专卖店。专卖店优点是不仅能够展示品牌魅力、彰显实力、提升知名度，还能敏锐捕捉市场信息，了解顾客对产品的偏好。这些信息被反馈给制造企业，并转化为新产品。

然而，如今专卖店正面临前所未有的挑战：逛街的人越来越少，网络购物成为主流。时尚行业也逐渐从线下转向线上。在闹市中开设一家专卖店，成本高昂，如同在繁华都市中搭建一座昂贵的孤岛。而网店则截然不同，它的优势在于开店成本低，且"虚拟橱窗"无限广阔，可以陈列海量产品，运营成本也较低廉。

品牌面临的第一个问题是：在这样的环境下，该如何做广告？过去，专卖店有固定的广告方式，比如布置橱窗、使用广告灯箱等。然而，网店可以陈列海量商品，像阿里巴巴这样的电商平台，仅靠网店员工为网店做广告页面已经令员工忙碌不堪，而且网络广告的形式也与线下截然不同。

于是，阿里巴巴平台开始为网店提供广告服务。比如在"双十一"期间，平台每天都有几万个新产品上架，这就意味着每天要新增几万个产品广告。因此，浙江大学工业设计研究所与阿里巴巴合作，利用人工智能技术开发了一套广告系统——阿里鹿班广告系统。该系统每分钟可生成 20 个广告，效率极高，能够自动生成包含平面、视频、文字和音乐的多样化广告。仅靠这套广告系统，每年就能节省数千万元的成本（见图 10-6）。

第二个问题是，时尚产业高度依赖时装模特，如今许多设计学校也在专门培养时装模特人才。然而，时尚产业的展示方式曾引发诸多争议。一些设计师为了吸引眼球、标新立异，设计的产品过于追求怪异，偏离了"求新"的初衷。这种过于前卫的设计，不仅未能展现美

图 10-6　浙江大学现代工业设计研究所数字创意智能设计引擎与平台应用
（图片来源：项目方提供）

感，反而走向了极端。近年来，出现了多起大品牌模特妆容"眯眯眼风波"就是典型例子。设计师选用的模特不恰当地强调部分亚洲人小眼睛的特征，不仅未能展现美，反而让观者感到不适，甚至觉得丑陋。

　　数字化技术不但能提供数字模特，而且能够快速实现新的试穿体验。最初，这种试穿技术较为简单，主要是"换头"——将顾客的头像置于数字模特身上，展示面部与服装的搭配效果。然而，试穿衣服的一个重要原因是能体现动态效果。使用模特的原因之一，就是观众可以通过模特的行走看到衣服的动态变化，而不仅仅是静态效果。

　　如今，计算机图形学已经能够非常出色地呈现动态效果。它不仅研究一般动作，还涵盖各种行为，甚至是舞蹈动作的动态表现。目前，这种技术在模拟衣服褶皱时的误差已小于两毫米。服装所用的厚薄不同的材质，其动态效果和褶皱产生的不同之处，这些细节都能通过技术精准模拟出来（见图 10-7）。

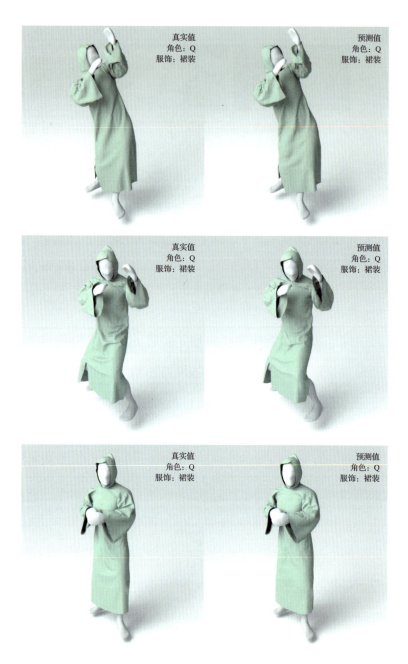

图 10-7　数字模特的试衣效果

［图片来源：Li, Y., Tang, M., Yang, Y. et al. CTSN: Predicting cloth deformation for skeleton-based characters with a two-stream skinning network. *Comp. Visual Media*, 2024(10): 471-485］

除了衣服的样式与材料模拟，更重要的是服饰要匹配用户的身材。早期实现这种效果的方法是通过"试衣镜"来测量身材并进行虚拟试穿。然而，"试衣镜"通常安装在商场里，顾客需要前往商场专柜，由多方向的摄像头拍摄身材数据，再通过计算机模拟出顾客的身形，最后将各种衣服"穿"上。这种虚拟试穿的方式非常高效，线上的顾客可以在一分钟内试穿多件衣服，大大节省了时间。

　　这种技术的优点在于能够精准测量人体数据，但缺点是要专用硬件，故无法在线上实现试穿功能，线上系统尚未实现商用和普及。如果用户能直接在线上试衣，我们就可以精准捕捉用户的穿衣偏好，并根据这些需求设计出用户满意的时装。同时，企业也能通过用户的"试衣"行为获取有价值的数据，不仅有助于优化产品设计，还能极大地推动线上销售额的增长。

　　那么，顾客能否在家中测量身体数据呢？这样的技术已经出现。它们首先成功应用于制鞋领域。浙江大学曾有一个研究项目，开始也是通过线下测量实现的——利用三台相机获取的数据来构建双脚的三维模型。具体来说，三台相机分别位于脚的左右两侧和后方，共同测量顾客的脚部数据，以生成精确的脚部模型。随后，根据模型制作鞋楦，进而生产定制皮鞋。过去定制皮鞋价格昂贵，现在借助这种技术，成本已经大幅降低（见图10-8）。读者们在逛街的时候可能也见过这种测量脚部模型的机器。

　　现在已改进到顾客在家，对自己的脚拍两张照片，便可测出脚的特征，然后线上定制。

　　因此，我们可以预见，网上的广告设计、动态产品的展示以及用

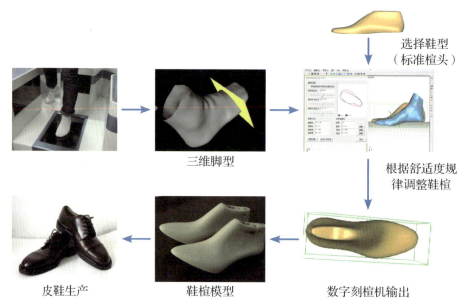

選擇鞋型
（標準楦頭）

三維腳型

根據舒適度規
律調整鞋楦

皮鞋生產　　　　　　鞋楦模型　　　　　數字刻楦機輸出

图 10-8　线下智能测量皮鞋定制流程
（图片来源：项目方提供）

户使用的仿真——这三者的结合，将为未来的商业模式带来深远变革。即使是像时尚产业这样传统且保守的行业，其商业模式也将发生巨大转变。经过多年的实践与总结，这些变革必将在广袤的中国大地上蓬勃发展。

第四个案例是，建立涵盖三条产业链的 AI 管理系统：供应链、市场链和创新链。这三条产业链的重要性正日益受到重视，原因就在于它们直接关系到产业的自主性和竞争力，一旦某个环节脱链，就可能被"卡脖子"。

因此，我们的管理方式必须改变。过去，我们依赖人工管理产业链，但如今这种方式已难以奏效。一个工业产品包含几百甚至几千个零件是很常见的，而这只是第一层。当我们进一步拆解每一个零件和部件时，还会发现它们各自由几十个更小的零件组成，而每个零件又涉及几十种不同的材料。在全球范围内，可能有众多企业生产同一种零件，但企业如何知道哪家企业的哪个部件最适合自身需求，从而提升自身产品的质量呢？仅靠人力，这些信息是难以掌控的。

但如果企业能够掌握这些关键信息，产品的质量将得到极大提升，成本也会降低，产业链也将更加优化，从而不再惧怕"卡脖子"的问题。因此，对产业链进行智能化管理变得至关重要。

浙江大学人工智能研究所与量知科技有限公司合作，正在致力于构建产业链的智能化系统。产业链智能化系统不仅能优化产品的产业链，还能助力企业在多方面实现突破。一方面，它能够帮助企业精准发现自身的薄弱环节，从而有针对性地通过合作强化自身优势；另一方面，它还能助力企业寻找所需人才，弥补人力资源短板。此外，如果企业希望与研究机构开展合作，智能化系统还可以协助企业设计合作方案，攻克技术难题。我们在第十一讲中，会进一步介绍这方面内容。

三、大数据＋AI 的企业工作模型

通过上述五个关键点，我们可以清晰地看到，要实现企业的智能化运行，数字化改革是至关重要的一步。在数字化改革的基础上，企业能够获取海量数据，并借助人工智能技术对这些数据进行深度处理。这便是企业迈向智能化发展的普遍路径。那么，企业究竟是如何从数字化迈向智能化的呢？我们在这里提供了一个模型，大家可以通过它更好地理解这一发展过程。

企业从数字化迈向自动化，通常会经历几个关键步骤。第一步是明确企业需要感知的运营目标和态势。企业运行过程中会产生大量数据，这些数据从何而来？它们来自企业已经布置的传感器、数据库、企业网站、工业互联网，各运行部门数据，甚至来自员工的手机、车辆和其他设备。此外，数据还可能来源于电商平台、金融机构、物流、外贸、政府、海关、医院等外部渠道。因此，企业需要全面收集与自身运营相关的各类数据。

第二个步骤是实现数据的"打通"。我们常常面临的问题是，企业对自身产生的数据无法有效整合，因为过去信息化软件和系统大多是由企业分散采购的，不同系统的数据各自为政。如今，这些数据需要被整合起来。它们一旦打通，企业就可以运用统计学方法对数据进行分析，从中挖掘出许多有价值的关系，并通过可视化技术直观地呈现出来。企业管理者看到这些可视化数据后，能够据此做出精准决策。许多公司将这种模式形象地称为"驾驶舱"。借助这些数据和可视化技术，企业管理者可以实时运营数据，灵活调整企业策略。

前两步只是数字化改革的基础。如果企业止步于此，就无法成为真正的智能企业。要成为智能企业，企业还需迈出第三步——将数据转化为知识，实现知识表达和服务。这种知识表达必须能让机器识别，并通过深度搜索技术自动回答各种问题。如今许多自动问答机器人，如微软的小冰系统，就是这种技术的体现。企业的系统必须具备推理能力，因为只有通过推理，才能将数据转化为知识。

第四步，是在知识和技术的基础上，自动发现问题并提供解决方案。比如我刚才提到的，对企业产品链和供应链的优化，以及对一个区域产业链规划的优化，都可以借助智能化方法来完成。

第五步，是对上述步骤所积累的成果进行全面梳理与审视，检验其是否达到预期目标。基于这些评估，系统将自主展开优化与修正，由此达成常规运作与迭代升级的完整闭环。

以上五个步骤构成了大数据与人工智能的通用工作模型。企业可以根据自身需求灵活选择实施路径：可以选择跳过第四步，仅执行第一、二、三、五步；也可以选择跳过第三步和第四步，仅执行第一、二、五步。其中，第一步和第二步是构建大数据平台，即搭建以数据为基础的企业数字化改革体系。

如果企业选择只执行第一、二、五步，那么其工作重点将聚焦于大数据应用。这要求数据的实时反应能力要强，数据打通与集成要高效，数据覆盖要全面且深入基层。因此，数据的完整性与准确性至关重要。

当企业能够实现第三步和第四步时，就已经迈入了智能化的阶段。由此可见，企业若想构建完善的人工智能体系，首先需要夯实大数据基础。在此基础上，进一步落实第三步和第四步，人工智能系统便得以顺利搭建。

数据是 AI 2.0 的核心驱动力，堪称其"粮食"与"能源"。只有将数据管理得当，AI 引擎才能顺利启动，进而推动企业迈向更高质量的发展。目前，在企业应用 AI 的领域，仍有巨大的潜在发展空间。许多企业已经勇敢地踏入这一"无人区"，在各自领域的创新中脱颖而出，成为 AI 应用的先锋和引领者。

最早报告于 2022 年 4 月

第十一讲
产业链和企业合作智能化

一、企业合作的链和网

我们知道，每个企业都是庞大产销合作网络中的一个节点。企业家对自己企业与外界的联系多数是一清二楚的。从生态角度看，这些节点大致可分为两大板块：生产与销售。在这两个板块中，企业与外界的联系都错综复杂。

在生产方面，企业需要零部件、材料和装备，同时在产业技术方面，对工艺、设计和信息也有诸多需求，这些都构成了企业与外部世界千丝万缕的联系。

在销售方面，市场买家是核心，而为了开拓市场，物流和仓储是不可或缺的环节。此外，企业还与政府质检、海关和金融机构等保持着紧密的联系。

除了上述联系之外，为各个环节提供支撑的还包括社会的科技机构、教育机构以及政府管理服务等。当所有部门都参与到这些环节中时，他们便形成了由成千上万个企业、事业节点，编织成的一张庞大而复杂的合作网络。这张网络正是整个经济运行的元宇宙。它描写了经济运行的本质，称为产销合作网络。经济运行的效率和质量，取决于这张网络的运行状况。无论是对企业、区域，还是国家而言，这张网络都至关重要（见图 11-1）。

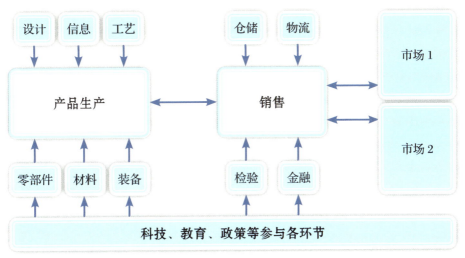

图 11-1　企业是复杂的产销合作网络中的一个节点

对于企业而言，其在网络中的地位不仅反映了企业的发展水平，还直接关系其盈利能力和未来前景。而对于一个区域来说，区域内企业之间的互联互通程度、区域内外企业之间的联系强度，以及区域内企业在这些联系中所处的地位，共同勾勒出该区域的经济水平和发展前景。

因此，各地区发改委和经信委所做的工作，实际上就是自觉或不自觉地运行和调节这张经济网络。对于一个国家而言，要推动经济发展，就必须强化国内的合作，提升本国在全球合作网络中的地位。我国大力发展的"一带一路"和全球经贸工作，正是围绕这些目标展开的。

同时，从中我们也看清了产业链的本质：它并非简单的"链"，而是处于一张复杂的"网"中。所谓的产业链，是以龙头企业和标志产品为核心，从这张经济网络中梳理出来的市场线索。如果明白了这一点，我们就会认识到，产业链本应是动态变化的，而非一成不变的。经济的发展本质一直如此，但传统经济学却未能很好地揭示这一本质。

我国最近遭遇西方所谓的"脱钩"，才让我们深刻感受到这一问题的紧迫性。这种紧迫性促使我们从巩固产业链、优化产业链、扩大产业链的角度出发，重新审视和应对这一挑战。

党的二十大报告明确提出，要推动创新链产业链资金链人才链深度融合。结合上述论述与党的二十大所提出的要求，我们不难发现，四链融合的本质在于强化和升级企业的产业合作水平，这是关键所在。企业与其他产业的合作水平如何？合作地位是否提升？在网络中，企业的地位越高，其未来发展空间和自由度就越大。归根结底，四链融合的核心是围绕着企业展开评价与合作（见图 11-2）。

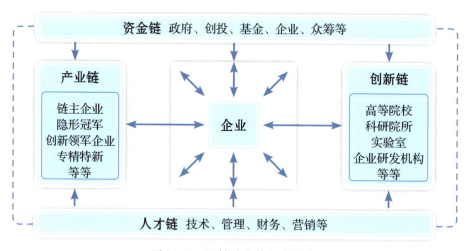

图 11-2　四链融合数智化平台

我想强调的是，大数据智能在提升企业的专业合作水平、促进四链融合方面能够发挥重要作用。它可以针对企业、区域和国家三个层面，优化企业的产销合作水平，进而推动区域产业生态的良性发展。

对于企业而言，大数据智能可以提供多种精准合作工具，包括市场智能拓展工具、科技创新合作工具、成果转化智能匹配工具，以及产业投资智能分析工具。此外，它还可以为区域产业链赋能，帮助区域产业实现更有效的合作。例如，在招商方面，大数据智能能够提供指导，帮助区域明确招商招什么？哪儿招？从而为招商活动提供极具价值的支持。

正是因为近期认识到 AI 技术在推动四链融合中的重要作用，工信部于 2023 年设立了一项重大课题——"AI 推动四链融合的战略性研究"。这一课题最终由浙江大学承担。实际上，浙江大学人工智能研究所此前已在相关领域开展了大量工作，并积累了深厚的技术与理论，构建了良好的研究工具与平台（见图 11-3）。

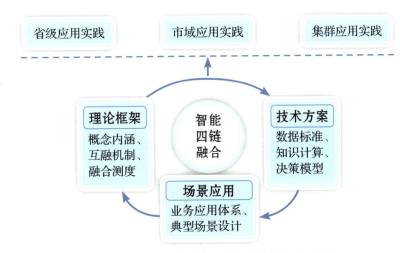

图 11-3　AI 推动四链融合的研究框架示意图

二、市场拓展智能化

接下去，我想谈谈市场拓展的智能化。截至目前，我们对四链融合的研究已经积累了全球上亿家企业的数据，每家企业都包含多维度的信息；同时还积累了几十亿条海关进出口贸易的数据。这些与其他各类数据，构成了一个庞大的数据中心。这些数据不仅形成了知识图谱，最近还构建了大模型，可以将贸易知识图谱化。因此，既可以利用模型，也可以借助图谱进行推理，进而开展与营销相关的知识计算。

鉴于许多销售活动是跨国进行的，我们采用了跨语言深度搜索技术。用户可以使用不同语言查询国际贸易情况，并且能够进行在线可视化分析——这正是大数据技术的强大之处（见图11-4）。

由此，我们打造了一个助力企业拓展海外市场的智能化工具，目前这一工具已为国内众多进出口企业提供服务。以分析买家安全性为例，这一环节至关重要——企业在开展贸易前，必须充分了解对方企

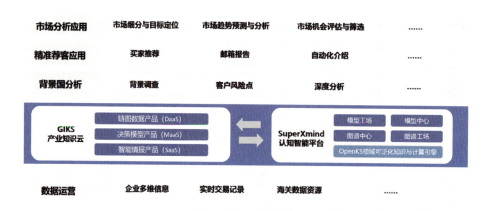

图 11-4 市场应用：海外拓客智服平台（供销链）

业的背景。

通常，进出口企业自身会积累一定的数据，但这些数据往往不够完整。因此，我们借助政府的数据（如海关数据）以及其他公共的信息，对买家的安全性进行深度计算。具体而言，我们会从企业注册信息、法人背景、过往信用安全记录和全球破产信息等多个维度进行深度挖掘，最终为服务企业提供一份详尽的安全性分析报告，助力企业做出更明智的决策（见图11-5）。

此外，我们的系统还具备推荐新买家的功能。企业通常会与固定的长期客户开展业务，但实际上，市场上还有许多潜在的新客户等待挖掘。为此，我们的系统通过市场匹配分析，综合考虑买家的类型、

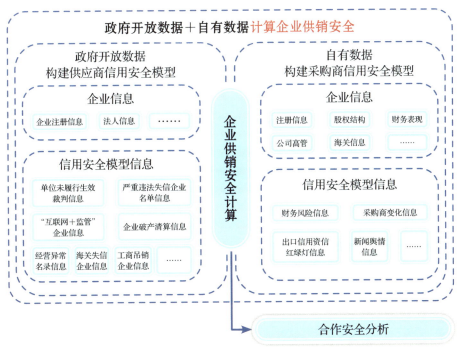

图 11-5　应用案例一：买家安全性分析（供销链）

规模、资产状况、信用情况和产品需求匹配度等多维度信息，最终为企业推荐精准的买家（见图11-6）。

这个系统如今正催生出越来越多的应用场景。市场开拓系统自2020年上线以来，发展势头迅猛。2021年，系统使用量已达到3000万次，第二年使用率便飙升300%；到2022年使用量更是高达9000万次，使用频率显著提升。借助该系统，企业用户客户数量从过去的3000多家增长到4500家，客户数量增长了50%；成交量也实现了翻番，增长势头强劲。这一系列数据充分表明，该系统为进出口企业带来了显著的经济效益。

除了对市场的安全性分析，我们还可以开展一项极为重要的工

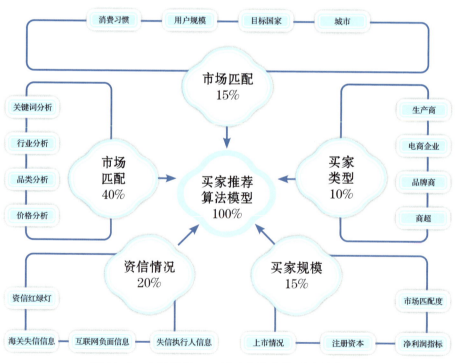

图11-6　应用案例二：新买家推荐模型（供销链）

作——形成对产业的宏观认知。为什么这项工作如此重要呢？因为我国制造业近年来发展迅猛，涌现出许多"隐形冠军"和"小巨人"企业。那么，"隐形冠军"和"小巨人"究竟是什么意思呢？简单来说，就是在某个细分领域，企业已经做到了全球领先，跻身世界前列。

到了现阶段，企业的经营方法应当进行重大变革。经济学早已关注到这一问题，并提出了"囚徒困境"这一概念。其中的逻辑较为复杂，我简单说明一下：经济学中应对囚徒困境的策略是建立企业联盟。一个典型的例子是欧佩克（OPEC），它是由14个国家组成的石油价格联盟。现在常有人感叹我国的市场竞争"太卷"，这种"内卷"现象本质上就是陷入了囚徒困境。而解决之道，正是建立联盟。欧佩克就是一个著名的解决此问题的范例。

经济学中有一个简单的例子，可以和大家分享一下。假设许多企业都在生产同一种商品：当产量达到5000件时，单价可以卖到8000元；当产量增加到6000件时，单价只能卖到7000元；产量进一步增加到7000件时，单价会降至6000元。以此类推，当产量最终达到1万件时，单价只能维持在3000元。

这种现象其实很常见。比如在一个城市，很多人开中餐馆，餐馆越开越多，菜品价格就越来越低。那对于一般的企业来说，什么时候收益最划算呢？如果把5000件商品乘以8000元，总价值是4000万元；产量增加到6000件时，总价值是4200万元；再增加到7000件时，总价值仍然是4200万元；而当产量达到1万件时，总价值又只有3000万元（见表11-1）。

表 11-1　产量、价格与收益的阶段

阶段	产量 / 件	单价 / 元	收益 / 万元
1	5000	8000	4000
2	6000	7000	4200
3	7000	6000	4200
4	8000	5000	4000
5	9000	4000	3600
6	10000	3000	3000

产业联盟的核心在于将产业收益稳定在第 3 阶段到第 4 阶段的区间。然而，如果没有联盟的约束，企业很可能在竞争中走向第 5 阶段甚至第 6 阶段，导致收益下滑。因此，对于中国的许多"隐形冠军"和"小巨人"企业来说，充分洞察整个市场，并与其他企业携手合作，显得尤为重要。以新能源技术为例，电池和光伏板行业如今已进入这一关键阶段。我们迫切需要通过联盟来把握产业发展的整体与宏观态势，并借助联盟的力量调节自身的生产节奏，从而实现生产效率和收益的大幅提升。在这方面，AI 的助力将发挥极为关键的作用。

三、企业合作智能化

AI 的助力与产业链的精准合作，都是建立在大数据的基础上的，依赖于大数据智能。然而，大数据的使用必须转化为"大知识"。大知识有两种表达方式：一种是通过模型表达，另一种是通过显式的知识表达。这两种表达方式都是必不可少的，因为即使在模型训练过程中，知识的参与也是至关重要的。当数据、显式知识与大模型相结合时，我们便能够利用 AI 为我们的决策和操作提供有效的支持。

"强链"意味着强化与供应商的合作，优化供应者，提升供应链的稳定性和协同效率；"拓链"则是探索如何拓展新的产品线、新的客户、引入融资或开展招商活动，以拓展产业链的广度和深度；"固链"聚焦于区域内的分工协作，完善产业链中的薄弱环节，增强产业链的整体韧性（图 11-7）。

为此，一个重要的入口是关于供应商的评价与评级。我们可以利用现有的大数据，结合企业自身积累的数据，借助 AI 的知识计算能力，精准评估企业当前供应链的成熟度。在此基础上，进一步分析相关供应商的表现：他们是不是最佳选择？是否有更优质的供应商可供替代？或者是否可以通过升级来优化现有合作关系？（见图 11-8）

另一个入口是基于产业链图谱，对企业投资进行深度研判。企业

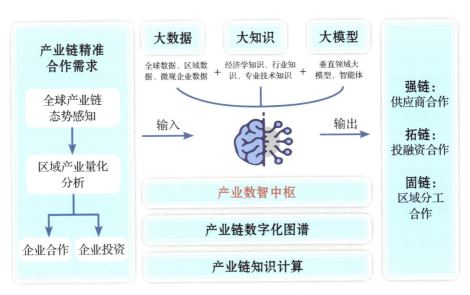

图 11-7　人工智能助力产业链精准合作

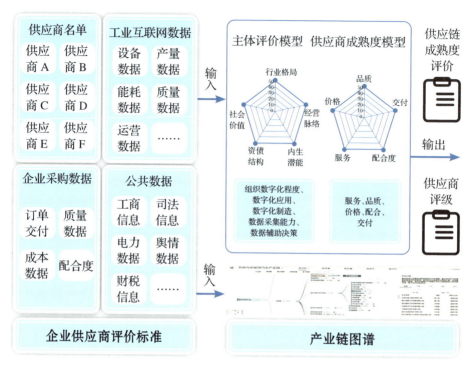

图 11-8　应用案例一：供应商评价评级技术

投资涉及诸多复杂情况，需要从不同层面进行分析。在中观层面，通过对产业整体发展趋势的洞察，结合企业资产、技术、资金情况，为企业绘制精准画像；在微观层面，深入分析企业的专利、经营数据和产品情况。这些分析如果仅靠人力挖掘，即使是专家也面临巨大挑战，但大数据技术可以给出准确率超过 90% 的结果。

通过宏观、中观和微观三个层面的综合分析，系统能够帮助投资者得出明确结论，判断目标企业或产业的真实情况。此外，系统还能推荐更优质的可投资项目，为企业投资决策提供有力支持。

如图 11-9 所示，宁波产业链智能创新服务平台可以提供专业的产业链投资战略分析、中观产业深度洞察、微观企业深度画像等，助力

下一代产业链智能产品，赋能全产业生态

图 11-9　应用案例二：基于产业链图谱的企业投资研判技术

企业的投资研判与竞品分析。

　　该平台还能实现科技成果的精准匹配。这一过程的关键在于精准把握企业的需求。有些企业能够清晰地表达自身需求，但另一些企业可能并不清楚自己真正需要什么。为什么会这样呢？原因在于它们不了解当前技术的最新进展。而 AI 能够帮助企业挖掘出潜在需求。

同时，平台也可以整合高校和研究机构的科技成果，将供给方和需求方紧密连接起来。通过 AI 进行匹配和评估，平台最终能够为企业提供一个科技成果推荐清单，帮助企业找到最适合的技术解决方案（见图 11-10 ）。

此外，该平台不仅能向企业推荐科技成果，还能为科技管理部门分析科技项目的立项方向。以浙江省科技厅为例，过去在制定科技指南时，通常需要召集一批专家进行集体研讨。专家们会共同探讨当前的前沿科技是什么、科技为生产服务的关键在哪里，以及哪些研究课题值得开展。如今，管理部门可以先借助 AI 系统分析和预测下一步科技发展的方向，和本省主要产业链中的科技需求，再请专家对这些方向进行人工评审。这样一来，决策结果将更加精准、更具科学性。

我刚才提到的这些成果，实际上都已成功落地应用。浙江大学人

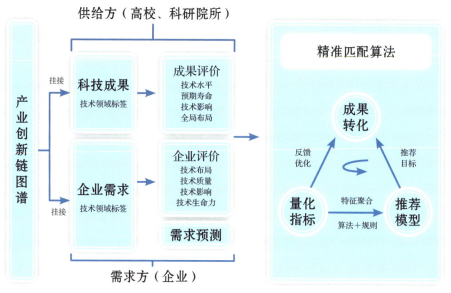

图 11-10　应用案例三：科技成果精准匹配

工智能研究所的这些成果在 2021 年获工信部信通司"工业信息化最佳案例"以及浙江省"数字化改革最佳应用"奖项。2022 年 6 月，在浙江省数字化改革推进会上，省委书记对这些成果给予了高度赞扬和认可，并号召将其在更多领域推广应用。

由此我们不难发现，对于长三角地区而言，若想将产业链打造得更为坚实、更具竞争力，AI 无疑是一种利器。它可以广泛应用于产业链的各个环节，助力产业升级。我们积累完备的大数据，再借助 AI 工具进行深度转化，就能为产业链优化升级发展注入强大动力。

此外，长三角地区还可以加强区域内 AI 企业及高校的合作。例如，科大讯飞与浙江大学携手，共同梳理长三角地区的关键产业链，助力这些产业链在全球范围内脱颖而出。

AI 技术正在对经济发展、社会进步以及国际政治经济格局等诸多方面产生重大且深远的影响。我们深刻认识到，准确的合作关系就能产生新质生产力。这种新质生产力往往成本低廉，但功效显著。因此，我们坚信，中国的 AI 技术和产业必将推动中国经济和社会迈向更高质量、更高水平的快速发展期。

报告于 2024 年 6 月

第十二讲
设计与大模型

一、ChatGPT 和生成式人工智能技术（AIGC）

大家都知道，2023 年 AI 的热点是 OpenAI 推出的 ChatGPT，在国内外引发了巨大关注。2023 年 2 月 8 日，《参考消息》专门报道了 ChatGPT 的相关消息。要知道，《参考消息》通常聚焦于政治、经济、外交和军事新闻，很少涉及科技领域。然而，这次它却用了两个版面来报道 ChatGPT，并且还关注了 ChatGPT 推出后引发的其他公司反应。从这一点可以看出，ChatGPT 的影响力已经超出了 AI 和科技领域，引起了全球范围内的广泛关注。

与此同时，美国、日本、法国等国的媒体也纷纷报道了全球在这一领域的发展动态，其中也包括我国百度推出的"文心一言"。这足以说明，人工智能技术已经成为全球各界关注的焦点，各国都在积极布局，希望在这一领域占据一席之地（见图 12-1）。

ChatGPT 推出后，迅速引发了我国上下的广泛关注。2023 年 5 月，科技部在杭州召集了 30 多位人工智能领域的专家，共同探讨

图 12-1 《参考消息》报道的人工智能新闻

ChatGPT 出现后，中国应如何搞，以及未来发展将如何变化。在讨论中，专家们深入分析了 ChatGPT 成功的原因，认为其成功主要缘于五个方面。

首先，ChatGPT 采用了大模型训练，这一大模型当时拥有 1750 亿个参数，具备强大的搜索与综合能力，其次，它拥有一个庞大的语料库——45TB 的大数据，相当于 2.25 亿本图书的内容量。再次，大模型并不少见，但 ChatGPT 能够脱颖而出的关键在于它能将语言生成的知识深度融入大模型训练中。遵循"共生则关联"的原则，ChatGPT 学习了语言的构造知识，将词与词之间的关系融入大模型，从而实现了更精准、更自然的文本生成。

在这次会议上，专家们认为，过去我们常说 AI 的三大要素是算力、算法和数据。然而，如今这三大要素正在发生转变。算力固然重要，但要能与大模型结合，才能真正发挥其效力。算法同样不可或缺，过去的算法呈现多样化分布，而如今的算法则更多地围绕大模型展开。因此，AI 的三大要素正在从算力、算法、数据，转变为模型、数据、知识。尤其是"知识"这一要素，虽然目前可能还未被广泛关注，但 ChatGPT 之所以能够脱颖而出，正是因为其将语言知识与大模型深度融合。

除了上述三个关键因素外，ChatGPT 的成功还依赖于另外两个重要因素。其中之一是它采用了创新的商业化策略，迅速吸引了海量用户。如果仅停留在实验室研发阶段，前面提到的三大要素或许已足够，但要将其推向商业领域，打造一个具有广泛影响力的平台，大规模的用户基础则是不可或缺的。因此，OpenAI 宣布前两个月 ChatGPT 可免费试用，之后再开始收费。在免费试用的两个月内，用户蜂拥而至，引发了热火朝天的公众讨论。短短两个月内，就有超过 1 亿用户使用了 ChatGPT。通过用户的反馈，模型不断学习和优化，进一步提升了自身的性能。

还有一个关键因素是大模型的出现推动了 AI 的新方向发展——AIGC。AIGC 其实早在几年前就已出现，但从 2023 年开始才真正进入大众的视野。

这五个因素共同作用，促成了 ChatGPT 的诞生，并在国内外引发了巨大的震动。接下来，我先谈一谈 AIGC。

许多人认为 AIGC 仅仅是大模型的副产品，但实际上，AIGC 比大模型更为重要，它是一个具有深远意义的重要概念。

回顾 AI 从诞生至今 60 多年的发展历程，尽管在其前半个世纪中，我们可以梳理出许多发展方向，但本质上主要围绕两件事展开。第一件事是逻辑、知识和推理。从最初的逻辑推理到后来的知识推理，这主要是符号主义学派的工作。第二件事则是 AI 模拟人类行为，这主要是由机器人技术发展所推动的。

在 AI 发展的最近十多年，也就是我们所说的 AI 2.0 时代的开始，直到 2023 年之前，主要聚焦于一件事情：通过深度学习方法实现识别功能。尽管 AI 领域看起来热闹非凡，但其核心工作主要集中在图形识别和声音识别上。

AI 2.0 已在识别领域取得了极为重要的突破。而从现在起，AI 技术正迈向第二个重要方向——生成。随着生成能力的出现，我相信在未来十几年间，创新将如雨后春笋一般，层出不穷。因此，AIGC 是 AI 发展极为关键的一步，它开启了 AI 发展的第四个重要方向。

其实过去我们也曾涉足 AIGC 领域。例如，我在 1982 年就研究了一套美术图案的智能生成系统，即利用 AI 技术生成美术图案，那是通过专家系统实现的。大家可以看到，图 12-2 中的这些图案都是由 AI 绘制的，而非人工绘制，仅用简单的元素就能生成截然不同、丰富多彩的复杂图案。即便在当时计算机速度、内存能力有限，分辨率较低的条件下，系统也能在一两分钟内生成一幅图案，并且色彩华丽、效果非凡。

当时，我们还没有 AIGC 的概念，便将它命名为图案设计专家系统，尚未将这一想法升华到一个新的重要概念与发展方向中去。

图 12-2 1982 年潘云鹤研发的美术图案的智能生成系统

现在分析，AIGC 的崛起离不开三大关键因素：大数据、大知识和大模型。在 20 世纪 80 年代，这三大因素尚未发生，因此早期的尝试更像是一个个例，是一个在无人区里走了一圈的探索。

回顾近年来，AI 技术取得的重大突破，其实都与 AIGC 密切相关，只不过它披上了其他外衣，让人一开始没有意识到它的本质。例如，2020 年谷歌推出的 AlphaFold，它可以根据一个二维的基因序列，生成一个蛋白质的三维模型。虽然当时我们没有从生成的角度去思考，但它的技术本质正是生成——生成一个蛋白质的三维结构。

2021 年，Meta 提出了元宇宙的概念。那么，元宇宙技术核心的本质究竟是什么？简单来说，就是生成一个与现实世界紧密相连的虚拟世界。如今，当我们重新审视元宇宙的核心时，会发现它主要涉及三件事：数字孪生、AR/VR，以及 AI。这三者共同构成了元宇宙的生成技术基础。

2022 年底问世的 ChatGPT，其核心目标是生成符合用户需求的文本。回顾过去三年 AI 技术取得的突破，不难发现它们都沿着生成的方向发展。因此，生成概念在今天出现并非偶然，而是 AI 技术发展到一定阶段后，智能涌现的一个必然结果。如今，AI 技术的发展轨迹正从识别转向生成，而大模型无疑是生成领域的技术重心。

二、大模型的应用和发展

语言大模型现在在分析需求、搜索数据、综合文本上已经十分有效。

2023 年上半年，GPT-4 问世后，我们想测试一下它在设计的文本生成方面究竟能达到怎样的水平。于是，我们连续向它提问如下，直到它无法回答为止。我们（设计师）首先提出了第一个问题。

设计师：从设计角度，帮我构思一个老年人用的穿戴设备。

ChatGPT：老年人的可穿戴设备应该使他们享受生活，保持健康。在紧急情况时，提供帮助。

建议有哪些功能呢？大家可以看下面是它提出的功能。

健康监测：实时心率、血压、血氧等生理指标监测，以及计步器和睡眠质量监测。

药物提醒：设置药物提醒，确保按时服药。

跌倒检测：设备能检测到跌倒并发出提醒，同时自动向紧急联系人发送求助信息。

GPS 定位：方便家人随时了解老人的位置，防止走失。

紧急呼救按钮：一键拨打预设的紧急联系人电话，方便求助。

天气信息：实时显示当前所在地的天气状况，为老人提供合适的穿衣和活动建议。

语音助手：方便语音操作和查询，如播放音乐、新闻、天气预报等。

社交互动：支持文字和语音聊天功能，方便与家人和朋友保持联系。

简易运动计划：提供适合老年人的运动建议和计划，鼓励保持活力。

大家看，对这个设计而言，ChatGPT 设计的需求分析还是做得不错的。

接着，我们提出第二个问题。

设计师：实现这些功能需要什么技术？

ChatGPT：技术如下。

健康监测：利用光电传感器实现心率、血氧监测；采用压力传感器实现血压监测；利用加速度传感器实现计步和睡眠监测等。

药物提醒：通过内置的闹钟功能实现提醒功能。

跌倒检测：使用加速度传感器、陀螺仪等传感器检测异常运动，结合算法判断是否发生跌倒。

GPS 定位：内置 GPS 芯片，实时获取用户位置信息。

紧急呼救按钮：利用蓝牙或 4G/5G 通信模块连接手机或直接拨打电话。

天气信息：通过 Wi-Fi 或蓝牙连接手机获取网络数据，实时显示天气信息。

语音助手：采用语音识别技术，例如利用开源语音识别引擎或使用类似 Siri、Google Assistant 等现成的语音助手服务。

社交互动：通过蓝牙或 Wi-Fi 与手机连接，实现与手机中的通信软件同步，如微信、WhatsApp 等。

简易运动计划：通过内置运动推荐算法或与健康类 APP 互联实现。

为提高用户体验，可在软件层面实现相关功能的自定义设置。例如，允许用户自定义药物提醒、紧急联系人等信息。

我认为这已经达到了一般设计专业学生做作业的水平——它对各项功能提出了技术方案，方案也是对的。

第三个问题。

设计师：能够实现这些技术的厂家，你有哪些信息？

ChatGPT：信息如下。

1. 处理器和通信模块

·高通（Qualcomm）：提供处理器、蓝牙、Wi-Fi 和 4G/5G 通信模块等。

联发科（MediaTek）：提供处理器、蓝牙、Wi-Fi 和 4G/5G 通信模块等。

·诺迪克半导体（Nordic Semiconductor）：提供低功耗蓝牙芯片和处理器等。

2. 传感器

·博世（Bosch Sensortec）：提供加速度传感器、陀螺仪等运动传感器。

·意法半导体（STMicroelectronics）：提供加速度传感器、陀螺仪等运动传感器。

·美信半导体（Maxim Integrated）：提供光电传感器（用于心率和血氧监测）和压力传感器（用于血压监测）等。

3. GPS 模块

·优北罗（u-blox）：提供高性能的 GPS/GNSS 模块。

·联发科（MEDIATEK）：提供 GPS/GNSS 模块。

4. 电池和充电解决方案

·TI 得州仪器（Texas Instruments）：提供无线充电控制器和电池管理解决方案。

·意法半导体（STMicroelectronics）：提供无线充电控制器和电池管理解决方案。

5. 显示屏

·京东方（BOE）：提供高对比度、低功耗的 OLED 和 LCD 显示屏。

·三星展示（Samsung Display）：提供高对比度、低功耗的 OLED 显示屏。

6. 语音识别和语音助手服务

谷歌助手（Google Assistant）：提供成熟的语音识别和语音助手服务。

亚马逊 Alexa（Amazon Alexa）：提供成熟的语音识别和语音助手服务。

7. 其他材料和组件

·表带、防水设计等可以从专门生产这些产品的 OEM/ODM 厂家定制。

·在选择供应商时，务必考虑各类因素，如质量、价格、技术支持、可靠性等。

第四个问题。

设计师：用具体什么型号的处理器比较合适？

ChatGPT：推荐情况如下。

1. 高通（Qualcomm）SnapdragonWear 系列

·Snapdragon Wear 4100＋：这款处理器专为可穿戴设备设计，具有高性能和低功耗特点。它包括一个高性能的 Cortex−A53 四核处理器，主频高达 1.7GHz，以及一个低功耗的协同处理器，适用于低功耗场景。

·Snapdragon Wear 3100

2. 联发科（MediaTek）

·MediaTek MT2523：这款处理器专为穿戴设备设计，具有低功耗和尺寸紧凑的特点。它包括一个 ARM Cortex−M4 处理器，最高频率为 208MHz。虽然性能相较于高通处理器较低。但足够应付日常穿戴设备的需求。

·MediaTek MT2601

3. 诺迪克半导体（Nordic Semiconductor）

以上处理器型号只是建议，实际选择时需根据产品需求、预算和其他限制因素进行综合考虑。在选择处理器时，请务必考虑各类因素，如性能、功耗、成本、兼容性以及技术支持等。

第五个问题。

　　设计师：有这些处理器的价格吗？

　　ChatGPT：处理器的价格因购买数量、采购渠道和市场波动等因素而有所不同。以下是一些参考价格，仅供您了解。

- Snapdragon Wear 4100＋：25 美元～35 美元。
- Snapdragon Wear 3100：15 美元～25 美元。
- MediaTek MT2523：10 美元～20 美元。
- MediaTek MT2601：12 美元～22 美元。

实际价格可能因购买数量、供应商折扣、市场变化等因素有所不同。建议您在选择处理器时，与多家供应商或经销商沟通，以获取最佳报价。同时，除了价格外，还需要考虑其他因素，如性能、功耗、兼容性和技术支持等。

第六个问题。

　　设计师：如果选择 MediaTek MT2523，那么设计开发流程应该是什么样子的？

ChatGPT：设计开发流程大致可以分为以下几个阶段。

1. 需求分析与规划

· 确定产品功能、性能需求和预算。

· 研究市场和竞品，以便更好地了解目标用户和市场趋势。

2. 原型设计与元器件选择

· 根据需求分析，设计产品原型。

· 选择其他必要的元器件，如传感器、显示屏、通信模块、电池等。

3. 硬件设计与开发

· 设计 PCB 电路板，将处理器和其他元器件连接起来。

· 使用 EDA（electronic design automation）工具进行电路设计和布局。硬件调试和测试，确保电路板设计正确并满足性能需求。

4. 软件设计与开发

· 根据 MT2523 的官方文档和开发工具，编写固件代码。通常采用 C/C＋＋语言进行开发。

· 开发基于 RTOS（实时操作系统）的应用程序，以实现多任务并发处理。

· 集成传感器驱动程序、通信协议和其他外设的驱动程序。

· 实现产品功能，如健康监测、药物提醒、跌倒检测、GPS 定位等。

· 进行软件测试和调试，确保功能正常运行且无漏洞。

5. 机械设计与封装

6. 产品集成与测试

7. 量产与市场推广

8. 售后支持与持续改进

第七个问题。

设计师：能否给出 MediaTek MT2523 的设计图纸？

ChatGPT：作为 AI 语言模型，我无法直接提供设计图纸。但是，您可以访问 MediaTek 官方网站以获取有关 MediaTek MT2523 的详细信息和支持资源。

访问 MediaTek 官方网站（https://wwwmediatekcom/）并搜索 MediaTek MT2523，您可以找到关于该处理器的技术规格、功能和特性的详细信息。为了获得设计图纸和其他相关技术文档，您需要注册一个 MediaTek 开发者账户并申请相关资源。注册成功后，您可以获得相应的技术支持、参考设计、数据表和应用笔记等。

第八个问题。

设计师：有没有用芯片设计智能硬件的例子？效果怎么样？价位怎么样？

ChatGPT：有一些智能硬件产品采用了 MediaTek MT2523 芯片，如智能手表、运动跟踪器等。

> 低端的智能手表和运动跟踪器可能在 50 美元左右，而高
> 端产品可能在 200 美元甚至更高。

一个对话系统能够连续回答八个问题，其中七个都能给出圆满答案，只有一个问题无法回答，这已经相当出色了。如今，大模型在语言处理方面已经具备广泛的应用潜力，关键在于我们如何充分利用它。而且，除了文本生成，多模态方向的发展也非常迅速。

大模型的强大之处令人瞩目，但这种强大的背后究竟是什么呢？答案是它的大数据加语言知识。在知识覆盖不到的地方，它就会显得无能为力。ChatGPT 回答的深度和边界，正是由其数据和知识所决定的。这也启示我们，要走向创新的新空间，必须突破知识的边界。下面是一个例子。

2023 年 2 月 7 日，在 ChatGPT 刚出现的时候，《成都商报》红星新闻"采访"了 ChatGPT。

> 红星新闻：杜甫与成都的渊源很深，你能假装你是杜甫，
> 为成都写一首诗吗？
> ChatGPT：当然可以，这是我为您写的一首"重阳"诗。
> 重阳节，成都繁华，锦绣城市，灯火通明。
> 城中人来往，赏菊花红，饮酒唱歌，欢度佳节。
> 山川秀丽，水草青青，四面山水，环抱四方。
> 江河清澈，云霞缤纷，成都在此，盛世如画。
> 城市明朗，人民热爱，努力拼搏，创造美好。

愿成都永远，繁华富强，国泰民安，永久安康。

红星新闻：这……不像杜甫的诗吧？

ChatGPT：对不起，作为一个 AI，我可能不能完全模仿杜甫的诗风，但是我会尽力试着去写一首符合杜甫诗风的诗歌。

ChatGPT 具备丰富的语言知识，但诗词创作并不仅仅是语言知识的运用，它更多依赖于格律知识。而 ChatGPT 尚未掌握这种格律知识，因此其创作的格律诗词就不够准确。这也说明，对于大模型而言，只有"喂"给它正确的知识，才能生成符合预期的结果。

到了 2023 年 9 月，我跟一位博士生提到，让 ChatGPT 再试着写一首诗，看看这段时间它是否有所进步。博士生给出的写诗要求是"如果杜甫生活在 2010 年"——要求既体现杜甫的个人境遇，又表达对成都的美好期许，以此来测试 ChatGPT 的创作水平。ChatGPT 写的是：

摇摆中的都市楼，灯火璀璨夜不休。

曾经避乱蓉城下，如今科技风驰骋。

锦江依旧波悠悠，电子屏中古与今。

蜀地旧梦常怀忆，未来成都更辉煌。

大家可以看到，ChatGPT 基本达到了要求，这说明它在不断更新知识，提升自身能力。当然诗的水平还不够高。

我也试用过文心一言作诗，因为百度的首席技术官（CTO）跟我提到，它的表现也相当不错。于是，我在 2023 年国庆假期中便请它

"写一首关于杭州秋天的诗"。文心一言:

> 秋色满园红叶舞,湖光如镜映高楼。
>
> 山清水秀杭州美,诗情画意入眼流。

我提示道,写杭州的秋天怎能少了桂花呢? 请再写一首吧。这反映出它尚未意识到桂花不仅是杭州的市花,更是这座城市秋天的灵魂所在,需要我来启发它。于是,文心一言便将桂花很好地融入了诗中:

> 杭州秋来桂香浓,金花怒放映日红。
>
> 山湖如诗景色美,桂花飘香入人梦。

我以为,文心一言在格律知识上已经有所掌握,但诗意稍显不足,桂花也写得火气太重。在这之前,我自己也曾写过一首关于杭州秋日的诗。我作的是:

> 金银桂月日渐丰,瓜果豆蔬俱称雄。
>
> 只待秋阳霁绵雨,满城无处不香风。

我当然是业余作诗,但相比文心一言,我的诗或许还稍胜一筹。在我看来,文心一言的作诗水平大概相当于高中生水平。因此,在能够清晰表达的知识领域,只要用户输入明确要求,它就能完成任务。然而,对于诗意这种难以完全用语言描述的领域,机器就显得力不从心了——人类可以凭借直觉、灵感和情感去捕捉诗意，但机器目前还做不到。

所以，如果中国的大型语言模型想要超越 ChatGPT，或者与之并驾齐驱，就必须将更多新的知识融入模型中。这正是我们当下需要着力推进的重要工作。

浙江大学的团队正在开展一项重要的工作，即将大模型与数据库深度融合。为什么要做这项工作呢？到目前为止，尽管 AI 已经采用了多种知识表达方式，如规则系统、框架系统或语义网络系统，但人们最常用来存放知识的工具依然是数据库。数据库是结构化数据的载体，而结构化数据本质上就是知识。那么，将数据库中的知识与大模型的语言知识相结合，形成一种可以通过自然语言交互的新型知识形式，就是一种极有价值的研究（见图 12-3）。

当时的 GPT-4 还无法做到这一点。一方面，数据难以有效地"喂"

图 12-3　语言大模型与数据库的结合

给模型；另一方面，即使数据被输入，模型也无法识别数据库的情况。这是因为数据库中的数据关系与语言词汇之间的关系存在差异，它们的知识表达形式并不相同。

因此，浙江大学开发了一种名为 TableGPT 的工具。它将数据库与语言大模型相结合，使用户可以用自然语言的方式调用数据库内容，完成各种查询和分析任务。我相信很多机构都拥有自己的数据库，而将这些数据库与大模型结合后，用户将能够更便捷地完成数据库的各项工作（详见第八讲）。

大家可以看到，数据库本身具备统计和计算功能，还能实现可视化。如今，大模型与数据库结合后，不仅能提供文本生成，还能结合数据库信息与文本内容生成多样化内容。

三、从智能生成迈向智能设计

尽管智能生成技术如今已经能够实现诸多功能，但从智能生成迈向智能设计，仍有很长的路要走。

我们举个例子，假设现在要"设计一种大教室用的椅子"。这个任务很简单，设计专业的学生都能完成。但对于模型来说，挑战在于，第一必须实现跨媒体生成。"喂"给模型的是自然语言，即用文字表达甲方的设计要求，但输出的结果必须是一份设计图纸。像之前用 ChatGPT 设计老年人的穿戴设备一样，虽然可以用语言分析出需要哪些功能，但这仅是设计的前奏。设计的核心是形状，最终交付的成果是图纸。因此，跨媒体生成是必不可少的。

第二，生成的结果必须是可以指定和控制的，即实现精准生成。目前，虽然大多数模型热热闹闹，但生成的结果往往不够精确且难以控制，这就难以直接应用于设计领域。目前大家正在集中精力攻克这一难题，看谁能率先取得突破。浙大研究智能设计的目标也正是这一点：实现可控制且精准的生成。

第三，也是至关重要的一点，生成模型必须具备局部修改的能力。这一任务看似简单，实则颇具挑战性。能局部修改的核心在于生成具有结构性的内容。单纯生成图像是远远不够的，因为用户无法进行细节部件调整。以设计椅子为例，如果用户希望将扶手降低一些，模型必须准确识别扶手部件，并保持其他部分不变。更进一步，若要在扶手上添加插座，模型还需要考虑布线等工程细节。这些功能的实现都依赖于对物体结构的深入理解。然而，目前的大模型技术水平还停留在生成图片或简单3D模型的阶段，缺乏对物体内部结构的合成与解析能力。因此，下一代AI大模型的突破方向，就是实现对生成对象的结构化理解与编辑。

第四，要实现设计，就必须将专业的数据库与专业知识深度结合，以实现能够解决专业问题的智能生成。因此，我们不仅需要跨媒体生成、精准生成和结构化生成，还需要深入专业问题的本质层面。这正是利用AI（尤其是大模型）设计的发展方向。这条道路即使进展顺利，也需要花费5—10年的时间去探索和实现。然而一旦实现，其意义将是深远的。到那时，创新将水到渠成。

设计是一种生成，但并非所有生成都能被称为设计。当前的生成技术还较为肤浅，尚未达到设计的要求。从生成迈向设计，还需跨越多个鸿沟，搭建多座桥梁。而我们当下的工作，正是要精心设计这些桥梁，让目标一步步得以实现。其中，视觉至关重要。有结构的视觉信息不仅是知识的载体，更是设计的关键所在。跨媒体智能的重要性愈加凸显。在 AI 领域，跨媒体是一个核心概念，什么是媒体？这源自计算机领域的多媒体计算。多媒体计算涵盖计算机和人类都能理解的信息，包括文字、图形、视觉、听觉信息等。

这些信息是人类实现联想、创造和概括的关键所在，也是跨媒体智能的核心价值。跨媒体智能是 AIGC 的重要机制，因为大量的生成任务本质上都是跨媒体的。而视觉信息尤其重要。因此，全球都在集中力量研究跨媒体智能。当然，多模态与跨媒体智能在内涵上是一致的。如图 12-4 所示，自 2015 年以来，跨媒体智能相关的论文数量迅速上升。

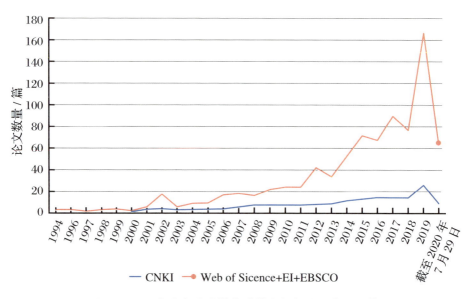

图 12-4　国内外有关跨媒体（模态）智能研究的趋势

由图 12-4 可见，专业领域的重要性日益凸显。根据 2023 年 4 月 19 日《参考消息》的报道，针对当前 AIGC 公司的业务布局，业界进行了系统性的分类研究。与以往按照媒体类型划分创业公司的方式不同，这次的分类更侧重于内容生成能力的细分：专注于文本生成的公司有 29 家，图像生成领域有 26 家企业，音频生成方向同样聚集了 26 家公司，而视频生成领域则有 30 家企业在深耕。特别值得注意的是，代码生成这一技术密集型领域也吸引了 24 家公司的布局，这充分体现了 AIGC 技术正在向更专业、更深度的应用场景拓展。日本预测 5 年后市场规模：2027 年 1210 亿美元，是 2022 年 13 倍（见表 12-1）。

表 12-1　Antler 咨询公司统计的全球 191 家 AIGC 公司类型

类型	文本	图像	音频	视频	代码	聊天机器人	机器学习平台	搜索	游戏	数据
数量	29 家	26 家	26 家	30 家	24 家	22 家	10 家	8 家	5 家	7 家
业务范畴	文本概括或自动生成	以文生图、图像风格转换	以文生音频或转换成音频	生成或编辑视频	生成代码	自动化客户服务	应用/机器学习平台	AI 驱动的洞察力	Gen-AI 游戏工作室或应用程序	设计、收集或概括数据

注：未统计垂直领域的 AIGC 创业公司，如工业设计、服装设计、3D 模型等领域

在这里，代码生成指自动编写计算机软件。如果自动编写计算机软件能够普遍使用，那么信息化、数字化、智能化的发展速度将再次大幅提升。

2023 年 10 月，我试用文心一言作诗时，它毛遂自荐，主动表示，

它不仅能作诗，还能画画。这表明文心一言正在从单纯的文本生成向跨媒体方向拓展。由于当时我刚从山西开会回来，便对文心一言说："'黄河入海流'是一句很有名的诗，请你据此画一幅油画，采用印象派的风格。"图12-5就是它生成的作品。我认为画得还不错，百度团队的工作确实值得肯定。

图12-5　文心一言的智能生成1

为了试试它对印象派风格的掌握程度，于是，我提出了第二个要求，我说："请用凡·高的画风来创作一幅画。"我并没有向文心一言提供凡·高的原作，但它应该对凡·高的风格有所了解。它最终创作出了如图12-6（a）所示的这幅画。大家觉得效果还不错吧？

（a）AI绘制的凡·高风格画　　　（b）凡·高《麦田上的鸦群》

图12-6　文心一言的智能生成2

我接着说："请你用马奈的画风来创作一幅'白日依山尽，黄河入海流'，看看效果如何？"图 12-7（b）展示的是马奈的作品。大家可以看到，生成的画作风格与马奈非常相似，色彩运用极为和谐，也契合了马奈的色彩系统，一眼就能看出是模仿了马奈的风格。

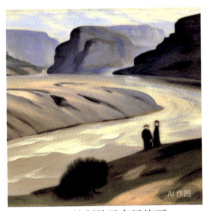

（a）AI 绘制的马奈风格画 1　　　　　（b）马奈《海景》

图 12-7　文心一言的智能生成 3

我说："再画一幅，色彩系统与前面那幅类似，但画面要有所不同。"大家可以看图 12-8（a），画面的问题很明显：近处画得太窄了，黄河似乎成小河了。于是我提出了新的要求："用马奈的画风来画'白日依山尽，黄河入海流'，但要把黄河画得宽大一些。"然而，最终生成的图 12-8（b）并没有达到我的要求——虽然画面风格符合马奈的风格，但黄河部分却显得不太像，说明它没有完全理解我的要求。

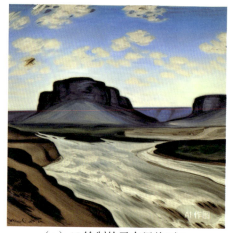
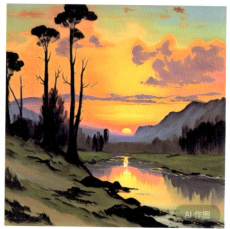

（a）AI 绘制的马奈风格画 2　　　　　（b）AI 绘制的马奈风格画 3

图 12-8　文心一言的智能生成 4

后来我跟百度的科学家讨论：在语义与画面结合方面，文心一言似乎还没完全掌握。它生成的画面只是理解了用户大致的语义，但对于像"黄河要宽大一点"这样具体的要求，它还无法准确执行。他们表示，他们会继续优化模型，增加新的知识，以提升模型的表现。

可以说，文心一言已经具备了绘图的能力，但用户还无法实现精确控制。然而，我们的目标是能够通过精确控制来完成我们心目中的作品。因此，我们必须在训练过程中注入知识，或者在生成过程中注入知识，甚至在人机交互过程中注入知识。知识注入得越早，效果往往越好。所以，我们在大模型中注入知识时，可以在三个环节进行：训练阶段、生成阶段以及人机交互阶段（见图 12-9）。

浙江大学工业设计团队在服装智能设计项目中，从第一步就着手注入视觉跨媒体知识。由于该项目是为一家羽绒服企业开发设计大模型，团队从一开始就采用了包含数十亿图文对的通用预训练模型。

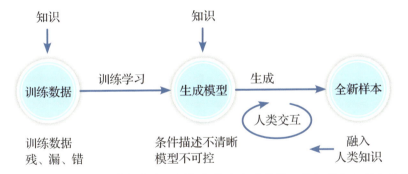

图 12-9　将知识融入数据构建、用知识约束生成结果、使知识介入创作过程

　　第二步，团队手动精细标注了数万个"服装图像—文本描述"数据对，以及数万个"羽绒服图像—文本描述"的跨媒体数据对，这些构成了跨媒体知识的核心。通过增量学习技术对大模型进行精调，显著提升了羽绒服设计生成的质量和可控性，并用于进一步训练模型。

　　如今，这套智能设计系统已经在该羽绒服企业中投入实际应用。企业拥有十几位专业设计师，借助该系统，他们能够快速设计出各种款式的羽绒服，提高了设计效率（见图 12-10）。

　　浙江大学开发的服装设计系统支持三种输入方式：一是通过自然语言描述款式；二是通过草图输入，用户只需勾勒出大致的草图，系统就能生成相应的服装设计；三是通过照片输入，比如提供一张冲锋衣的照片，系统就能设计出一款类似的羽绒服。可以说，在这一领域，中美两国的技术水平十分接近，而我们的输入方式或许更为丰富多样。

　　在服装产业中，全球数字平台都倾向于将网络购物与虚拟试衣技术相结合。众所周知，网上购买衣服有两大痛点：一是无法触摸面料的质感，二是网上的照片与实际买到的实物不一致。为了解决这些问题，目前大量电商平台正在推出虚拟试衣技术，以提升消费者的购物

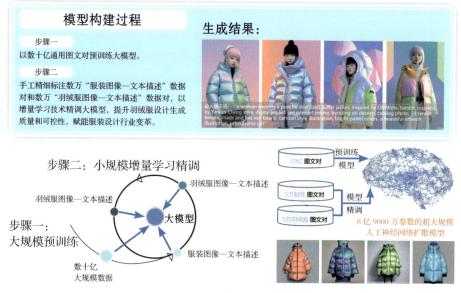

图 12-10　服装智能设计系统

体验。在中国，虚拟试衣技术虽然已经初具规模，但尚未实现普及应用。

因此，我认为下一步的目标是将数字人技术与用户需求深度融合。用户只需上传一张照片，并输入身高、体重等基本信息，系统就能生成一个模拟用户的专属数字人模型。随后，用户可以通过这个数字人展示穿上服装后的动态效果，包括行走时数字人的状态和服装的效果。我相信，这样的技术在未来五年内一定会实现。所以，数字人技术将扮演至关重要的角色。

图 12-11 是浙江大学人工智能研究所正在研究的数字人技术。主持这项工作的杨易教授是国内 AI 领域知名的年轻学者，他目前正专注于两项研究工作。其中一项是实现数字人表情的精准控制。大家都知道，数字人可以通过图像合成生成，但表情的控制却是一个难题。杨

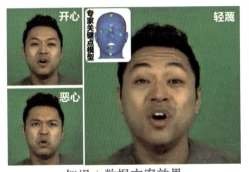
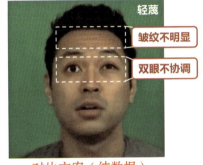

知识＋数据方案效果　　　　　对比方案（纯数据）

图 12-11　浙江大学人工智能所：驱动情绪可控的数字人
（图片来源：项目方提供）

易教授认为，目前的表情大多是通过数据训练得到的，但有些表情的数据量很小，比如"轻蔑"这种表情的照片本身就很少，因此很难通过常规训练得到准确的结果。

他认为，"轻蔑"是一种介于开心和恶心之间的复杂情绪——既有厌恶的成分，又带有一丝快乐。将这两种状态结合起来，就形成了轻蔑的表情。基于这一理解，他构建了一个 3D 模型，并通过文字描述、视觉知识和图片生成了多种表情的跨媒体模型。当输入一张照片并要求模型生成"轻蔑"表情时，模型便能够精准地完成任务。

通过对比可以明显看出，仅依靠纯数据驱动的方法生成的人像存在诸多缺陷：额头皱纹不够明显，眼睛比例失调，嘴形也不够自然。而杨教授创新性地采用了"知识＋数据"的双重驱动方法，将语言知识与图形知识有机结合，成功实现了精准的表情生成。特别是在生成轻蔑表情时，这种方法展现出了显著优势。不仅如此，他们还成功实现了动态表情的逼真呈现，细节处理十分到位。相比之下，单纯依赖图形处理技术往往会导致某些关键特征模糊不清，模型难以准确表达细微表情变化。这种将专业知识融入大模型的技术路线，使数字人开发领域取得了突破性进展，为高质量数字人生成提供了新的解决方案。

最早报告于 2023 年 12 月

第十三讲
医学卫生的智能化

如今，AI 及其应用已成为各国政府关注的焦点。中国信通院对世界发达国家政府发布的 AI 规划进行了深入研究，特别聚焦于"AI+"应用领域，并进行了详细的统计分析。研究发现，AI 的应用范围极为广泛，涵盖了从医疗、教育到交通、制造等多个行业。然而，值得注意的是，并非所有国家都对所有应用领域表现出兴趣。各国在 AI 发展规划中提及的重点领域存在显著差异，这反映了不同国家在 AI 战略布局上的独特考量和优先方向。

但在众多 AI 应用领域中，有三个领域受到全球发达国家的普遍关注。首先是医疗领域，各国政府高度重视 AI 在医疗诊断、药物研发等方面的应用潜力；其次是交通领域，随着智能技术的快速发展，无人驾驶等创新应用即将成为现实；最后是国防领域。

一、医学卫生的智能化方向

大数据智能

自 2023 年起，随着以 ChatGPT 为代表的大语言模型（LLM）的崛起，国外已经开始探索其在医疗领域的应用。大数据智能正被用于医疗诊断和医疗设备设计，通过处理和分析海量医疗数据，为诊断提供更精准的辅助，同时也在推动医疗设备设计的创新与优化。

据法新社 2023 年 9 月的报道，荷兰一家医院的急诊室开展了一项实验，测试 ChatGPT 在医疗诊断中的应用。研究人员从急救中心选取了 30 个真实病例，这些病例包含完整的病史、检查结果和医生的初步诊断记录。实验过程中，这些医疗数据被输入 ChatGPT，要求其提供五种可能病的诊断。同时，急诊科医生也基于相同信息给出五种诊断建议。

实验结果令人瞩目：医生的诊断准确率达到 87%，而 ChatGPT 的表现同样出色——GPT-3.5 版本的准确率高达 97%，GPT-4 版本则为 87%，与人类医生的诊断水平基本持平。这一研究表明，合理使用 ChatGPT 不仅能够提供可靠的诊断建议，还能显著缩短医生的诊断时间，为医疗诊断效率的提升开辟了新途径。

ChatGPT 在医疗诊断领域展现出显著优势，除了其诊断速度远超人类医生外，更重要的是，它在识别罕见疾病方面具有独特价值。ChatGPT 能够基于海量数据进行推理分析，全面考虑各种可能性，提出医生可能忽略的诊断思路，从而有助于发现罕见病例。

这一新技术也已在国内医疗机构得到应用。例如，上海交通大学附属医院正在探索将 ChatGPT 应用于临床诊断和医院管理。此外，ChatGPT 在医疗设备创新领域也发挥着重要作用，能够为医疗器械设计提供初步方案建议。总之，大数据智能将使医学拥有一个新的有力工具，促进医学发展。

除了在诊断方面的应用外，我认为生成式语言大模型在未来还会另有一个重要的应用方向：整合体检指标与病历数据的综合分析而"治未病"。目前，医疗数据存在明显的分散性问题——体检指标和病例记录通常分开存储，仅进行小规模的合并研究。更值得注意的是，家族病史这一关键信息尚未被充分利用。如果能够借助生成式语言大模型的技术优势，将家族病史与个人病例数据进行有效整合，我们就能更清晰地识别家族性疾病的遗传模式和发病规律。

　　我对这项研究的重要性的认识，缘于在体检中的亲身经历。每次体检，会产生200多项血液指标，但医生告诉我，其中只有标注↑↓的指标具有明确的临床价值。然而，我认为那些看似正常的指标的整体变化实际上蕴含着重要信息，只是其知识与价值尚未被充分认识与发掘。

　　目前的医疗实践中存在明显的专科局限：心血管医生只关注心血管相关指标，神经科医生仅分析脑血管数据。事实上，各项指标的整体变化趋势往往能更全面地反映患者的健康状况，对早期发现潜在疾病具有重要意义。

　　如果能够利用大模型进行多维度数据分析，将体检指标、个人病史、家族遗传信息，甚至区域流行病学特征进行整合研究，我们可能实现医疗模式的革命性转变——从"治病"转向"防病"。通过分析身体各项参数的变化规律，我们可以在疾病显现之前预测健康风险；通过区域数据分析，我们可以识别特定地区的健康隐患，甚至发现环境因素或遗传特征对健康的影响。这种前瞻性的健康管理方式，将为疾病预防和公共卫生决策提供强有力的支持。

人机混合增强智能

下面来谈谈人机混合增强智能。2023 年 5 月，瑞士洛桑联邦理工学院在 *Nature* 杂志上发表了一项最新研究成果。研究人员通过脑机接口（BMI）技术，成功帮助一位因车祸导致部分颅脑和脊髓损伤、瘫痪十余年的患者重新获得了自主行走能力（见图 13-1）。

图 13-1　荷兰瘫痪男性重新自主行走

［图片来源：Lorach H., Galvez A., Spagnolo V., et al. Walking naturally after spinal cord injury using a brain-spine interface. *Nature*, 2023(5)］

研究团队采用了一项创新性的治疗方案：在患者头部两侧各植入一个直径 5 厘米的传感器，用于检测大脑皮层的电信号。同时，他们开发了一套 AI 系统，学习、分析、模拟健康人群在行走时大脑向肢体发出的指令信号，如立起、迈步等动作的神经信号模式。

在患者腰部脊柱区域，研究人员植入了一个特殊的电刺激装置。当患者想要移动身体时，头部传感器会实时捕捉大脑发出的神经信号，经过 AI 系统识别和处理后，转化为精确的电刺激指令，激活脊髓神经，从而帮助患者完成站立、行走等动作（见图 13-2）。

2023 年 8 月，《纽约时报》报道了加州大学伯克利分校的一项突

包含 2×64 通道的皮质植入物

脑皮层
电图

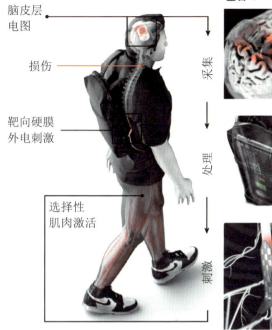

损伤

采集

靶向硬膜
外电刺激

处理

选择性
肌肉激活

刺激

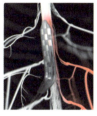

可穿戴处理单元
接收神经数据
提取空间、时间和频谱特征以预测运动意图
发送更新的刺激指令

可植入式脉冲发生器

包含 16 个电极的
桨状导线

图 13-2　瘫痪病人重新站立行走原理

［图片来源：Lorach H., Galvez A., Spagnolo V., et al. Walking naturally after spinal cord injury using a brain-spine interface. *Nature*, 2023(5)］

破性研究成果：研究人员成功开发出连接大脑与数字人的脑机接口系统，为脑卒中等失语患者重获"说话"能力带来了希望。尽管这些患者失去了语言表达能力，但他们的大脑仍保留着语言意识。

这项创新技术通过在患者大脑中植入特殊电极，实时解码与语言相关的神经信号。AI 系统随后将这些信号转化为书面文字、语音输出，甚至面部表情。这使得失语患者的数字虚拟形象能够"开口说话"，并展现出相应的表情。

这项技术的实现面临巨大挑战。与相对简单的运动信号不同，大脑中控制语言的神经信号既微弱又复杂。为此，研究团队在患者的咽喉发音部位也设置了精密传感器。尽管患者已失去发音能力，但肌肉中残留的电信号仍能为系统提供关键信息，帮助患者重建完整的语言表达理解信息。这一突破性进展为失语患者重新获得沟通能力开辟了新的可能性。

但是要同时刺激口、舌、喉的动作来重新讲话实在困难。所以研究者将这些精密的神经信号传输到显示设备上，驱动一个以患者术前的长发照片为原型的数字人。当患者在脑海中构想"你好，请递给我一杯水"这句话时，数字人就能准确地说出这句话，实现思维到语言的实时转换。

这项技术的关键在于植入人体的大量微型电极。这些电极能够同时捕捉与语言功能相关的多个区域的神经信号，包括控制口腔、嘴唇、舌头和喉部感觉与运动的大脑区域。通过这种全方位的信号采集和处理，系统能够精确还原患者的语言意图，实现数字人的自然语言表达。

近年来，脑机接口技术取得突破性进展，多家研究机构相继宣布成功开发出相关系统。其中，埃隆·马斯克创立的 Neuralink 公司尤为引人注目。2024 年初，Neuralink 公布了一项令人瞩目的成果：一位四肢瘫痪的患者在植入该公司研发的脑机接口芯片后，成功实现了仅凭思维就能流畅操控电脑——不仅可以自如地进行电子游戏操作，还能完成在线对弈。

目前，脑机接口设备的输入方式主要分为三类。第一类是植入式输入，这种方式需要将电极植入大脑皮层内几毫米深的位置，从而获取频率高于 1000 赫兹的高频信号，Neuralink 采用的就是这种技术。植入式输入的优势在于信号精度极高，但缺点是安全性相对较低。

第二种是非植入式输入，它将传感器电极放置在头皮之外。我曾在几年前参观中国科学院自动化所，当时他们展示的就是这种非植入式设备。这种设备的优点是非常安全。相比之下，像 Neuralink 这种植入式设备的使用者就曾出现过问题，比如脑中的电极损坏，需要重新植入。而非植入式设备因为戴在体外，安全性最高。不过，它的缺点也很明显，获取的信号频率较低，通常小于 20 赫兹，精度不够高，因此在准确性上不如植入式设备。

第三种是半植入式输入。这种方式将电极放置在大脑硬脑膜的外侧，也就是颅骨和脑皮层之间。相比前两种方式，它不仅安全性居中，而且获取的信号强度也介于植入式和非植入式之间，居中于前两者的优势与劣势。

2023 年底，清华大学一个团队成功完成了两例无线微创脑机接口的临床试验。在这次试验中，患者的脑机接口康复取得了突破性进展，为半植入式脑机接口技术的发展带来了新的希望。

前文也提到，脑机接口设备的输出方式主要分为两种类型：第一种是当患者的肌肉仍保留神经信号时，系统可以直接驱动身体完成动作，瑞士洛桑联邦理工学院的研究正是采用了这种方式。第二种类型适用于肌肉失去信号或肢体缺失的患者，由于无法实现自主运动，系统会将神经信号转换为数字指令。例如需要移动功能，则需要借助外接的机械臂或机械腿等体外设备来实现。

浙江大学在脑机接口领域的研发工作早在 2005 年就已经启动。与其他团队不同，浙江大学的团队选择了独特的研究路径：将"读脑"与"写脑"相连——通过电信号刺激大脑。他们的项目以控制活体大鼠的大脑为核心。实验中，大鼠头部佩戴的微型摄像头会将"看到"的视频无线传输到电脑。随后，电脑通过机器视觉算法对视频内容进行识别并形成决策。接着，这些决策以微电刺激的形式，通过植入大鼠大脑皮层的多个电极反馈给大鼠大脑，从而让大鼠"识别"人脸和"理解"箭头方向。从系统的角度来看，机器视觉被"加载"到生物大脑上，使得大鼠能够根据人脑发出的信号进行移动（见图13-3）。

这项实验取得了显著成效，并获得了多个项目的支持。其潜在意义在于开创了一种与常规机器人技术截然不同的创新思路：通过脑机接口系统，人类可以直接指挥老鼠的行动。这种技术在地震搜救等特殊场景中具有重要应用价值——救援人员可以将配备微型摄像头的老鼠放入废墟，利用其灵活穿越狭小缝隙的能力，寻找被困的幸存者。救援人员通过老鼠头顶摄像头传回的实时画面，远程指挥老鼠的行动路线。

大鼠头部穿戴的微型摄像头将"看到"的视频无线传给电脑，经机器视觉算法识别及形成决策之后，再经过植入大鼠大脑皮层的多个电极反馈给大鼠大脑，机器视觉被"加载"到生物大脑上。

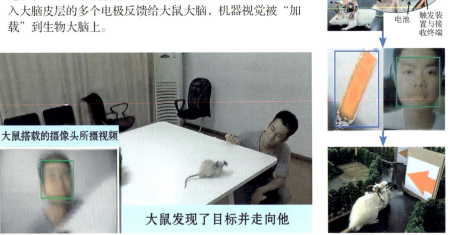

图 13-3　浙江大学的大鼠赛博格植入式脑机接口实验

接着，浙江大学的科研团队在这一领域又取得重要进展。他们成功开发出将人类思维信号传输给老鼠大脑的技术，实现了人类操作者用思维远程控制老鼠按照指定路线移动的目标。这项技术为未来的人机协同作业开辟了新的可能性（图13-4）。

我国在脑机接口研究领域设立的国家重点实验室，其中一个就在浙江大学。早在2005年，像约翰斯·霍普金斯大学或伊利诺伊大学厄巴纳－香槟分校（UIUC）的团队还在初步探索阶段时，浙江大学就已经开始了相关研究。如今，该团队的实验水平已经与国际顶尖水平相当，甚至在某些方面还略胜一筹。

跨媒体智能

接下来讲讲跨媒体智能在医疗中的应用，我要分享的一个例子是

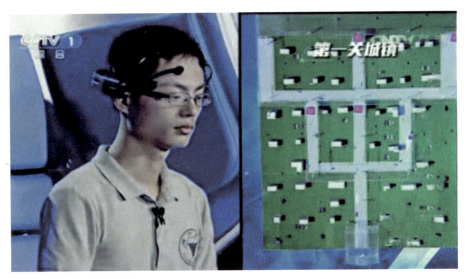

图13-4　浙江大学团队首次实现了用人的意念控制大鼠行动
（图片来源：中央电视台2016年《挑战不可能》节目截图）

导盲。传统上，盲人出行主要依靠拐杖和导盲犬辅助。随着人工智能技术的发展，研究人员很自然地将目光投向了智能导盲机械犬的研发。2024 年 5 月底，上海交通大学发布了最新研发的智能导盲机械犬，如图 13-5 所示，这款六足导盲机械犬采用了独特的设计，为视障人士提供了新的出行辅助选择。

图 13-5　上海交通大学的导盲机械犬

斯坦福大学在导盲项目中研发的是一种智能导盲拐杖，拐杖内部安装了众多传感器。当盲人使用这根拐杖辅助行走时，拐杖上的摄像头和雷达能够实时扫描前方环境，探测是否有障碍物，并用震动触觉及时向盲人反馈路况信息，指导他们安全行走。这一导盲拐杖还采用了跨媒体技术，进一步提升了其功能和使用体验。

第三种技术如图 13-6 所示，是 2019 年中国设计智造大奖（DIA）佳作奖：盲人视觉辅助眼镜。DIA 是每年在杭州举办的一场智能化产品创新设计大赛。图中展示的盲人视觉辅助眼镜就是其中的一项参赛

图 13-6 2019 年中国设计智造大奖（DIA）佳作奖：盲人视觉辅助眼镜
［图片来源：DIA（Design Intelligence Award）官方网站］

作品。这款眼镜的前方配备了两个摄像头，眼镜脚上有扬声器。当盲人戴上眼镜后，摄像头能够实时拍摄前方的路况。如果前方有台阶、上下坡或其他障碍物，摄像头会捕捉到影像并进行分析和理解，这一过程基于计算机视觉技术。随后，分析结果会被转换成声音信号，盲人两只耳朵边佩戴的扬声器便会发声。如：当右边有障碍物时，会发出"哗哗"声；左边有障碍物时，则会发出"嘟嘟"声等等。通过这种方式，视觉信息被转化为听觉信息，帮助盲人感知周围环境。

我们当时问参赛者："为什么不把提示音升级为自然语言呢？"参赛者回答说："语言系统太复杂，很难实现。"于是，我们建议他们："技术可以购买，直接买一个现成的语言系统接入设备，不就能实现了吗?"但当时因为他们不能支持自然语言提示，所以只获得了银奖。

两年后，这款产品再次参赛，这次他们成功接入了语言系统，于是又来申报奖项。盲人戴上这种升级版的眼镜后，不仅能正常行走，还能"读"报纸了。过去，盲人"读书"需要通过触摸盲文，但现在，只要使用者用手触指报纸，眼镜就会把那部分的内容摄像、识别文字、转换为声音读出来。在室内，眼镜可以将摄像头拍摄到的影像转化为语音，告诉盲人何处取物；在室外，它还能与地图导航连接，让盲人清楚知道自己所处的位置和目标路径。

所以，我们可以看到，即使是同一种医疗器材，也会有不同的设计方法。到底哪一种最好呢？大家可以从价格、使用的便捷性等多个方面来评估。评审专家对参赛眼镜的功能、水平、专利等讨论之后，最后给这款眼镜授予了杭州市长杯金奖。

这些例子都说明，跨媒体智能技术在医疗器材的发展创新中发挥了重要的作用。通过将一种媒体信号转化为另一种媒体信号，我们可以创造出各种创新产品。对于患者来说，这些新产品具有极其重要的意义，能够极大地改善他们的生活质量。

自主智能系统

接下来我们再来介绍一个自主智能系统的案例——医疗装备"DE智能超声仪"。我们在前文中已经提到了这个产品。严格来讲，AI 在医疗的读图领域中是起步最早的。"DE 智能超声仪"的研发人孔德兴教授的特色就在于没有止步于读图。

孔教授认为，传统的"先扫描，后识别"模式存在明显的滞后性，提出了实时扫描识别方案，能够在超声检查过程中同步进行病灶识别。

这种创新方法带来了显著的临床优势：系统在扫描过程中发现疑似肿瘤区域时，可以立即进行重点区域的精细化扫描，提高扫描密度和诊断准确性。相比之下，在传统体检流程中，发现可疑病灶后，患者往往还需要再次前往医疗机构进行复查。而 DE 智能超声仪的实时诊断功能，大大提升了检查效率，为患者提供了更便捷、更精准的诊疗体验。

当然，要实现这一目标，必须借助机械手来完成扫描任务。为此，它配备了一个六自由度的扫描仪，能够精准地模仿医生的操作手法。目前，在杭州的医院中已经投入使用了。

我认为当前有一个智能医疗装备重要的发展机遇值得关注。过去十年间，中国医疗设备市场经历了快速增长，市场规模从 2966 亿元跃升至 12700 亿元，增幅超过 3 倍，目前约占全球市场份额的 1/3。然而，在高端医疗设备领域，市场仍由进口品牌主导，西门子、通用电气（GE）、飞利浦等国际巨头的产品占据主要地位。

这一现状正面临机遇：全球医疗设备企业同时迎来技术升级的关键时期，实现进口替代的时机已经打开。国内企业应当把握这一历史机遇，加快技术创新步伐，在高端医疗设备领域实现突破，推动产业转型升级。这不仅关乎市场份额的重新分配，更是提升我国医疗设备产业整体竞争力的重要契机。

现在的局面有点像 20 年前的彩电行业。当时，中国企业也能生产彩电，但消费者在购买时往往优先选择进口品牌，比如日本的彩电。然而，随着液晶技术的出现，中国企业在液晶电视领域开始实现反超。如今，大家在选购彩电的时候不再只考虑进口品牌，而会自然而然地选择国产名牌家电产品。短短 20 年时间，中国彩电行业蓬勃发展，实现了质的飞跃。

这也很像 10 年前的汽车行业。当时，我们在买车时，很多人更倾向于购买德国、美国或日本品牌的汽车。但随着电动车技术的成熟，局面又发生了变化。经过 10 年的发展，国产电动车在市场上不但与进口车分庭抗礼，甚至在新能源电池等技术领域，我们还略胜一筹。

我相信，当 AI 融入医疗装备领域，中国有望在未来 10 年乃至 20 年后在全球医疗产业中脱颖而出，登上高峰。因此，当下这一阶段意义非凡，全社会应当给予高度重视，积极鼓励、大力支持，推动其快速发展。

群体智能

讲到群体智能，很多人会首先想到无人机群，这是典型的群体智能。群体智能中还有另一个非常重要的方向，那就是平台。不过，这个方向过去讨论得相对较少，所以今天我举的例子就聚焦于平台。

杭州有一家企业——浙江好络维医疗技术有限公司，他们专注于生物医学工程领域，主打产品是一款便携式智能心电图仪。这款心电图仪的传感器非常小巧，而记录仪更是迷你，可以做成卡片放进口袋，或者做成戒指戴在手上。相比之下，我们现在体检时用的心电图仪，体积大，在睡觉、洗澡时携带很不方便。

不仅如此，好络维的心电图仪还能感知血压、血氧、心率、睡眠状态、体温等多种生理数据，集成在一起，实现多参数的同时监测。一般来说，很多产品做成这样就结束了，但好络维并没有止步于此。他们发现，心电图的结果通常只有医生才能看懂，普通患者很难理解。

于是，公司开发了一套心电波识别软件，包括波形质量评估系统、滤波系统、检波定位系统和特征提取系统。有了这些功能，设备可以呈现心电图初步判断结果，其准确率能达到 86%。

好络维的产品特色在于软硬件一体化，可面向医院、药房、急救车、患者等不同用户群体。患者使用后，虽然能看懂部分结果，但仍然会感到不放心，希望能与医生联系，获得专家的诊断意见。因此，好络维进一步拓展了这方面服务内容。

这样，他们积累了海量的心电图数据，并将其整合到云平台上。通过这一平台，好络维将三甲医院、乡镇卫生院、村卫生院等各级医疗机构连接起来。过去，村卫生院往往缺乏专业的心电图医生，但借助好络维的产品，结合 AI 技术和远程指导，村卫生院也能有效解决门诊中遇到的难题。此外，该平台还能将患者、药房、急救车等环节串联起来。

这些环节共同构成了一个新的产业生态，而且这个服务产业的重要性甚至超过了单纯销售心电图仪本身。它是一个服务性产业，其核心是基于数据和专业知识的服务。

我分享这个案例是想说明，未来，与医疗相关的制造业和商业模式将发生巨大变革。其中一个重要的趋势就是平台化和群体智能化。

通过刚才的例子，我们可以看到 AI 在医疗领域的五个主要技术和四个应用方向。这些方向能够推动医疗装备的智能化升级，助力辅助诊断更加精准高效，能为患者提供智能化的医疗知识和生活指导，同时实现医院管理的智能化转型（见图 13-7）。

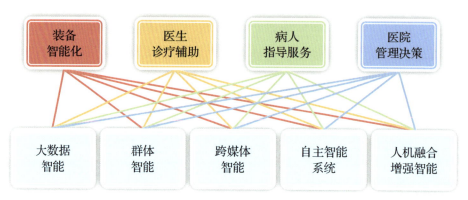

图 13-7　未来医院的技术框架

二、把握医学和药学发展的新机遇

刚才我们讨论的是医学领域中相对传统的部分。实际上，现代医学正在进入一场深刻的变革，一系列创新技术正在重塑医疗体系。基因编辑、蛋白质合成等前沿技术正在快速融入医疗实践，为疾病治疗开辟了全新途径。

以 CRISPR-Cas9 基因编辑技术为例，这项突破性技术能够根据"引导 RNA"的定位，精准地切割人类细胞基因中的特定靶点，从而从根本上阻断疾病的发生。这种精确的基因编辑能力在新冠疫情中已经展现出巨大的医疗能力，为疫苗研发和治疗方法创新提供了强有力的技术支持。

2024 年 5 月，我去温州访问时，温州医科大学的李校堃院士向我介绍了他们正在研究的一个前沿领域——生长因子中的基因编码。他们不是寻找截断病原的靶点，而是通过编辑基因，帮助人们变得更健康、更长寿。这让我意识到，分子生物学和分子医学研究方向的选择至关重要，而大数据智能处理则是实现这一目标的成功关键。

比如，在海量的基因库中筛选新的靶点，过去主要依靠人工操作，效率较低。如今，借助 AI，这一过程可以大大加快。再比如，筛选能够保护 RNA 药物递送到体内特定部位的材料。像 mRNA 新冠疫苗采用脂质材料包裹，其候选材料的筛选也是通过 AI 完成的。这不仅提高了效率，还提升了精准度。在 AI 的支持下，医学发展有望取得巨大的突破。

纵观历史，我们会发现现代医学的发展经历了几个阶段。最初，现代医学的发展是基于解剖的观察和实验。通过解剖，人类了解了身体的各个部位，从而积累了大量的医学知识。解剖学的出现为现代医学奠定了基础。

随后，医学进入了第二个阶段，越来越多医学仪器的使用。我们发明了许多仪器，借助这些仪器进行观察、分析和实验。这些仪器帮助我们建立了更深入的医学知识体系。如今，看病仅靠肉眼观察是远远不够的，还需要借助各种仪器的检测。

现在，我们或许正在迈入医学发展的第三个阶段——基于大数据和知识的分析。有些问题我们肉眼看不到，仪器也检测不到，但通过数据的聚集、模拟和分析，我们可以得出结果。比如，我们可以通过大数据的学习分析，模拟出蛋白质的结构，进而开展一系列实验来验证、观察和研究。这种基于数据的分析方法，正在为医学研究开辟新的方向。

在医学走向新的阶段之际，AI 技术不仅能支持第一阶段（基于传统的解剖的观察和实验）和第二阶段（基于仪器的检测和分析）的工作，而且在第三阶段（基于分子生物的数据和知识的分析）中将发挥着更大的作用。

到了这个阶段，学科之间的交叉合作打开了一个全新的空间。过去，医学的发展主要建立在生物学和医药学的联合基础之上，但现在，医学与 AI 的结合，以及与工程学、仪器科学和大数据的融合，变得越来越重要。而且，这种结合在医学教育中已初露端倪，我在第十七、十八讲中还会细讲。

报告于 2024 年 6 月

第十四讲
智能城市与经济

一、智能城市的全球兴起

"智慧城市"概念最早由 IBM 公司于 2008 年提出，随后在美国得到广泛关注和深入评估。2012 年 12 月，美国国家情报委员会发布《全球发展趋势 2030》报告；2013 年，美国大西洋理事会发布《2030 年展望：美国应对未来技术革命的战略》。这两份文件都强调了智慧城市在"第三次工业革命"中的关键地位，指出以新制造技术、新能源和智能城市为代表的技术革新将深刻影响未来政治、经济和社会发展格局。

在中国，智能城市建设受到国家层面的高度重视。国家发改委、住建部、工信部、科技部等多个部委以及各级地方政府都将智能城市建设列为重点发展项目。而且这一战略部署取得了显著进展：2014 年，已有超过 400 个城市在"十二五"规划或政府工作报告中明确提出了智能城市建设目标。到 2018 年 7 月，中国工程院管理学部在深圳会议上的数据显示，全国提出智能城市建设目标的城市已突破 500 个，标志着中国智能城市建设进入全面快速发展阶段。

中国不仅在智能城市建设的规模上位居全球之首，提出的问题也最为丰富多样。比如，曾有一位市长在认真参观美国某著名信息公司展示的智慧城市各种系统后，有些失望地评价说："智慧城市缺少市长的视野。"这表明，企业所理解的智能城市与市长所期望的城市智能化发展之间，还存在很大的差距。

为了深入探究智能城市的发展路径，中国工程院自 2012 年起启动了一系列重要研究项目。首个项目是"中国智能城市建设与推进战略研究"，为智能城市建设探讨技术与理论基础。随着研究的深入，中国工程院在 2014 年开展了第二项研究——"智能城市建设与大数据战略研究"。这一转变缘于研究团队发现，智能城市建设不能仅仅依赖传统数据库技术，而需要充分利用城市大数据的价值。正是基于这一认识，第二个研究项目应运而生，为智能城市建设提供了新的思路和方向。

到 2015 年，中国工程院与宁波市政府合作设立了一个重点项目——"宁波城市大数据研究"。在智能城市的发展过程中，有一个关键问题与以往的信息化建设有很大不同，那就是城市大数据的研究。我们对宁波进行了深度剖析，希望通过这个案例为更多城市提供借鉴。

在此基础上，我们又开展了一个重大咨询项目——"中国 AI 2.0战略研究"。这项研究实际上聚焦于大数据时代下 AI 的运行方式。它的部分思想来源于城市智能化研究的发展。在智能城市中，除了原有的数据和技术，大数据技术和基于大数据的 AI 技术也变得至关重要。因此，"数据智能"成了一个极具价值的研究方向。

在研究过程中，我们提出了一系列创新模型，为推动智能城市的发展和 AI 技术的应用提供了重要的理论支撑。

二、中国智能城市发展的若干模型

在城市管理方面，中国与西方国家面临着截然不同的挑战。首先，与全球大多数发展中国家普遍存在的贫民窟问题不同（见图 14-1），中国虽无贫民窟，却面临着城中村和棚户区等类似的社会治理难题。此外，中国还出现过独特的"鬼城"现象。以鄂尔多斯为例，2015 年我实地考察时发现，此处尽管高楼林立，却人迹稀少，形成鲜明对比。

交通拥堵问题则是另一个突出的挑战。虽然这是全球性难题——我在墨西哥也曾遭遇极严重堵车——但中国的交通拥堵问题呈现出独特的发展轨迹和规模。1990 年，全国私家车保有量仅为 80 万辆；到 2024 年底，根据公安部的统计，

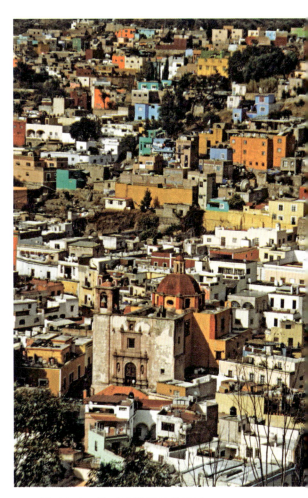

图 14-1　墨西哥城郊的贫民窟

全国机动车保有量达 4.53 亿辆。仅北京市的机动车保有量就达 700 万辆，据统计，北京中心城平均通勤时耗为 51 分钟。

值得注意的是，中国的交通拥堵问题并不限于特大城市，还呈现出向中小城市蔓延的趋势。以杭州为例，其拥堵程度不亚于北京；而湖州、绍兴等中小城市也开始面临类似的交通压力。这种大范围、多层次的交通拥堵现象，在全球范围内都较为少见，凸显了中国城市交通问题的严峻性。

还有城市污染问题。近年来，尽管北京及全国的 $PM_{2.5}$ 浓度有所下降，但空气污染问题依然严峻。与此同时，中国城市发展还面临着"千城一面"的困境——众多城市面貌趋同，缺乏独特个性与地方特色。这种现象促使我们不得不进行深刻反思：在过去几十年的快速城市化进程中，我们拆除了大量传统建筑，也兴建了无数新楼宇，但如何才能真正打造出像伦敦、巴黎那样具有独特魅力的世界级历史文化名城？

中国城市领导者的职责与国外市长存在显著差异。与国外市长主要关注城市治理不同，中国的城市领导者肩负着更为广泛而沉重的责任。他们不仅要管理城市日常事务，还要统筹推进工业化、城镇化、信息化、绿色化和农业现代化这"五化"协同发展。这种独特的职责定位源于中国的体制特点——城市领导者需要统筹城乡发展，推动区域经济社会的全面进步。正因如此，在智能城市建设过程中，中国形成了独具特色的发展路径。就市领导而言，智能城市不仅要解决城市治理问题，更要成为推动"五化"协同发展的重要引擎。

对"五化"的联动做大数据研究，可以对发展获得新认识，我们就工业化和城镇化的关系做过全球 G20 国家的数据分析。以城镇化率为横坐标，人均购买力平价 GDP 为纵坐标，G18 国家（有 2 国数据不全）的位置如图 14-2。图中各国的位置，清晰地分为三组：发达国家（红圈）、未发达国家（蓝圈）、中等收入国家（绿圈），而中国处于三圈之外。

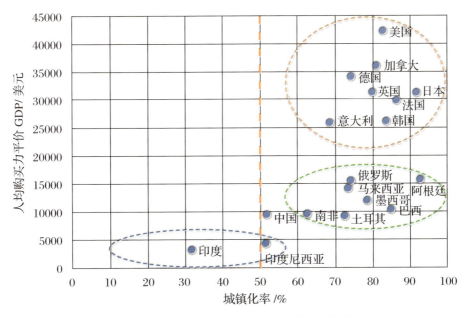

图 14-2　G18 国家的工业化和城镇化分析

我们再画出各国的发展轨迹如图 14-3，并分别计算发达国家组和中等收入国家组的平均轨迹如图 14-4，两组的发展曲线自城镇化率60% 和人均购买力平价 GDP 8000 美元之后便泾渭分明。分析这三幅图可知，城镇化率必须适配于工业化率，切勿过之。而且一个国家必须达到人均 GDP 2 万美元，才能脱离落入中等收入陷阱的危险。

我们可以用一个模型来描述中国智能城市的发展路径。如果把一个国家的城镇化、信息化和工业化看作三个坐标，西方城市的发展路

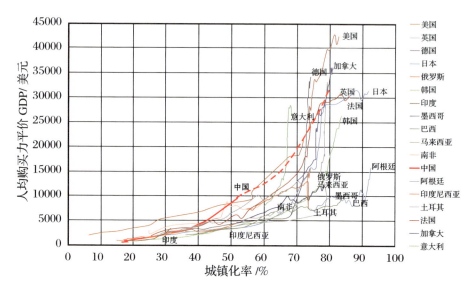

图 14-3　各国工业化和城镇化的发展轨迹

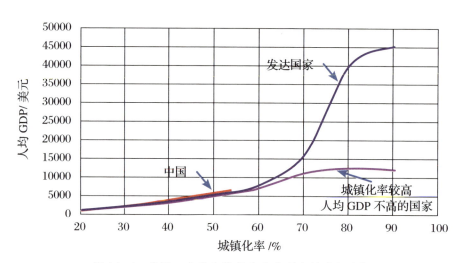

图 14-4　我国工业化和城镇化的关联发展路径选择

径通常是先完成城镇化和工业化，然后在此基础上实现信息化，最终建成智能城市。相比之下，中国则是在城镇化、工业化和信息化三者同步推进的过程中建设智能城市。

在图 14-5 中，绿色的线代表西方智能城市的建设路径，而红色的线代表中国建设智能城市的路径。这两种路径截然不同，它们需要解决的问题和采用的方法也有很大差异，尽管两者存在一定的交集，但总体上差异显著。

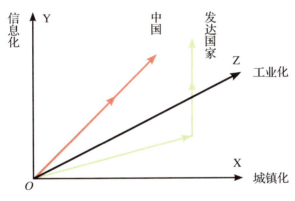

图 14-5　中国智能城市发展的途径模型

当前世界正在经历一场由空间革命引发的深刻变革（回顾图 1-3）。这场变革催生了全新的计算范式——大数据计算和 AI 2.0 计算，这也正是中国工程院提出 AI 2.0 技术战略的时代背景。更为重要的是，这场变革正在开辟认识世界的新维度：不仅计算机和 AI 技术将发生质的飞跃，整个自然科学、工程技术和社会科学领域都将迎来革命性突破。这场变革的一个显著特征是新兴学科的涌现。以城市学为例，作为一门融合多学科知识的新兴学科，它正是适应这一变革趋势的产物。

虽然城市文明已有数千年历史——以杭州良渚遗址为例，这座距今 5000 年前的古城已被证实是中国最早的城市遗址之一——但我们对城市发展的规律仍知之甚少。近期，城市规划领域的吴志强院士与我分享了一个重要观点：过去，城市的命运往往由市长和规划部门单方面决定，但这种模式已不再适应当今社会。现代城市的发展本质上是多方力量共同作用的结果：一方面是以市长和规划部门为代表的政府力量，另一方面则是市民和企业家构成的民间力量。这两股力量都在按照各自的愿景塑造城市，而城市的最终形态则是多方协调、合作与互动的产物。

基于这一认识，专家们提出了一个创新性的研究方向：借鉴 AlphaGo 的深度学习模型，构建一个 CityGo 城市发展模拟系统。这个系统将帮助研究者探索城市发展的新路径，为城市规划提供更科学的决策支持。

在信息化时代，我们获得了前所未有的机会来深入理解城市发展的内在规律。通过数字技术，我们可以清晰地观察到城市的物理基础设施与人口、经济、教育、医疗、环境等数十个子系统之间的复杂互动关系，以及这些互动如何共同推动城市的演进。这种多系统协同作用的复杂性不仅存在于城市发展中，同样体现在医疗卫生、生态环境等领域。这些系统既涉及自然科学原理，又包含工程技术应用，还需要考虑社会科学因素，是物理空间、人类社会和信息空间多重维度交织的复杂巨系统。

过去，由于技术手段的限制，我们难以深入研究这类复杂系统。但随着数字技术的进步，通过将这些系统映射到信息空间，我们终于找到了有效的分析方法。基于这一认知，中国工程院在报告中将智能城市简明地定义为：通过统筹协调物理空间（P）、人类社会（H）和信息空间（C）三个维度，运用先进技术提升城市发展水平和居民生活质量的新型城市发展模式。这一定义不仅概括了智能城市的本质特征，也指明了未来城市发展的方向。

智能城市的发展有它的信息技术模型，我们曾经提出了五个层次的结构模型。大家可以回顾一下图 2-7。

基于中国智能城市的发展实践，我们总结出了一个具有中国特色的阶段性发展模型。该模型将智能城市建设划分为四个循序渐进的阶段。

第一阶段是城市数字化，这一过程实际上已经在中国各城市广泛开展，为智能城市建设奠定了数据基础。第二阶段是城市网络化，当前我们正处在这一进程的关键时期，"互联网＋"行动的推进标志着这一阶段进入高潮。第三阶段将实现城市大数据的深度应用，通过对海量数据的分析和挖掘，提升城市治理能力。第四阶段则是城市 AI 技术的综合应用，实现真正的智能化发展（见图 14-6）。

三、中国城市经济的数字化智能化发展

纵观人类文明史，城市发展与经济繁荣始终密不可分。城市之所以成为经济中心，缘于其独特的集聚效应：不仅是商品交易的市场枢纽，更是人才、资本、交通、物流等核心要素的汇聚之地。在 G20 杭州峰会上，"数字经济"成为热议焦点，各城市纷纷描绘了智能化转型的蓝图。基于这一背景，我将和大家详细讨论城市的经济向智能化转

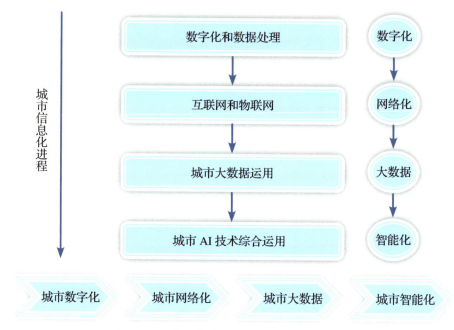

图 14-6　中国城市信息化的宏观发展轨迹

型的发展模型。它包含五个不同方面。

第一是企业运营智能化，企业运营智能化是经济转型中的重要模式之一，也是城市智能化的主力军。过去，我们往往将智能化与先进制造业，特别是汽车制造等高科技产业联系在一起。然而，令人惊喜的是，一些传统行业也成功实现了智能化转型。以国电大渡河为例，这家传统水电能源企业通过智能化改造，不仅提升了运营效率，还开创了传统行业智能化升级的新路径。

第二是产品的智能化，产品是产业的基石。AI 的发展趋势催生了新一代人工智能产品。以智能音箱为例，众多知名科技公司纷纷推出了自己的产品。这些智能音箱的核心技术是大数据智能，它涵盖了语音识别、自然语言理解和文字识别等多种技术。通过整合这些技术，企业开发出了多样化的应用（见图 14-7）。例如，微软推出了聊天机器人，苹果则有其著名的语音助手 Siri，而谷歌则利用这一技术推出了智能翻译服务。亚马逊，虽然相对较晚进入 AI 领域，却凭借其智能音箱取得了巨大成功，截至 2021 年底销量突破 1000 万台，这一成绩让其他几家美国领先的科技公司感到意外。尽管这些公司在技术上胜过亚马逊，但亚马逊庞大的用户基础使其在市场上占据了优势。随后，这几家公司也开始跟进生产智能音箱。面对竞争，亚马逊采取了开放

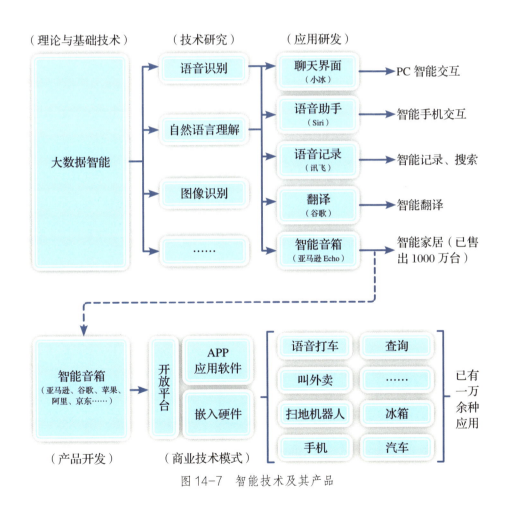

图 14-7　智能技术及其产品

策略，将其软件开发平台开放，吸引了超过一万种应用的开发，包括语音打车、外卖订购和语音查询等服务，取得了新的成功。

通过这个例子，我想强调的是：技术固然重要，但商业模式同样关键。亚马逊的成功并非源于技术领先。首先，当其他公司专注于技术研发时，它已经在打造产品；其次，当其他公司开始推出产品时，它已经构建了一个完整的平台。这正是 AI 时代产品开发和商业模式的重要性所在。因此，在开发 AI 技术与产品时，我们必须同时关注并探索创新的商业模式。

第三是产业群的数字化转型。以浙江新昌的轴承制造业为例，当地将全市 65 家轴承企业的设备状态进行了联网。最初，这一举措旨在帮助企业更好地管理设备运行状态，但最终发展成了一个能够统一调度这些设备的轴承制造平台，从而创造了一种互联网联合制造的新模式。平台上的企业从最初的 65 家扩展到 150 家，设备的平均利用率提高了 20%，能耗降低了 10%，企业的利润率也提升了 5%。值得注意的是，这还只是数字化转型的初级阶段——大数据阶段，尚未引入 AI 技术。

第四是城市产业生态化的发展。以深圳为例，其经济的快速发展在很大程度上得益于其制造业已形成了高效的产业链。例如，深圳有一家无人机企业的老板是杭州人。曾有杭州的政府工作人员问他，为什么不把公司搬到杭州？老板回答说，因为在深圳，无人机的所有零部件都能在 1 公里范围内买到。这正是城市经济生态化的一个典型体现，展现了深圳在无人机产业链布局上的优势。这种高效的资源配置和相互适应的产业集聚，为企业的创新和发展提供了强有力的支持。

最后，我们探讨第五个重要趋势：城市与经济的协同进化。在这一领域，城市发展与区域经济的协同推进至关重要。最早的典型案例是硅谷模式，其核心是研究型大学、信息技术企业和风险投资的紧密结合。随后，高新技术模式逐渐兴起，中国也采用了这一模式，即在硅谷模式的基础上融入制造业。近年来，深圳的智能手机区域经济生产模式成为新的典范。如今，更具创新性的模式正在涌现，例如浙江的各种特色小镇。这些小镇结合了高新园区、生态生活和文化元素，如杭州的机器人小镇、云栖小镇等。这些新模式的出现，体现了中国城市经济智能化与城市建设智能化的深度融合。它的核心建立在产业、科技、人才、投资、物流和城市政府管理的协调智能化发展。

我认为，由于中国城市建设的智能化和经济的智能化都由国家发改委统筹管理，这两者很可能会深度融合，形成智能协同的发展格局。诺贝尔奖得主斯蒂格利茨曾指出，21 世纪初期影响世界最深的两件大事是美国的新技术革命和中国的城市化。然而，中国工程院的院士提出了一个更尖锐的问题：如果这两件事同时在中国发生，世界将会发生怎样的变化？答案有待揭晓，但我们已经看到，中国许多城市正在积极探索城市建设智能化与经济智能化的结合。这种融合将如何推动中国城市在 21 世纪实现跨越式发展？这是一个值得深入思考、努力探索的问题，也将为全球城市化进程提供新的范例。

四、城市大变化的端倪

从历史发展的角度来看，城市的成长往往伴随着重大的变革，但这些重大变革的次数相对有限，而小的变化则持续不断。城市的重大变革大致可以分为三个阶段。

第一阶段是城市的起源，城市的边界最初是为了安全防卫而诞生的。最早的"城市"并不被称为城市，而是被称为"城堡""皇城"等，并且这些建筑周围通常建有围墙，有城无市，这便是城市的最初形态。

第二阶段是城市在市场经济的推动下逐渐成形。在古代，皇帝和贵族需要有人来保卫和服侍他们。这些人居住在宫殿之外，因此在宫殿外逐渐出现了买卖交易的行为。例如，《封神演义》中提到的"酒池肉林"，就是因为进贡的酒肉需要专门存放，那时还没有市场的概念，无法随时购买到酒肉。然而，随着时间的推移，交易和市场的发展逐渐促进了城和市的联合。

第三阶段是由工业化引发的城镇化进程。在这一阶段中，产业扩展，城市逐渐演变为大城市，不仅拥有市场，还聚集了大量的人口和企业。城市因为产业的存在而变得更加富裕，并逐步扩展其规模。

这三个阶段共同构成了城市发展的历史脉络，展现了城市从最初的防卫功能到市场经济的发展，再到工业化带来的产业化，引发城镇化进程的演变过程。

城市经历重大变革，带来了两个显著的结果：首先，城市将人群和财富集中在一起，形成了独特的生活优势。其次，随着时代的进步，城市对安全保卫的需求逐渐减少，如今的城市不仅要满足市场和产业这两大核心需求，还要应对衣食住行、科教文卫等多方面的巨大生活需求与发展。此外，城市还面临着人口流动、空气、水、土壤、噪声和光污染等环境压力。针对这些问题，习近平总书记提出"绿水青山就是金山银山"的理念，旨在确保城市在聚集人群和财富的同时，也能拥有美好的环境，实现生态与经济的和谐发展。

当前城市出现了与前面三次变革不同的变化，也许是第四次变革。

产业大变化

工业化的进程首先将农民从农村吸引到城市，当这种吸引达到稳定阶段后，企业便会转向更有利的运行环境，如随着市场和劳动力的转移，经济实现全球化。如今，中国已经部分实现了机器替代人力，建立了网上市场和线上办公体系，进入了工业化融合数字化、智能化的时代，并积极参与全球化。随着全球化的深入，新型数字化服务平台企业应运而生，这预示着未来企业将发生巨大变革。过去，企业是追随市场和劳动力而迁移的。未来，企业将追随物流，实现产业链的重组；追随科技，推动创新与人才链的重组；追随信息，促进数据流与知识流的重组。

以中国机器人产业的迅猛发展为例，据工信部数据，截至2022年，中国运行的机器人数量已达到150万台，远超欧洲的73万台和北美的45万台，甚至超过了欧美运行的总量。这表明中国的工业化走出了一条与众不同的道路。不仅如此，中国制造业的机器人密度也在快速提升，从2016年的每万名工人68台，增长到2023年的392台，短短七年内实现了翻两番的飞跃。这种新型工业化模式，正在深刻改变城镇化和全球化的传统形态与发展进程。

市场大变化

过去，中国的零售业态经历了从批发商、百货商店、外贸企业、专卖店到超市、卖场的演变。如今，网上销售和跨境电商已成为中国贸易发展的重要推动力。跨境电商将传统的进出口模式转变为"买卖全球"的新格局。在这一过程中，目前中国的跨境电商从事以国内产品销往海外为主的进出口服务，而美国的亚马逊则致力于将全球商品销往世界各地。这也为中国跨境电商的未来发展指了方向：不仅要推动中国产品走向世界，还要努力成为全球商品的集散平台，实现"买全球、卖全球"的全面升级。

从图 14-8 可以看出，进出口贸易与"买卖全球"之间存在显著差异。这是一种全新的商业模式。这种模式不仅突破了传统贸易的局限，还为国家间的经济互动带来了更多可能性。

图 14-8 网上市场的趋势

企业与市场的变化导致了城市的沉浮

城市的形态转变往往会决定其兴衰。以 21 世纪的底特律为例，它因汽车产业的全球化而逐渐衰落。同样，匹兹堡在 20 世纪 70—80 年代因钢铁行业的全球化而陷入困境，但 10 年后，这座城市却重新焕发活力，主要得益于其拥有的两所顶尖大学——卡内基梅隆大学和匹兹堡大学。匹兹堡通过产业升级和人才集聚，成功实现了城市的复兴。

深圳则凭借手机、通信、汽车等创新链和产业链的蓬勃发展，成为全球化进程中的一颗璀璨明珠。这座城市的发展与全球化息息相关，展现了产业与城市的深度融合。

而美国的硅谷则呈现出一种全新的城市形态，与其他美国城市截然不同。这里没有密集的高楼大厦，取而代之的是优美的自然风光和低密度的建筑布局。硅谷不仅环境宜人，还会聚了全球顶尖的创新人才，成为科技与自然和谐共存的典范。这些例子表明，城市的兴衰与其产业、人才和全球化进程紧密相连，形态的转变往往意味着新的机遇与挑战。

当然，杭州的崛起并不仅仅依赖于工业化和全球化。如果仅从GDP来看，杭州不及苏州。通过比较这两个城市可以发现，苏州的崛起主要得益于经济全球化，其大部分产业由外资主导，这些产业在苏州的发展中起到了引领作用。而杭州则不同，虽然缺乏大量外资企业，但它拥有像海康威视、阿里巴巴等优秀的本土企业。杭州走出了一条与苏州截然不同的发展道路。因此，我们应当在传统全球化的框架下，探索新的发展变化和规律，寻找更多元化的城市发展模式（见图14-9）。

图 14-9　科技发展中生机勃勃的杭州

五、决定城市未来的将是多种生态关系

或许，我们不能仅仅用全球化的案例来分析中国一些先行城市的发展规律和路径，而是需要探索城市在新时代下的新变化。百年之后回望今天，或许才能体会这个阶段的重大意义。数字化、网络化和智能化正在推动城市形成全新的发展形态。虽然我们无法预知未来的城市会变成什么样子，但我们可以提出这样的问题，并始终关注数据。通过深入研究城市大数据来理解城市，有助于我们站在城市理解与规划领域的巅峰，引领城市发展的未来方向。城市的发展应当关注以下几个方面。

第一，产业应以科技创新为核心，以技术含量高、市场需求大、功能多样化、协作范围广的产品为主导，形成产业链集群，同时完善合作机制、资金支持与信息服务体系，需要在企业协作、资金流动和信息服务方面建立坚实的基础。

第二，科技发展应聚焦于人才与知识密集的区域，确保地方数据与知识的顺畅流动，从而实现高效聚集与快速创新。因此，大学、研究机构和科技型企业的作用至关重要。吸引人才是核心，因为人才推动科技创新，而科技又吸引产业集聚，这可能是未来城市在第四阶段发展的重要方向。城市应注重为市民提供优越的环境条件，包括自然环境、生活环境和信息环境等，确保人才愿意在此聚集并长期发展。城市发展始终牢记"绿水青山就是金山银山"的理念，实现经济发展与生态保护的平衡。

　　第三，城市中的"三流"——人流、物流和信息流，对城市发展至关重要。其中，人流要特别关注高素质人才。近年来，中国城市的快速发展，很大程度上得益于对人才的重视。因此，"三流"不仅是城市各节点之间互动与协作的体现，也将对城市的未来发展起到越来越关键的作用。

　　因此，中国的城市需要善于分析和利用城市数据，深入研究城市发展的趋势，从而抢占先机，力争站在时代的前沿！

最早报告于 2016 年 9 月

第十五讲

数字图书馆的智能化之路

一、数字化升级起步：百万册数字图书馆

在 20 世纪末，美国卡内基梅隆大学的教授，机器人研究院院长，也是图灵奖的获得者罗杰·雷迪（Raj Reddy，他是我在美国的"老板"），提出了一个大胆的想法——将 100 万册图书数字化，这就是著名的"百万册数字图书计划"。计划的目标是实现"任何人、任何时间、任何地点都能访问任何资源"，在当时，这无疑是一个非常宏伟的构想。

2000 年，在雷迪和中国学者的共同努力下，中国教育部和美国自然科学基金等机构联合启动了中美科学家"百万册数字图书馆"项目。雷迪不仅为参与该项目的中方图书馆人员提供了免费的技术培训，还积极推动中外大学和图书馆界在全球范围内的合作。

浙江大学和卡内基梅隆大学的图书馆率先响应，双方政府共同投资约 1 亿美元，成功完成了 100 万册中英文学术图书的数字化工作。这项开创性的计划不仅为中美两国建设百万册数字图书馆奠定了基础，更重要的是开启了一个惠及全人类的数字资源共享项目，为学术大数

据的深入研究提供了重要支撑。

如今，数字图书馆建设已取得显著成效，在全球范围内蓬勃发展。2015年，项目负责人雷迪教授因其突出贡献被授予中国政府友谊奖。2021年，这位杰出的科学家再次获得殊荣——凭借其在AI、机器人技术和计算机科学教育领域的开创性成就，荣获美国计算机历史博物馆研究员奖（computer history museum fellow awards，CHM研究员奖）。

经过五年的努力，该项目圆满完成，而中国教育部仍持续对中国大学数字图书馆提供支持。如今，大学数字图书馆合作计划（CADAL）已经完成了250万册图书的数字化，CADAL成为公共图书馆领域中规模最大的数字学术图书馆。其数据存储容量达到1.5PB，每年的点击量高达2.5亿次。CADAL服务的用户超过1000万人，国内有800家图书馆参与共建共享。在海外，也有40家图书馆加入其中，包括美国的常青藤盟校，如普林斯顿大学、哈佛大学等。20多年来，我们在中美印埃等国家举办了多场数字图书馆国际研讨会。如今，该项目已成为数字化国际合作中一个非常成功的典范。

2007年1月，时任浙江省委书记的习近平同志视察了浙江大学的大学数字图书馆国际合作计划项目，详细了解了数字图书馆的建设进展、取得的成就以及发挥的重要作用。习近平同志对项目给予了高度肯定和赞赏，并指示浙江省要大力支持和推广数字图书馆的发展。在这一指示的推动下，浙江省投入了2亿元用于省属大学的数字图书馆的建设和发展。凭借这一有力支持，浙江省在大学数字图书馆建设方面走在全国前列，为全国树立了良好的示范。

数字图书馆建成后，实现了许多我们预期的目标。比如，远程借阅图书，服务更加便捷快速，流通效率也大大提高。

另一个重要目标在过去也已经预见，那就是数字图书馆能够提供个性化服务，为用户打造专属的个人图书馆。当用户需要某些特定内容时，图书馆可以及时通知用户相关更新，并将这些内容整理成专门的目录或文件，方便用户快速获取和使用。因此，个性化推送如今已成为数字图书馆的核心功能之一，已经为许多机构重要研究人员提供了个性化的内容推送服务。

第三个意义，是我们最初未曾预料到的。2005 年，我们才意识到图书数字化后会形成一个"数据海洋"。当 200 多万册图书被数字化后，系统不再只是孤立的一本本书，而能够将多种图书整合在一起，形成一片浩瀚的数据海洋。这片"数据海洋"与 AI 技术结合后，能够催生出许多全新的应用场景。正是从那时起，我们认识到图书馆可以从数字化迈向智能化。

我们对数字图书馆中的数据进行了深度开发，使其具备了图形查询和设计的功能。例如，系统中存储了大量字帖，用户可以通过输入某个字，快速查找该字出现在哪些字帖中，了解哪些书法家曾书写过这个字，以及他们的书写风格。举个例子，当我们搜索"其"字时，系统会展示各种不同风格的"其"字写法。当然，系统有时也会出现一些误差，比如可能会将"真"或"句"等字形相似的字一并检索出来，但这并不影响系统的整体使用体验（见图 15-1）。

数字图书馆系统此类应用的一个成功案例发生在 2006 年，当时我来到中国工程院工作。那时，中国工程院还没有正式的名牌，于是院

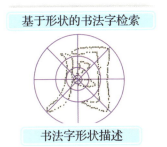

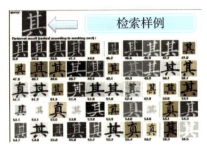

图 15-1　"数据海洋"的深度使用

方希望请一位不亚于郭沫若先生的著名书法家来题写名牌，因为中国科学院的名牌正是由郭沫若题写的。最终，这项任务落到了数字图书馆系统的肩上。我们利用系统在苏东坡、米芾、赵孟頫、柳公权、颜真卿等众多书法家的字帖中寻找所需的字。由于有些画家字帖中缺少部分文字，我们经过仔细比对，发现苏东坡的字体最为合适。于是，中国工程院的名牌最终采用了苏东坡的字体，并经过艺术化的重新排列，效果非常出色（见图 15-2）。

我们很快意识到，数字图书馆的数据海洋不仅限于图书馆本身，还可以扩展到其他领域，例如构建"病理实验室"。在医学教育中，病理学是一门重要学科，学生需要观察大量切片，并理解切片与人体解剖之间的关系。传统教学中，学生需要通过对比健康切片与病变切片来学习，而现在，数字图书馆可以通过数字图形和 3D 动画技术来实

图 15-2　数字图书馆项目设计了中国工程院的名牌

现这一学习过程。此外，人体解剖也可以通过数字解剖进行模拟教学。其优点是，过去学生在学习人体解剖时，一年中可能只有一两次机会参与真实的解剖实践，而现在，借助数字图书馆的技术，学生可以随时随地通过模拟进行学习和练习（见图 15-3）。

　　我们还将这些技术应用于多种科学研究领域。例如，我们将中草药知识进行数字化处理。众所周知，关于中草药最著名的著作是《本草纲目》。我们不仅将《本草纲目》数字化，还将它与中国古代的各种药方以及现代著作中的药方数据打通，甚至整合了当代中草药分析的研究论文。通过这种方式，我们将各类文献的知识融合在一起，构建了一个庞大的知识库，命名为"数字本草纲目"。如今，这个知识库不仅为普通民众了解中草药知识提供了便利，还为中成药企业的研发工作提供了有力支持。

　　通过这些实践，我们发现数字图书馆不仅仅是简单地将图书数字化，图书馆的功能也不再局限于传统的借书、读书和还书。实际上，数字化催生了一系列全新的知识形态，这些知识可以被重新整合、利用，焕发出新的价值。

病理学数字教学

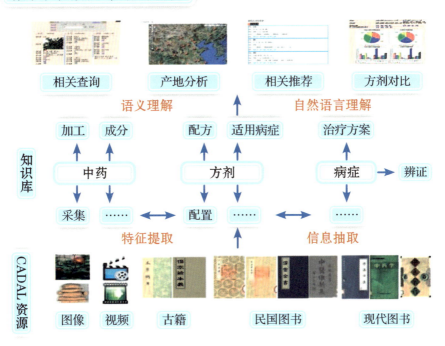

数字本草纲目：中药知识服务

图 15-3　数字图书馆用于教学和科研

二、向数字知识转化：工程科技知识中心

2006年，我加入中国工程院后，面临一类紧迫的需求：为政府部门和社会各界提供战略咨询服务。战略咨询的需求来自政府、产业和企业三方，其中政府的咨询难度最大，因为涉及的范围非常广泛；产业的咨询，难度也不小；相对而言，企业的需求则更容易实现。战略咨询需要依赖大量的数据和知识，而这些数据和知识不仅分散在学术论文和已出版的图书中，还隐藏在各行各业的专业数据库、实时新闻报道、各类展览会、报告会以及互联网的海量信息中。因此，数据的来源极为分散，整合和利用这些信息成为一项重大的挑战。

战略咨询的研究者常常耗费了大量时间，却难以获取关键数据。为了解决这一问题，在财政部的支持下，我们建立了中国工程科技知识中心。这一项目并非简单的数字图书馆，而是从数字图书馆到"数据海洋"，再到智能图书馆逐步深化后提出的全新理念——"知识中心"。2012年3月，中国工程院在北京正式启动该项目，院领导及众多知名专家出席了启动会。

知识中心的总部设在中国工程院，下设多个分中心，涵盖信息、能源、化工、农业、材料、医药、机械、水利、环境等领域。中国工程院不仅拥有九个学部，每个学部都设有分中心，目前分中心数量已超过30个。此外，中国工程院在浙江大学设立了技术研究中心，进一步支撑知识中心的建设与发展。这一体系为战略咨询提供了强有力的数据与知识支持，极大地提升了研究效率（见图15-4）。

知识中心设立了两个目标。第一个是基础目标，即实现跨领域、

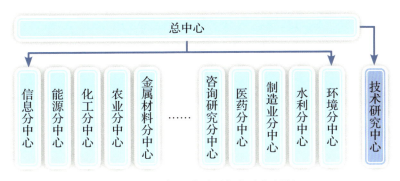

知识中心目标：基础目标与高级目标
Knowledge center objectives: minimum and maximum objectives

基础目标
minimum objectives

高级目标
maximum objectives

图 15-4　中国工程院科技知识中心

跨库的异构数据资源检索，使用户能够从一个数据库或机构查询到另一个数据库或机构的信息。第二个是更高层次的目标，即提供知识服务，将数据库中的原始数据转化为有价值的知识，使用户不仅能查询信息，还能获得深度的知识支持。目前，基础目标已基本实现，而高层次目标则部分达成，仍在不断推进中。

实现基础目标并非易事，因为打通不同机构的数据资源面临诸多管理上的障碍。知识中心的独特之处在于，它能够关联各行业的"数据海洋"，并将其分解、整合，构建成一个庞大的知识网络。这个网络不仅支持跨媒体的阅读和深度搜索，还能为创新设计提供支持。我们的目标首先是服务于院士的科研需求，进而扩展到支持教育、科研、文化事业以及产业的发展，为各领域提供强有力的知识支撑。

中心成立不久后，我们访问了联合国教科文组织（UNESCO），并向他们介绍了我们的项目，他们对此表现出浓厚的兴趣。于是，我们向 UNESCO 申请成立二类中心。2012 年，UNESCO 总干事博科娃和助理总干事卡隆基两位女士先后两次访问浙江大学，参观了已经建成的数字图书馆和正在建设的"中国科技知识技术中心"。从图 15-5 的照片中可以看到，我（右三）正为她详细介绍项目的进展和成果，旁边是浙江大学的同事们，最前面是时任浙江大学校长的杨卫教授。

2013 年 11 月，在联合国教科文组织（UNESCO）第 37 届大会上，与会代表一致投票通过成立"国际工程科技知识中心"的决议。罗杰·雷迪教授和我被共同任命为该"知识中心"国际技术顾问委员会的主任，负责指导中心的技术与发展（见图 15-6）。

中心已经有了平台的地址（www.ikcest.org），数据集总量到 2021 年已达到 384 个，数据体量达到 2.3 亿条。网络浏览总量达到 1062.4 万次，且快速增长。2021 年上半年，网页浏览总量是 2020 年同期数据的 2 倍。访问用户覆盖 220 个国家和地区，"一带一路"合作伙伴 100% 覆盖，是 UNESCO 运行得最好的中心之一。

因此，通过知识中心的研究和建设，我们深刻认识到，利用好大数据的核心在于将图书馆从传统的知识存储机构转变为智能化的知识服务平台。在从数字图书馆迈向智能图书馆的过程中，我们意识到数字图书馆实际上是构建了一个"数据海洋"，而这一概念在国外被称为"大数据"，两者的含义是一致的。我们早在 2003—2004 年就提出了"数据海"的概念，而到了 2007 年，"大数据"这一术语开始广泛流行。

图 15-5 UNESCO 工作人员参观浙江大学的"数字图书馆"和"中国科技知识技术中心"（摄影：卢绍庆）

以"中国工程科技知识中心"项目为依托，我们向联合国教科文组织（UNESCO）申请成立其二类中心——国际工程科技知识中心。
2013 年 11 月 5 日，在法国巴黎召开的 UNESCO 第 37 届大会批准成立。

图 15-6 UNESCO 第 37 届大会一致通过建立"国际工程科技知识中心"

如今，这一概念已经统一被称为"大数据"。这一过程不仅体现了我们对数据价值的早期洞察，也展现了图书馆在数字化和智能化转型中的重要角色。

用好大数据的关键在于将其转化为知识，而这些知识必须基于跨媒体的数据。因为有些书籍以文字为主，有些则以图片为主，比如书法字帖几乎全是图片。因此，跨媒体是大数据智能的重要特征。然而，构建这样的"数据海洋"单靠一家机构是无法完成的，必须依靠群体参与。中国工程院的科技知识中心之所以能够成功应用，正是因为打通了各单位长期积累的专业数据库。群体参与是大数据智能可持续发展的关键保障。

从这些概念中可以看出，无论是大数据智能、跨媒体智能，还是群体智能，最终都汇入了 AI 2.0 总概念。这些理念的融合，又为大数据的发展和应用提供了新的方向和可能性。

三、大数据＋AI 的一般工作模型

当前，全国正全面推进数字化改革。数字化改革的第一步是生成数据，这需要对对象和运行态势进行感知。那么，数据从何而来？数据主要来源于传感器、数据库、计算机网络，以及人们的手机、车辆、设备、工业互联网、电商、金融、海关和医院等场景。它不仅产生于传感器和各种活动中，还源于这些活动所衍生的数据。这些数据至关重要，我们必须高度重视并加以充分利用。

第二步要把这些数据打通。打通数据并非易事，无论是数字图书馆还是知识中心，在这一环节都投入了大量精力。数据打通后，我们可以运用统计学和可视化技术进行处理，这两种技术的结合就是如今广泛使用的"驾驶舱"系统，它提供了数中心的人机交互服务。目前，许多数字化改革已经完成了第一步和第二步，为后续的深度应用奠定了基础。

当然，还可以继续做下去，第三步就是将数据转换为知识表达，此时，我们可以借助机器识别技术、深度搜索与挖掘技术，而它们的背后实际上是由神经网络和知识图谱提供多样化的知识服务。目前，机器识别主要依赖于深度神经网络，能够实现常规的自动回答和自动服务。一个著名的例子是微软的自动问答系统"小冰"，它在与人类对话时表现出色，反应自然流畅。

第四步，就是把这些知识用于推理，通过深度应用 AI 技术，我们能够挖掘出更深层次的问题并进行精准预测。这种技术不仅可以服务于自动化治理和自动化决策，还能在多个领域发挥重要作用。例如，企业可以利用它来优化产品链，精准把控生产流程，提升产品竞争力；区域管理者则可以借助它来梳理产业链，明确哪些产业最具优势，如何进一步强化这些优势产业，以及与哪些合作伙伴携手解决产业链中的关键问题，从而实现整个区域产业管理的优化升级。目前，浙江省已经在积极探索利用 AI 技术来优化产业链，取得了显著成效。

第五个步骤就是把上面的服务效果和态势收集起来，再返回第一步，使得系统能够闭环迭代优化。这就是从大数据走向人工智能的五个步骤（见图 15-7）。

一般来讲，都是通过这样五个步骤形成一个数字化的高层次系

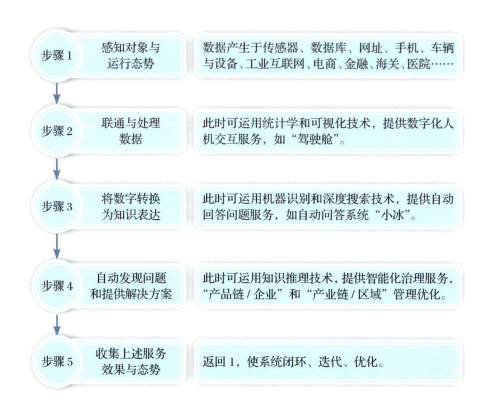

・上述大数据＋AI的一般工作模型可分为多种模式工作。

例如：

・数字化改革的基础是大数据平台，要求大数据及时感知，打通集成，覆盖系统，深入基层，因此数据完善很重要。数字化改革的结构是做好闭环、迭代、优化。因此，要对大数据和迭代机制做好顶层设计。将1、2、5做好了，打好基础，有利于进入更高水平的智能化。

图15-7　大数据＋人工智能的一般工作模型

统——数字化向智能化发展的一个系统。对这五个步骤的应用，请大家参考第十讲的结尾部分，此处不再赘述。

四、小结

我们发现，21 世纪的数字化变革是人类发展史上一场极具挑战性，却又意义非凡且精彩绝伦的变革。或许历史会证明，中国所探索的新型举国体制正是推动中国在这场伟大变革中迈向高峰的重要力量。

最早报告于 2021 年 8 月

第十六讲
AIGC 与文化智能

一、AIGC 的重大突破

2024 年初，OpenAI 推出了 Sora。如今，AI 已经不再局限于生成文字、图片，它还能制作视频。Sora 生成视频的流程非常清晰：首先，用户需要给出提示词（prompt）。提示词是自然语言的重要组成部分，它能够生成一段代码。接着，代码（DALL·E）会重述文本内容生成图像。最后，通过对图像进行编辑，并加入时间和空间的延展，用户就可以生成视频。

在编辑过程中，Sora 能使得画面场景中的天空、树木、街道与主题人物的空间关系始终符合物理世界的逻辑，保证镜头切换的连贯性。如图 16-1 所示的是 Sora 最早发布的一个 1 分钟视频，视频中一位女士漫步在夜晚的东京街头，当时引起了广泛关注。Sora 生成的视频背景切换自然流畅。当然，我们也非常高兴看到国内的文生视频技术取得了显著进步，国内已经有产品能够生成 3 分钟的优质视频。

OpenAI 在大模型和多模态的开发上屡次突破，给我们带来什么启

AI 作图

图 16-1　2024 年 2 月，Sora 生成的一段视频截图

示呢？

当前，我国 AI 发展呈现出"应用领先、基础追赶"的态势。在应用层面，我国已取得显著成就；而在大模型等基础研究领域，我们正全力追赶国际先进水平，寻求突破性进展。

通过对 OpenAI 的深入研究，我们可以得出三个重要启示：首先，大模型已成为推动 AI 发展的核心手段，是模拟思维生成与识别活动的有效工具。其次，大模型的创新关键在于知识表达方式的革新，探索跨媒体知识的优化表达与深度融合是重要创新路径，这对文化产业的发展尤为关键。最后，构建兼容的数据体系、跨媒体知识体系以及创新型大模型架构，将成为未来几年 AI 思维模拟领域的三大创新要素。

基于以上认知，我们应当着力在这三个方向开展深入研究。期待我国人工智能发展不仅能在应用领域保持繁荣态势，更能在基础研究方面实现全球领先地位，为世界 AI 发展做出更大贡献。

二、AIGC 将促进文化智能的发展（AI4C）

AIGC 是大模型的重要应用，而当今，大约有一半的 AIGC 都用在文化有关的领域。所以，这里我们引入了一个新的缩写：AI4C，即"AI for Culture"（AI 助力文化）。比如，ChatGPT 可以辅助文学创作，实际上很多用户已经在频繁使用这一功能。而且从最初水平发展至今，AI 的写作能力有了显著的提升。

大模型的应用不局限于文字内容生成领域，还延伸至艺术内容生成领域。在文学创作辅助方面，主要依赖于语言大数据知识的运用；而在艺术创作辅助中，则必须借助跨媒体知识。这里需要明确"媒体"的概念：在新闻传媒中，通常将媒体理解为报纸、电视、广播、网络等信息传播渠道；而在计算机和 AI 领域，"媒体"指的是信息的种类，包括语言、图像、视觉、听觉等多种形式。计算机的多媒体计算正是针对这些不同类型信息的处理。

然而，AI 领域长期存在一个技术瓶颈：不同媒体类型之间的自动转换问题。以往，计算机处理视觉信息仅限于视觉范畴，文字与视觉信息的有机结合一直未能得到有效解决。这正是 AI 2.0 时代需要突破的关键技术难题。值得欣慰的是，跨媒体技术的需求正在逐步得到实现。近年来，中国动画产业蓬勃发展，2023 年的现象级作品《长安三万里》就是最佳例证。然而，随着 AI 技术进入文化创意领域，这个行业的生态将进一步发生深刻变革。

《红星新闻》2023年的一篇报道揭示了一个典型案例：一位北漂自由插画师，原本月收入可达3万元，但到2023年4月，其接单量骤减至原来的1/5，月收入跌破1万元。这种变化缘于AI绘画技术的普及——现在大多数设计初稿都由AI完成，甲方通常只需聘请插画师对AI作品进行修改调整即可。

虽然当前AI绘画在准确度和可控性方面仍存在局限，需要人工进行后期优化，但人工艺术制作的整体市场需求已大幅缩减。这一趋势表现在众多设计公司开始裁减插画师和设计师岗位，整个行业正面临着AI技术带来的巨大冲击与挑战。

三、文化装备智能化

大家可以看到，随着AI进入美术、音乐等领域，相关产业正在形成新的形态。其中文化装备的智能化就十分典型。这意味着，不仅文化内容（如文学和艺术）会受到AI的影响，文化相关的装备也将变得更加智能。

在文化装备领域，自主智能是最具潜力实现智能化的应用方向。随着AI技术的不断发展，我们已将机器人的概念拓展为自主智能系统。这意味着，AI技术可以被集成到任何设备中，使其具备智能化功能。

以弹琴机器人为例，其发展过程清晰地体现了这一演变轨迹。最初，弹琴机器人以人形外观呈现，随后逐渐演变为专门的弹琴机械手，最终发展为能够自主演奏的钢琴。自主演奏的钢琴通过电磁铁控制的小锤子击打琴弦，从而实现精准的音符演奏，这一过程与人类用手指敲击琴键的原理相似，但并不需要另加机器人或机械手。

过去，当我们走进一家高档酒店时，常常会看到一位穿着得体的绅士或女士演奏家坐在那里弹奏钢琴，为宾客营造优雅的氛围。而如今这样的场景已消失。取而代之的，是一架自动的钢琴，通过预设程序自动演奏。不过，这样的钢琴仍然算不上真正的智能钢琴。真正的智能钢琴应该具备更高级的功能。比如，当真人弹奏时，系统能够实时分析并指出演奏中的错误，还能反馈分析与比较演奏风格与流派。系统甚至可以指导用户强化练习的内容，提升其演奏水平。基于此，我们曾向一些政府部门建议，在打造"钢琴小镇"时，应该考虑将 AI 技术融入乐器制造流程，推动乐器的智能化发展。

当然，AI 在艺术装备领域的应用远不止于作为艺术创作的工具，比如乐器。它还涵盖了备受瞩目的 AR 眼镜 / VR 眼镜，以及众多新型艺术装置。以图 16-2 为例，这是大连博涛文化科技股份有限公司的产品。该公司目前专注于自主智能艺术装置的研发与创新。

博涛文化是一家融合艺术与科技的创新型企业，由知名机械装置艺术家肖迪于 2005 年创立，其代表作"金色巨牛"曾亮相 2021 年央视春晚，广受好评。公司以"创意＋艺术＋科技"三位一体的理念为核心，致力于为大众旅游打造独特的体验式内容服务，并创新性地提出了"尖叫美学"这一概念。

公司开发的互动艺术装置突破了传统观赏模式，将特殊影院与剧场空间转化为沉浸式体验场所。观众不再是被动的观看者，而是可以亲身参与、与装置互动，成为演出不可或缺的组成部分。这种创新形

图 16-2 博涛文化打造的高科技文旅体验项目
（图片来源：2021 年中央电视台春节联欢晚会截图）

式开创了文化与科技融合的新范式，为文旅产业注入了全新活力。

四、文化传播的智能化

数字平台是群体智能的典型代表，有大量用户活跃其中。以电子商务平台为例，用户可分为两类：一类是卖家，从事商品的销售；另一类是买家，进行商品的购买。在平台内，商品的流通与货币的流通形成了一个完整的循环。图 16-3 展示了一个数字平台的群体智能模型。数字平台充分发挥了群体智能的自组织优势，已成为一种重要的新业态。

在智能经济时代，人类与机器作为智能体的深度融合，通过互联

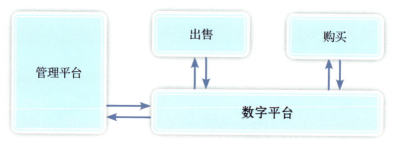

图 16-3　数字平台的群智模型

网实现协同创新，已成为企业发展的重要趋势。以阿里巴巴为例，其企业定位已从单纯的电子商务转型升级为数据科技公司。这种转型具有代表性：国际同类数字平台企业普遍定位为科技公司而非电商企业，它们正在推动全球数字经济和智能经济的发展方向。

国内数字平台巨头在研发投入方面展现出强大实力。2021 年数据显示，规模以上互联网企业的平均研发投入占比为 5%，而腾讯和阿里巴巴的研发投入分别达到 518.8 亿元和 572 亿元，占比均超过 10%。这种高强度的研发投入直接推动了技术进步，使这些企业在技术创新领域保持领先地位。值得注意的是，当前国内大模型技术的发展浪潮，多数是由这些数字平台龙头企业主导和推动的。

第二轮数字平台的浪潮即将兴起。我们预计，新一轮的数字平台将主要由以下几类公司构成：那些运用大模型技术的公司，包括从事文本生成图像、文本生成音频、文本生成视频的企业，以及 AI 导航公司和各类跨媒体企业。这些企业在近几年中呈现出最快的增长态势。

在未来 10 年，当我们提及数字平台时，不再仅仅是指阿里巴巴、京东这样的传统电商平台，而是指大量以 AI 生成为核心业务的企业（见图 16-4）。

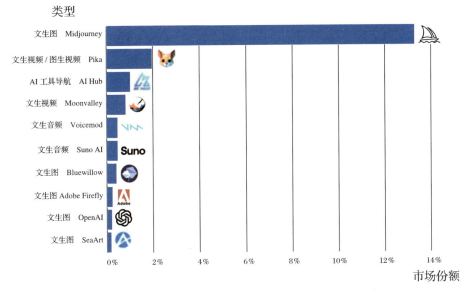

图 16-4　Discord 于 2023 年 12 月发布的主要 AI 平台

让我们来看一个创新性的 AI 绘画应用实例。图 16-5 展示的是美国人工智能企业 Stability AI 推出的 Stable Doodle 工具，该工具隶属于其知名项目 Stable Diffusion 系列。它的革命性在于彻底改变了传统 AI 绘画依赖纯文本指令（prompt）的创作模式，实现了将简单涂鸦瞬间转化为精美画作的技术突破。

Stable Doodle 的强大性能源于两项核心技术的支撑：首先是 Stability AI 自主研发的先进 SDXL 图像生成技术，其次是创新的 T2I 适配器控制模块，显著提升了 AI 绘画的精确控制能力，使图像生成过程更加精准可控。这种技术组合不仅提升了创作效率，更为 AI 艺术创作开辟了新的可能性。

通过关键姿态（keypose）引导，T2I 适配器能够生成具有相同姿势的动物图像，例如熊猫和老虎。

第十六讲　AIGC 与文化智能　　　　301

图 16-5　Stable Doodle 可以即插即用，无须额外训练

在文化产业领域，AIGC 正深刻地改变着文艺创作和设计的效率以及产业形态。借助 AIGC 技术，无论是绘画、电影拍摄、文章撰写，还是小说创作，其创作效率都得到了显著提升。

智能创作工具和平台（即平台经济 2.0）将推动全民参与文艺创作的时代到来。当下，全民摄影已蔚然成风，一遇美景，人们只需拿起手机拍下存入，并能轻松发布于社交平台，例如微信朋友圈。这一现象预示着，全民绘画乃至更广泛的艺术创作活动也有可能成为一种常态。艺术群体的边界被极大地拓宽，创作技术门槛显著降低。在这样的背景下，个体的创意与想象力越发珍贵，其重要性也日益凸显。

掌握 AI 平台工具进行文艺创作与设计的人才正变得越发重要。因此，我们应着力培养既有杰出的创意想象力，又能够熟练运用 AI 平台工具从事文艺创作与设计的新型人才。如果沿用传统的艺术教育模式，聚焦于传统的艺术创作与设计技能，那么培养出的人才将在就业市场中面临日益严峻的挑战。鉴于此，教育体系需要适时调整，更加注重跨学科融合，强化 AI 技术在艺术创作与设计领域的应用教育。

当前，中国文化产业正迎来前所未有的发展机遇，未来一段时期，文化传承、产业升级与 AI 技术三大浪潮相互叠加，推动此领域蓬勃发展。2024 年上半年数据显示，文化产业营收达 64961 亿元，同比增长 7.5%，相当于全国 GDP 总量的 1/10，展现出强劲的发展势头。

这一趋势在 2024 年的游戏产业中得到充分体现。国产 3A 大作《黑神话：悟空》一经推出便创下惊人纪录：发售首日即登顶各大平台销售榜首，同时在线玩家突破 140 万人大关，目前累计销售额已超 50 亿元。这款游戏的成功不仅在国外玩家中掀起中国文化热潮，带来《西游记》英文版等文化产品热销，也显著提升了国内相关历史文化遗迹的知名度。山西晋城玉皇庙、天津蓟州独乐寺、四川绵阳天王殿、重庆大足石刻等文化地标因此游客量激增，充分展现了文化科技产业对文旅经济的强大带动效应。

我们坚信，中国的 AI 技术与文化产业的结合正走上金光大道，它们充满活力，蓬勃生长，一定能为文化与经济的共同繁荣增添绚丽色彩。我们拭目以待。

报告于 2024 年 7 月

第十七讲
AI 驱动知识和学习的变革

一、AI 走向智能生成（AIGC）

2022 年至今，AI 的发展方向正在悄然转变。起初，人们并未特别关注这一变化，而是通过其他方式理解它，例如元宇宙。许多人认为元宇宙主要与数字孪生和 AR 相关，但现在看来，它的核心其实是生成技术。生成技术需要依赖知识，因此知识的重要性日益凸显。由于知识储备不足，尽管 ChatGPT 在全球范围内引起了巨大轰动，但也时常冒出一些"幻觉"，也就是错误。

然而，像文心一言和 ChatGPT 这样的生成式 AI 工具，确实能够帮助我们完成一些设计工作。举个例子，文心一言作为语言生成模型，可以用于文案创作，为设计工作提供前期准备。这类工具正在逐步展示其在日常工作中的实用价值。

设计师：AI 在农业上有哪些成功的例子？

文心一言：我可以提出一些智能浇水系统、农业机器人、智能气象站等。

设计师：帮我设计一个农场用的智能浇水系统。

文心一言：好的，以下是一个农场用的智能浇水系统的设计方案。

系统组成——该系统由土壤湿度传感器、控制器、数据传输模块、数据分析模块和执行机构组成。

工作原理——土壤湿度传感器实时监测农田土壤湿度，将数据传输至控制器。控制器根据预设的湿度阈值和数据分析结果，控制执行机构进行浇水操作。

关键技术——

a. 土壤湿度传感器需选择高精度、高稳定性的传感器，确保准确监测土壤湿度。

b. 数据传输模块需采用可靠的无线传输技术，实现数据的实时传输。

c. 数据分析模块需运用数据挖掘和机器学习技术，对收集到的数据进行分析和预测，为浇水决策提供支持。

d. 执行机构需根据控制器的指令，控制阀门、水泵等设备进行浇水操作。

通过以上设计，您可以实现一个农场用的智能浇水系统。提高农作物的产量和质量，同时降低人力成本和水资源消耗。在实际应用中，还需要根据您的农场环境和作物需求进行优化和调整。

设计师：实现上述技术的厂家信息有么？

文心一言：土壤湿度传感器厂家可以选择山东风途物联网科技有限公司等国内知名厂商。

　　控制器厂家可以选择和利时等国内知名的智能控制器厂商。

　　数据传输模块厂家可以选择阿里云、华为云等国内外知名的云服务提供商，它们提供稳定、高效的数据传输服务。

　　数据分析模块厂家可以选择 Tableau、Smartbi 等国内外知名的数据分析工具提供商，它们提供数据挖掘、机器学习等技术支持。

　　以上仅是一些建议的厂家信息，具体还需要根据您的需求和预算进行综合考虑，选择适合您的产品和服务。

　　文心一言提供的这些信息是基本准确的。此前，我们也向大型模型咨询过类似问题，例如"如果想购买，选择哪种型号比较合适""推荐型号的价格如何"等。读者们完全可以向它咨询这些问题。

　　随着 ChatGPT 等语言大模型的发展，它们的应用场景变得更加广泛。首先，这些模型不仅能理解用户当前提出的问题，还能记住并关联之前的问题，从而实现更深入的对话。这与传统的搜索工具不同，传统工具只能根据用户输入的关键词进行简单搜索，而语言大模型可以连续追踪对话的上下文，提供更连贯的交互体验。

　　其次，语言大模型支持多点搜索，能够从一句话中提取多个关键词进行综合搜索，并生成经过分析和整合的结果。用户获得的信息不再是简单的搜索结果，而是经过深度加工和综合的知识。ChatGPT 的核心在于语言技术，所有语言大模型的基础都是语言知识。然而，如果中国希望在 AI 领域实现创新，就需要将目光投向非语言知识模型。2024 年，Sora 的领先地位再次证明了这一点——它正是瞄准了视觉生成的创新方向。

在 Sora 出现之前，中国的一些大模型已经能够提供语言支持。然而，2024 年，OpenAI 在非语言知识领域取得了重大突破，推出了 Sora 这样一个"文生视频"的模型。Sora 实际上整合了三大功能：文生视频、视频编辑和文生图，三者协同工作，为用户提供全面的服务。其中，视频编辑功能尤为关键。

视频编辑功能包含三个核心能力。

扩展视频的时间和空间：输入一段一分钟的视频，Sora 可以将其扩展到两三分钟，丰富内容长度。

场景延伸与替换：给定一个场景，Sora 可以延伸或替换场景中的组件和背景。例如，用户希望将角色奔跑的场景从草地切换到森林，对此 Sora 可以轻松实现。

无缝场景连接：不同场景之间可以实现自然流畅的过渡，确保视频的连贯性。

这些功能的结合，使得 Sora 能够生成高质量的视频内容，展现了其在非语言知识领域的强大能力。

随着 AIGC 技术的成熟，我们将会看到众多新领域的巨大变革。例如，湖南省已经明确提出，要在科技与文化的结合创新中，努力跻身全球的一流行列；并计划在湖南设立一个专门的研究所，制定相关方案，研究如何实现科技与文化的有机结合，这无疑是一个具有战略意义的研究课题。

二、AI 推动大学的教育改革

2024 年 3 月 19 日，浙江大学副校长吴健召集了一场关于 AI 在教育教学中应用的研讨会。会议之前，吴校长曾与我商讨相关事宜。我认为，这一方向极具前瞻性，目前的关键是寻求能推动各学院利用 AI 技术，促进教育教学与科学研究的深度融合的人才，才能实现 AI 与教育的有机结合。

然而，在研讨会上，各学院的汇报情况出乎我的意料。此前，我曾担心各学院开设 AI 课程会面临师资不足的问题，尤其是计算机学院难以承担全校众多学院学生的授课任务。但事实上，许多学院已经自主开设了 AI 课程，并且有若干个学院在会上作了相关报告。这些课程大多已开设 1～3 年，部分报告中展示了 AI 如何推动学习变革的精彩案例。这些变革趋势包括教育如何以问题为导向、以学生特点为导向、以深度知识为导向，以及如何实现学生知识水平评测、个性化学习，促进知识的深度发展，这些方向在各学院的报告中均有所体现。

接下来，我将介绍其中的三个报告。

第一个案例来自能源工程学院的林小杰教授。他设计了一个名为"能源工程学院 IEA"的系统。IEA（integrated energy adviser，智能教育助手）的核心实际上是一个知识库，该知识库包含三部分内容：第一部分是能源的基本理论；第二部分是能源算法，即智慧能源系统所需的各类算法；第三部分是智慧能源工程，涵盖住宅、厂房等不同应用场景（见图 17-1、图 17-2）。

该知识库针对三类具有不同需求的学生群体进行了设计。

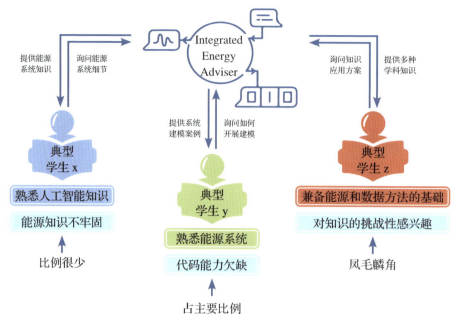

图 17-1 GAI 支持学生掌握前沿知识（以能源系统建模为例）

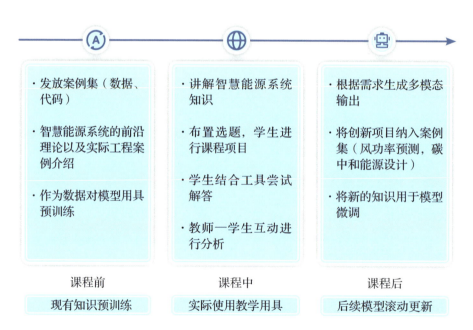

图 17-2 生成式人工智能教学工具 IEA

第一类学生是计算机知识较为丰富，但能源知识相对不足的学生。这类学生大多来自信息类专业，选修能源课程并参与应用项目开发，因此他们有明确的能源知识与实践需求。

第二类学生是能源专业的学生，他们对能源领域十分熟悉，但编程能力较弱。他们的需求主要集中在如何通过计算机编程解决实际问题。

第三类学生则在计算机和能源领域都具备较强的基础，他们的需求在于如何将这两类知识综合运用，以完成各类复杂的工程项目。

这三类人需要掌握不同的知识，借助 IEA 后，教学可以在课程前、课程中和课程后灵活展开。这门课程刚刚开设一年，吸引了 13 名学生选修，他们大多是毕业班的学生。这 13 名学生取得了令人瞩目的成绩：发表了 4 篇 EI 论文和 1 篇核心期刊论文，申请了 3 项发明专利，并在 3 次国际学术会议上做了汇报。此外，6 名学生选择继续攻读智慧能源方向的研究生，3 名学生加入了国家部委的智慧能源专项计划。

第一个案例来自工程专业领域，而第二个案例则来自文科专业领域。外语学院的闵尚超教授介绍了一个功能较为复杂的学习平台——慧学平台，该平台由六个模块构成。

第一个模块是英语能力诊断测评系统。学生使用该系统时，需完成一系列测试任务，例如阅读一篇英语文章并回答相关问题。系统会据此判断学生的大致水平，分析其优势与不足。该系统已获得业界广泛认可，并正在成为国家标准。第二个模块是优质丰富的课程教材资源，涵盖多种类型的英语课程，包括口语和阅写指导等。第三个模块可供学生自主学习使用。第四个模块专注于写作训练。第五个模块能够实现口语人机对话功能。第六个模块则在学生进行学习时，实时向学生提供自我评估功能，帮助学生了解自身的优势、不足以及提升成绩的方法（见图17-3）。

图 17-3　浙江大学外语学院的慧学平台

慧学平台的核心是基于大模型技术。大模型并非用于管理教材，而是通过对学生类型进行观察和分析，反馈学生的学习水平特点。当然，学生在完成英语水平评测并获得反馈后，教育资源库会主动推送与学生水平相匹配并能查漏补缺的课程内容。学生在学习这些课程后，平台会再次进行评估和评判，以动态监测学生的学习水平。通过这一过程，一个完整的教育与自主学习系统得以形成。

慧学平台自投入使用以来，经过多年运营，已取得显著成效。课程教材荣获全国优秀教材一等奖，开发团队还深度参与了多项国家标准的制定工作，其评测标准也已上升为国家标准。此外，慧学平台所搭载的大模型表现优异，其性能并不逊色于知名模型，成功构建了一个面向专业教育领域的模型生态。

得益于这一平台，浙江大学的英语教育水平和学生英语能力皆获提升，这无疑是 AI 技术在教育领域的成功典范（见图 17-4、图 17-5）。

　　第三个案例是浙江大学药学院朱峰教授开发的 IGS 教学模式。IGS 模式是交互引导的学习模式，它是如何将 AI 与药物学教育相结合的呢？

　　首先，要运行 IGS 模式的第一步是汇聚优质数据。药学院的数据收集中，涵盖了标志物数据库、药物靶标数据库、药物转运体数据库、药物代谢酶数据库等多个领域，构建了一个以药物和靶标为中心的系统性数据体系。该体系包含超过 3000 万个蛋白质分子节点，以及多达16 亿条关系数据。这一举措堪称明智之举，是实现 AI 突破关键的第一

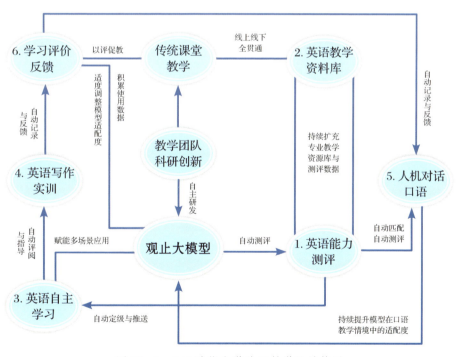

图 17-4　GAI 赋能大学外语教学设计构思

浙江大学语言能力发展
与评估研究中心

- 牵头和参与编制多项外语能力国家标准
- 开展系统化、科学化的语言能力发展与测评研究
- 构建符合智能时代认知与学习特征的外语能力发展与测评体系

- 深度整合国内顶尖大模型，构建教育领域专用底座
- 认知增强语料生成：优化外语教学语料适配性
- 体系架构优化：提升模型训练与推理效率
- 端到端口语对话大模型：保障实时对话流畅性
- 强认知多模态大模型：支持多维交互教学场景应用

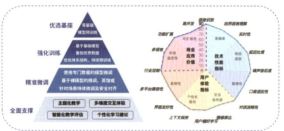

图 17-5　浙江大学语言能力发展与评估研究中心相关成果

步（见图 17-6）。

当然，我认为全国医学院校应携手合作，进一步丰富和完善这一重要的数据库，以提升其在药物学教育和研究中的价值。

第二步是构建多维度知识之间的关联。从 AI 的视角来看，这一步同样完成得十分出色。具体而言，该模式以权威的教科书为核心，教科书所阐述的清晰概念为知识扩展提供了基础，围绕这些核心概念，模式从不同维度将各类数据进行整合。以药物学为例，该模式从三个关键维度实现了知识的贯通：药物、靶标和疾病（见图 17-7）。我不是药物学领域的研究者，尚不确定这三个维度是否完备，或许还存在其他维度可供拓展，但仅从这三者来看，这种多维度的关联已经能够为学生学习和研究提供极大的帮助。在过去，药学课程通常是分散讲授的，学生难以把握各课程之间的内在联系。如今，通过这种多维度的知识关联，学生能够清晰地理解不同课程和知识点之间的相互关系，

图 17-6　浙江大学药学院的药学大数据

图 17-7　构建多维度知识之间的关联

这既有利于构建起更为完整和系统的知识体系，也有利于探索无人区。

朱教授团队还构建了一个可视化平台，使知识点之间的关系更加清晰、明确且系统化。这一平台特别适合用于智能药学专业的教学，尤其是其提供的丰富多样的可视化呈现方式，对学生理解专业问题起到了显著的辅助作用。该项目于 2019 年前启动。当时，大模型技术尚未成熟，他们所开展的是知识图谱的构建。然而，从事 AI 研究的人都清楚，知识图谱与大模型在本质上是相通的，只是知识的表达形式不同而已（见图 17-8）。

药学院相应地开展了课程教学方法改革，改革的具体方式如下：课程采用"提问、探索、研讨"的教学模式，即 IGS（interactive guided study）模式。在课堂上，教师以启发式提问为主，引导学生自主思考。学生则借助知识库自行搜索答案，这一过程被称为"生成式探索"。如今，随着大模型技术的应用，这一探索过程变得更加便捷高效。

该教学模式的特点之一在于，每一名学生所获得的答案可能都不尽相同。不同的提问方式和搜索路径会导致不同的答案。学生在获取多种答案后，将进入集中讨论（seminar）环节，分析每个答案的优点与不足。这种教学方式极为灵活，也回归了工程教育的本质。工程技术领域本就如此，解决一个问题往往有多种途径，每条路径都有其可行性，但不同路径的性价比各有差异：有的路径高效且经济，有的则

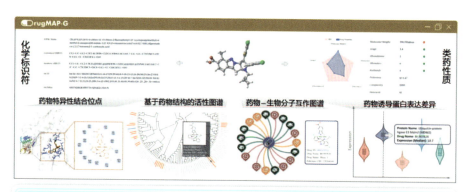

该平台提供的系统性信息，十分适合用于对智能药学学生的教学，特别是它提供的丰富多样的可视化呈现方式，对于学生理解专业问题有很好的帮助

图 17-8　知识点的关系可视化和系统化

稍显逊色。通过讨论，学生们能够清晰地了解各种路径的可行性及其优缺点，从而更好地选择适合条件的解决方案（见图 17-9）。

4 年来，"智能药学"课程取得了丰硕的成果。参与该课程培养的"智能药学"专业本科生共荣获 9 项国际或国内奖项。课程教师团队也成绩斐然，出版了多部教材和专著，并获批 1 项教育部科研项目。这一课程的成功实践，为本科教育开辟了一个极具潜力和发展前景的新方向。

从这一案例中，我们能够洞察到什么关键要素呢？首先，数据聚集与知识的系统整理至关重要。借助知识平台，学生能够自主地探索问题，从而实现一种全新的学习模式。在这种模式下，教师的讲解与学生的自主学习相互结合、相互碰撞，最终形成了一种灵活且富有成效的学习方式。

众所周知，科学问题往往只有一个正确答案，而工程问题则通常

图 17-9　药学院的教学新模式 IGS

存在多种解决方案。解决一个问题可以采用多种方法，每种方法都适用于不同的场景。例如，修建一座桥梁，可以选择拱桥、悬臂桥、铁路桥或公路桥等多种形式。根据具体需求和条件，工程方案可以有多种选择。因此，教育系统的作用是提高学生的寻求、分析、比较能力，是为学生提供更多的选择、更多的信息和更多的启发，帮助他们自主思考和探索。

这种教育模式无疑是进步的。在未来，如果仍然沿用传统的单一教材教学模式，教师可能会面临诸多挑战。这是因为学生的学习过程将受到大模型的引导，他们能够在多系统中获取不同概念的知识，并提出多样化的问题。与其被动应对这些问题，不如主动引导学生开展讨论，帮助他们寻找解决问题的方法。这样的教学方式将使学生对知识的理解更加深入透彻。

浙江大学的 AI 教育还有诸多案例——我仅列举了三个，分别来自文科、工科和医药领域——AI 技术给学习方式带来变革是极为深刻的。即便目前仅经过不足 5 年的探索与应用，其成果已然令人瞩目。如果将时间维度再延长至 10 年甚至 20 年，其发展的潜力与成就可能将超出我们的想象。

三、知识与学习的变革

从上述三个案例中，我们可以清晰地看到大学专业教学的核心在于知识的传授。然而，传授知识仅是教育过程的一个环节，知识的表达方式作为前提同样至关重要。过去，我们学习的知识主要依赖于两种表达形式：一种是论文，另一种是教材。在本科教育中，教材通常是主要的知识载体；而在研究生教育中，由于课程设置的灵活性和研究导向不同，往往没有固定教材，主要依赖于学术论文的研读。

我在卡内基梅隆大学（CMU）学习时，遇到一位来自一所中国著名大学的教师，他当时也在那里攻读博士学位。仅仅两个月后，他便满面愁容地来说，自己的学业难以为继。我们询问他究竟遇到了什么困难。他解释说，导师对他非常友好，每周只需学一门课，本以为会很轻松，但每次上课，教师都会布置阅读 10 篇论文的任务。而这些论文各有十余篇参考文献，所以阅读难度非常大，一个星期的论文阅读量达到 100 多篇，令他不堪重负，甚至夜不能寐。最终，他选择转学，因为 CMU 的博士课程学习强度让他难以承受。

所以，传统教学方法中要表达和传授知识，教师需要通过授课来实现；要学懂知识，学生则需要通过听课来掌握，并要进一步阅读论文完善知识。然而，今天，从我们前面提到的例子中可以看出，这些环节正在发生变化，无论是教学、学习还是知识的生产方式，都在不断演进。我认为，我们需要特别关注这些变化的特点。

第一个显著的特点是知识的变革。如今，人类已经能够大规模地聚集数据和知识。过去，图书馆是人类聚集知识的主要场所，而现在，随着各种新方法的出现，知识的管理和利用方式发生了根本性转变。第一步是数字化，虽然数字化技术已经广泛应用，但这还远远不够。因此，我们在几年前就认识到，必须迈向第二步——智能化。智能化的核心在于利用 AI 技术，将教材、专著和论文里的数据和知识进行分解、重构，从而构建一个庞大的知识网络。这才是未来知识管理与应用的关键所在。

如果仅仅将图书进行数字化处理，那么我们仍未实现智能图书馆的目标。智能图书馆的核心在于对知识进行分解与重构，正如药学院所做的一样，最终形成全新的知识网络。这一过程是至关重要的。要让知识"活"起来并重新生成，就必须完成这样的转变。这也就是我之前提到的数据汇集问题：我们不仅要汇集各类书籍、论文、标准、词典，还要将各类数据分别纳入体系，包括传感器数据、产品数据，以及应用数据等。其中，词典尤为重要，它实际上是概念的集合，是概念之间关系的语义表达。这些数据汇集后，我们曾将其称为"数据海"，美国学者将其称为"大数据"。汇集并融合后的数据，通过分析处理，最终形成知识。这才是智能图书馆的真正意义所在（图 17-10）。

第二步是开发知识网络中的各种大模型。过去，这些大模型被称为知识图谱，它们能够根据人类的需求生成新的知识结构。这些知识结构会随着需求的变化而不断演进，因此知识在这个过程中可以实现

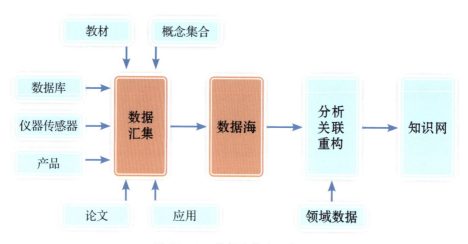

图 17-10　数据海扩充了知识

增值、重构、生成、应用、学习和迭代。大模型在这一过程中扮演着至关重要的工具角色。

　　未来的图书馆将包含大量传统数据、数字化数据，以及由这些数字化数据重构的知识库。这些数据与知识将用于训练大模型，而大模型则能够为我们提供综合的知识支持，并回答各种问题。例如，在教学领域，我们可以利用大模型提升学生的知识探索水平，并通过针对性培训帮助他们。在科学研究中，我们可以向大模型提出新的需求，从而获得新的、尤其是交叉的知识。以智能浇水系统为例，过去很少有书籍专门讨论这一领域，但类似的交叉创新系统目前则有很多需求。

　　在工程应用中，我们可以将新场景和需求输入大模型，它会辅助我们设计和制造新产品。在学科管理或产业管理中，我们可以将战略分析问题提交给大模型，它将提供预测数据和决策参考。总之，大模型不仅能够帮助我们获取知识，还能在多个领域辅助我们快速形成创新和优化的解决方案（图 17-11）。

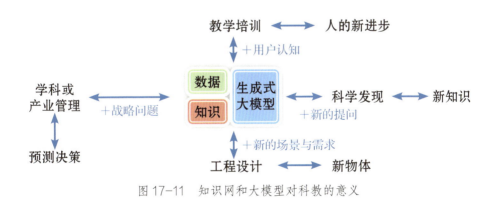

图 17-11　知识网和大模型对科教的意义

报告于 2024 年 4 月

第十八讲
大学学科大模型需要创新

当前，大家都在密切关注中国 AI 基础研究的一举一动。业界普遍认为，中国在 AI 基础研究领域仍落后于美国，处于追赶状态。那么，我们应如何实现赶超？与此同时，高等教育中的 AI 学科又该如何发展？

2024 年 11 月，在上海浦江实验室召开的战略咨询专家委员会会议上，一位校长指出，全球范围内，中国在 AI 基础研究领域呈现出"企业不愿做，高校做不了"的独特局面，这种现象在世界其他国家中较为罕见。在美国，AI 基础研究目前主要由企业主导，高校同样难以独立承担。然而在中国，不仅高校面临诸多困难，企业也缺乏积极性。原因在于，中国企业的资本实力相对有限，其首要任务是保持增长和盈利。

从整体来看，这两个问题或许可以通过学科大模型的构建来解决。学科大模型可能兼任中国在"AI＋"应用发展以及 AI 基础模型研究中实现突破的关键。因此，我将在本讲中重点探讨学科大模型的创新。

一、学科大模型的三重使命

大学在学科大模型的建设中扮演着至关重要的角色。当前，中国正大力推进"AI+"计划，全国各地纷纷响应并采取了行动。这些行动不仅推动了 AI 技术在各领域，包括教育、科技领域的应用，还加速了教育、科技与产业的深度融合与变革。正是在这些政策与实践的有力推动下，我们清晰地看到"AI+教育"的发展呈现出快速推进的态势。

在上一讲的内容中，我已经提及了浙江大学药学院的 IGS 教学模式。实际上，这一创新工作不仅局限于药学院，浙江大学的其他专业也在积极推进相关探索。其中，计算机学院的吴飞教授正在研发的"智海大模型"尤为引人注目。该项目是浙江大学联合华东六校（华东五校加上同济大学）共同开展的，旨在推广"AI+X"课程体系。在这一合作框架下，各校相互承认课程内容，形成了紧密的协同育人机制。

该教学改革项目因其创新性和实用性，获得了教育部的典型案例推荐。目前，许多相关课程已经正式开放，为更多高校的师生提供了学习与研究的机会，进一步推动了 AI 教育的普及与发展（见图18-1）。

接下来，我们再来探讨"AI+科学"的发展步伐。2024 年的诺贝尔奖引发了巨大反响。物理学奖授予了两位从事 AI 研究的学者——约翰·霍普菲尔德（John J. Hopfield）和杰弗里·辛顿（Geoffrey E. Hinton）。这一结果在学术界引起了巨大震动。然而，令人意想不到的是，第二天揭晓的诺贝尔化学奖的三位获奖者中，又有两位是从事 AI

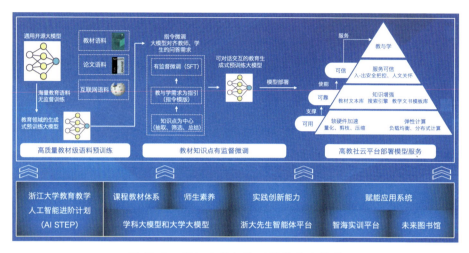

图 18-1 浙江大学智海三乐学科大模型

研究的学者。这两位获奖者并非传统意义上的化学家，却获得了诺贝尔化学奖，这一现象进一步加剧了评论和争议。

许多人对诺贝尔奖的评选方向提出了疑问，批评其偷梁换柱、移花接木。《中国科学报》为此专门召集了国内物理学界的重要学者，在头版头条展开讨论，主题为"谁动了物理学家的蛋糕"。学者们质疑：AI 领域的学者究竟凭借什么占据了诺贝尔奖的席位？（见图 18-2）

讨论的结果形成了两种主要观点。第一种观点与我们的预期一致，大家普遍认为这是出乎意料的。然而，第二种观点则更具深意。物理学家们认为，诺贝尔奖的评选结果打破了人们对传统物理学的狭隘认知。过去，我们习惯于认为科学规律必须通过清晰、确定的数学解析式来表达，仿佛只有找到一个数学公式才算完成了研究。然而，如今我们需要逐渐接受一种相对模糊、发散的预测方式，并通过实验不断修正和完善。这种学术观念的更新具有重要意义，甚至可能为物理学

今年的诺贝尔物理学奖颁给了"人工智能教父"

瑞典皇家科学院当地时间10月8日宣布,将2024年诺贝尔物理学奖授予约翰·J·霍普菲尔德和杰弗里·E·辛顿,表彰他们在使用人工神经网络进行机器学习的基础性发现和发明。两位获奖者从20世纪80年代起就开展了与物理学相关的人工神经网络的重要工作。他们将平分1100万瑞典克朗(约合745万元人民币)奖金。

诺贝尔物理学委员会主席埃伦·穆恩斯表示,两名获奖者利用统计物理的基本概念设计了人工神经网络,构建了机器学习的基础。相关技术已被用于推动多个领域的研究,包括粒子物理、材料科学和天体物理学,也已用于日常生活中的人脸识别和语言翻译等。她同时警告称,机器学习的快速发展也引发了人们对未来的担忧,人类有责任以安全且道德的方式使用这项新技术。

2024年诺贝尔化学奖授予三位科学家 他们破解了蛋白质奇妙结构的密码

瑞典皇家科学院10月9日宣布,将2024年诺贝尔化学奖授予华盛顿大学的大卫·贝克教授、谷歌DeepMind的德米斯·哈萨比斯和约翰·贾博三位科学家,以表彰他们在蛋白质设计和蛋白质结构预测领域做出的贡献。

三位获奖者将分享1100万瑞典克朗(约合745万元人民币)奖金。其中,一半奖金授予大卫·贝克,另一半授予德米斯·哈萨比斯和约翰·贾博。

图 18-2　2024 年诺贝尔物理学奖和化学奖引起的评论与争议
（图片来源:《都市快报》2024 年 10 月 9 日 A10 版、10 月 10 日 07 版）

带来"第二春"。

这种转变的核心在于神经网络大模型的应用。神经网络模型得出的结论可能是正确的,但其内在关系却无法用传统的数学公式来描述。这标志着一种新的科学研究方法的诞生——大数据驱动的方法。这种方法正在改变我们对科学研究的理解,并为未来的探索开辟了新的道路。

实际上,计算机科学家早在 2006 年就已提出,科学研究将出现第四种范式。到 2024 年,物理学家、化学家开始真切地感受到这一范式变革的冲击。我们清晰地看到,这一趋势不仅在物理学、化学领域显现,还在生物学、气象学、材料学、医学等诸多学科中蓬勃兴起。因此,一个专门的新术语——"AI for Science"应运而生,这并不令人意外。此前,我们已经见证了"AI for Engineering"（人工智能应用于工程领域）和"AI for Culture"（人工智能应用于文化领域）的实践与发展。然而，科学领域由于其自身的理论体系和研究传统较为稳固，变革的难度相对较大。因此，当 AI 进入科学领域时，科学家们普遍意识到，这是一场意义深远的、涉及知识的发现和使用的重大变革。

2024 年 12 月 9 日的香山科学会议聚焦 AI＋化学。白春礼院士指出，AI 在化学领域的应用已取得显著突破。例如，AI 能够帮助预测化学反应、发现新化学物质，并使化学实验更加智能化。其中，AlphaFold 3 尤为突出，它通过分析海量数据，能够精准预测蛋白质、DNA、RNA 等生命分子的结构及其相互作用。

张东辉院士则分享了 AI 在化学动力学理论中的巨大潜力，尤其是在解决分子体系势能面构造中的"指数墙"难题方面取得了重要进展。中科大的罗毅教授介绍了一个名为"小来"的 AI 机器人系统，其效率惊人——仅用两个月就完成了原本需要 2000 年才能完成的复杂优化任务，甚至利用火星陨石成功制备出实用的产氧电催化剂。

谭铁牛院士强调，化学研究涉及的数据类型极为复杂，未来需要在现有大模型的基础上，开发一种结合知识与数据的多任务、多目标模型，以更高效地处理多样化的数据需求。这一方向将为化学研究带来更多可能性。

上述 AI＋虽然分别指向了两个极为重要的领域，一个关乎教学，另一个关乎科学研究，而它们的核心基础都指向学科的数据、知识、模型，揭示了学科需要面对的新一轮智能信息基础建设问题。

学科的第一轮基础建设主要集中在人才和设备上。改革开放后，中国便开启了这一轮学科建设，取得了显著成就。然而，随着时代的发展，我们如今正面临第二轮新的基础建设任务，即学科数据的汇聚与知识点的梳理与存储。在此过程中，还需要打破传统教科书对知识点的分割，将知识点进行系统整合。随后，利用这些数据和知识点去训练大模型，从而构建学科大模型。

这两个概念在未来 10 年中可能会变得越来越清晰而紧迫，并逐渐成为学科新建设的核心焦点。最终，它们将演变为全国各高校学科领域的一次全新"大基建"行动。通过这一轮新基建，大学有望迈向一个新的发展水平。

教育部高等教育司敏锐地洞察到学科建设的新趋势，近期已在全国布局了 13 个学科大模型。其中，浙江大学承担了 AI 与基础医学大模型的建设任务，其他高校也分别部署了不同的学科大模型。与此同时，教育部科学技术与信息化司也召开过相关会议，浙江大学的杨易教授参加了此次会议。他传达了会议的宗旨：学科大模型对科技发展具有极为重要的战略意义，会议鼓励各高校积极筹集资金，深入开展学科大模型的研究工作。由此可见，学科大模型在教育和科技领域的重要性已得到广泛认可。事实上，学科建设本身便聚焦于教育与科技的深度融合。

然而，这并非终点。除了"AI ＋教育"和"AI ＋科学"，当前我们正面临第三个重要的发展方向，即"AI ＋产业"。近期的报道显示，谷歌公司利用 AI 进行天气预报，取得了具有里程碑意义的进展，这一成果预示着整个天气预报行业将迎来重大变革。传统天气预报依赖超级计算机运算大气物理学公式，即求解偏微分方程，这需要巨大的计算能力，用超级计算机的运算过程通常耗时数小时。然而，谷歌的研究团队在 2024 年 12 月于 *Nature* 杂志发表的论文中说，他们研发了一个名为 GenCast 的天气预报大模型。该模型利用欧洲中期天气预报中心（ECMWF）提供的 40 年气象数据进行训练，通过对这些海量历史数据的学习，GenCast 能够快速预测未来 15 天的天气情况。

准确预测未来 15 天的天气是一项极具挑战性的任务。通常情况下，即使是预测未来一周的天气，到了第七天，其准确性也可能大打折扣。然而，GenCast 这一天气预报系统在预测未来 15 天的天气时，能够涵盖 1320 个变量，例如温度、风速和湿度等。结果显示，在 97.2% 的变量预测上，GenCast 的准确性已经超过了 ECMWF 的传统方法，而且仅需 8 分钟即可完成预测。

GenCast 在预测速度和准确性上的优势几乎是压倒性的。它不仅比传统超级计算机的计算结果更精准、更高效，还为天气预报领域带来了革命性的变革。因此，专家们普遍认为，未来天气预报的方法将是 AI 模型与大气物理学计算方法的有机结合，以相互补充。AI 的方法无疑将成为未来天气预报的主导方式。

然而，并非一切都是乐观的消息。最近，华为的一位高管计划访问浙江大学。该高管的职务为"华为算力平台先遣队队长"，这个职务令我十分陌生。后来，华为浙江地区的负责人向我介绍，这位领导是华为的核心骨干成员，同时也是一位实干型人才。他目前主要负责探索 AI 在各个行业的应用。例如，在煤矿领域，他亲自深入煤矿现场数十次，花费数年时间研发煤矿行业的大模型。此后，他还参与了铁路、汽车、电力等多个行业大模型的研发工作。

然而，会谈中他表示，2024 年决定收缩研究范围，因为这一任务过于复杂。最初，团队成员以为只需构建一个基础大模型，再在此基础上开发垂直领域的专用模型即可，即先打造通用模型，再细化专业知识。但最终发现，深入理解各领域的专业知识极为困难。AI 程序员要掌握其他领域的知识并非易事，而且每个专业所需的大模型各不相同，单一的基础大模型无法满足所有需求。

例如，当他们前往电力企业时，企业提供大量电路图作为"大数据"；而在建筑企业，企业则提供大量建筑图纸作为"大数据"。然而，将这些图纸输入计算机后，他们发现，目前的大模型都无法有效处理这类图形数据，因为扫描输入的只是图像，而图形问题并未得到解决。因此，华为希望与浙江大学展开合作，共同攻克这一难题。

当然，行业大模型的建设是必然且必要的。然而，这一进程所面临的问题究竟在哪里呢？问题的核心在于，行业知识的源头实际上是大学的专业，即学科。行业知识本质上是学科知识的应用、交叉与拓展，而行业知识的实践应用又会反哺学科建设。我们不妨观察各行业的技术人员，他们所运用的知识体系大多源自大学教育，随后结合学科前沿发展和行业生产实践进行应用与创新，知识正是在这样的流动中不断循环与演进的。

因此，要建设好行业大模型，最佳的应用图景应当是建立在大学的学科知识及其交叉的基础上。华为实际上已经敏锐地意识到这一点。作为基础产品提供商，华为希望将大学与行业紧密联系起来。而在大学层面，这一目标的实现相对容易，因为大学的各个学科本身就是行业知识的源头。经过反复思考，华为最终也认识到，学科大模型或许是实现这一目标的关键。诸位不妨思考，这是否正是行业大模型建设的必由之路呢?

因此,学科大模型之重要意义,在于其肩负着三项关键使命。其一,学科大模型需要支持大学教育的变革与发展。当前,大学教育若不积极收集大数据、梳理知识点,未来的教育进程将面临巨大挑战。其二,学科大模型要助力大学科研的创新与变革。在当前的学术趋势下,若仍沿用传统的科研方法,不仅将面临诸多困难,还将明显落后于西方国家。在当今科研方法正处于重大变革时期,学科大模型的建设恰逢其时。其三,学科大模型还需服务于产业的变革与发展。"AI+"是中国必须采取的行动,而要有效推进这一行动,必须对数据和知识进行系统整理与扩建。而大学的学科大模型,无疑是实现这一整理的关键途径(见图18-3)。

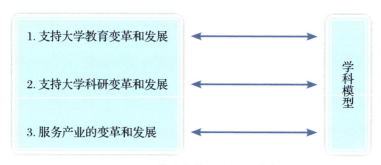

图 18-3 学科大模型的三重使命

二、大学学科大模型需要创新

让我们观察一下当前国内外大模型研究与应用中的普遍做法。基本上,这些行业都采用了一种模式:利用海量数据——数据越多越好,并用这些数据训练一个通用模型。这正是 OpenAI 的成功路径。首先,训练一个基于大数据的通用大模型，这也是其最成功之处。随后，针对特定领域或专业需求，再基于这个通用大模型开发垂直系统或专业系统，即构建垂直领域的大模型。这种方案在许多领域已经取得了显著成果，并成功应用于多个场景（见图 18-4）。

图 18-4　现有通用与垂直模型的结构

现有大模型的专业应用问题

当然，如果一直沿用现有的模式，显然很容易遇到天花板。华为在这方面已经进行了深入探索，并意识到当前方法存在诸多问题。这些问题由浙江大学吴飞教授进行了系统总结，主要包括以下几点。

首先，通用大模型的训练成本极高，这正是大学难以独立开展相关工作的主要原因。因此，目前的解决方案是大学与企业合作，借助企业的通用大模型来构建垂直领域的专业模型。但这种垂直模型仅能实现浅层次的应用，难以深入。其根本原因在于，通用大模型在复杂场景中容易产生"幻觉"。所谓"幻觉"，是指模型在生成内容时出现错误或不合理的输出。这种现象的产生，主要是因为基础大模型所使用的数据过于庞杂。在训练过程中，模型会无差别地吸收网络上各种类型的数据，而其中相当一部分数据是不兼容甚至相互矛盾的。

我经常举例子说，计算机领域用的"媒体"概念与传媒专业用的"媒体"概念是不同的。如果把这两类数据都"喂"给模型，当回答问题时，模型可能混用不相关的概念进行回答，从而产生所谓的"幻觉"。这种将不兼容数据混合使用的情况并不罕见，在政治领域表现得尤其突出。当模型已经完成训练后，再试图用专业数据对其进行修正，往往只能降低问题出现的概率，无法从根本上消除这种幻觉。这无疑是一个亟待解决的重要问题。

当然，除了上述问题，知识表征的迁移也面临诸多挑战，因为不同专业领域之间的交叉融合本身就极具难度；此外，模型的决策机制同样存在诸多困难；等等。

因此，"基础大模型＋行业垂直大模型"的结合可能会产生"幻觉"，而这种"幻觉"本质上就是错误的输出。我曾亲身经历过一个案例。2024 年 12 月，一家大型国有企业邀请我对其开发的大模型进行鉴定。该模型特别应用于若干个领域，其中之一便是党政管理领域。我相信他们在这一领域的应用已经经过了大量实践，并且效果显著。

然而，我专门提出了一个容易产生概念混淆的问题，以测试模型的准确性。我问："宣传部门部署了哪些跨媒体智能的项目？"结果，模型的回答基本是错误的。这并不令人意外。语言模型是基于语言之间的关联进行联想的，因此它迅速"联想"到了宣传部门的媒体概念与相关工作。不出所料，模型的回答完全偏离了"跨媒体智能项目"的主题，而是集中在宣传部门的一般工作内容上。这表明模型的训练路径过于简单，未能准确理解问题的核心概念，从而导致了错误的输出。

建立学科大模型，并仅使用准确且相容的专业大数据

因此，我们认为学科大模型应能成为创新的突破口。创新的方向在于确保数据的相容性，避免将大语言模型简单地作为通用模型使用，并在其基础上构建专业模型。虽然这种方法可以在一定程度上解决问题，但却无法从根本上消除"幻觉"。因为底层的数据的矛盾并未得到实质性剔除，错误依然会反复出现。因此，必须将通用语言大模型与学科模型明确区分开来，采用新的方法来构建学科大模型。

首先，应使用正确且兼容的专业大数据。数据规模越大越好，这一观点固然合理，但数据必须建立在精确性之上。目前，全球 AI 行业正面临大数据资源可能耗尽的困境。然而，尽管数据量不断增加，从 GPT-3.5 到 GPT-4 的性能提升却并未如预期般显著，错误率也未大幅降低。在某些应用场景中，例如医疗诊断领域，模型的准确率甚至出现了下降。因此，对于"数据越多越好，模型越大越好"的单一发展路径，我们应持审慎态度。当然，我们仍需致力于研究大模型结构，但不应盲目追求单一方向。越来越多的人已经认识到，使用正确的大数据来训练模型是至关重要的。与此同时，国际上也开始对一味追求模型规模扩大的路径提出疑问。

我们应当采用学科领域的科学数据来训练模型。这样的模型不仅能避免因数据杂糅而导致的"幻觉"问题，还能在专业领域内实现更高的准确性和可靠性（图 18-5）。

图 18-5　浙江大学发布统一的幻觉检测框架 UNIHD
（图片来源：项目方提供）

在高质量大数据的积累与应用方面，国内已经开展了大量卓有成效的工作，为学科大模型的构建提供了坚实基础。例如，由国内 30 多所高校联合完成的大学数字图书馆国际合作计划（CADAL），其知识分类体系完全依据学科划分，目前已收录 290 万册数字图书。这些经过学科分类的数字资源，在训练学科大模型时能够发挥重要作用。浙江大学的数字图书馆面向国内所有高校开放，为各高校师生提供了丰富的学术资源。

除了数字图书馆的资源外，各学科还积累了海量的论文、数据库数据和实验记录，这些数据是学科专业知识的核心资产，应当被系统整合与利用。以浙江大学药学院为例，其通过汇聚学科知识，形成了一个知识高地，为相关领域的研究与模型训练提供了有力支持。因此，用于训练学科大模型的数据必须涵盖专著、论文、数据库、实验室记录以及行业生产数据和应用数据等多方面内容。行业生产数据也很重要，因为它们反映了实际应用场景中的真实情况，能够为模型训练提供更为精准的依据。

要将颠倒的大模型结构再颠倒过来：由专才到通才

进一步而言，我们需要颠倒当前大模型的结构逻辑。世上本不是先有通才，再有专才。相反，往往是先有专才，随着各领域专业知识的积累与协作，才逐渐综合孕育出通才。正所谓"三个臭皮匠，顶个诸葛亮"，各专业领域的专家不断深度积累与协作，最终才能形成通才。因此，我们不必一哄而上地追随美国的发展路径——先构建一个所谓的通用大模型（然而其通用性往往并不理想），再在其基础上开发垂直领域的专业模型。这种路径或许并非最佳选择，现在已经面临诸多困难。

我们已经开始意识到现有路径中存在的问题，并认识到应当构建与语言模型平行且基础化的学科大模型。这些模型均为基础性模型，其中语言模型便是典型代表。它作为语文领域的模型，能够辅助用户撰写文章。类似这样的模型构成了学科大模型的基础框架。在此基础上，我们进一步开展交叉工作结构研究，通过多学科的融合与协同，最终形成综合性更强的"大学学科大模型"。

如图 18-6 所示，这一架构的顶层是专业型基础大模型，具备深厚且精准的学科知识；中间层则是服务教育、科研和学科交叉，能够跨越学科边界，整合多领域的知识与技能。我们的人才培养体系正是围绕这样的架构展开的。通过构建"大学学科大模型"，我们能够更好地服务于产业界，因为产业往往更需要具备跨学科知识与能力的复合型知识与人才。在后续的案例中，大家将能够更清晰地看到这一点。

这种结构的调整正是对之前颠倒逻辑的修正，其核心要点如下。

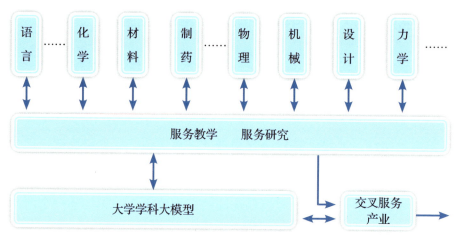

图 18-6　大学学科大模型的结构

第一个要点是，学科基础大模型的训练应仅使用专业数据。这些专业数据包括教材、学术论文、实验记录、专业数据库以及产业界的实际数据等。这些数据和知识在概念与逻辑上必须保持高度一致相容性。例如，在大学的专业教育体系中，从本科一年级到五年级，从本科生到硕士生，所使用的概念和逻辑框架是一致且无矛盾的。经过长期的教学积累，这些知识体系已经实现了高度的系统相容性。

在学科内部，例如信息学部或工程学部，不同专业之间的知识体系通常也是相互兼容的。然而，当跨越不同学部时，可能会出现概念和逻辑不一致的问题。因此，构建学科基础大模型时，必须确保数据来源的专业性和逻辑一致性，以避免因数据杂糅而导致的模型"幻觉"或错误输出。

第二个要点是，语言模型固然重要，但只是语言知识工具。我们不应将其视为专业知识的基础工具。语言模型与学科基础模型应处于同等地位，均为重要的基础知识工具。在日常对话等文本生成的场景中，我们调用语言模型进行处理；而在解决科学问题时，则应使用学科模型处理。两者协同合作，共同完成教学、科研、服务产业的任务。这一特点的准确把握与合理运用，对于学科大模型结构的创新具有至关重要的意义。

第三个要点是，将各学科的基础大模型相互联结，构建一个知识交叉群。通过这种方式，不同领域的知识能够实现相互交叉与融合，从而推动科学和工程更快地向前沿发展。

第四个要点是，将学科基础大模型及其所形成的交叉群进一步整合，构建大学学科大模型。最终，通过这种架构，形成从专才到通才的完整知识体系结构（见图 18-7）。

需要特别关注的是，当前的大模型尚未能完全解决各学科所面临的所有问题。以机械学科为例，现有的大模型在许多方面仍存在不足。原因在于，机械学科的设计工作涉及大量形状设计，而形状设计仅依靠图像和视频数据是远远不够的，必须借助图形数据才能实现精准表

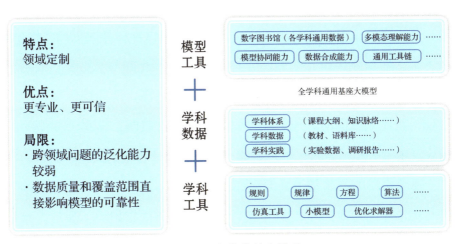

图 18-7　大学学科大模型

达。然而，目前的大模型在处理图形数据方面仍不尽如人意。这正是华为在实践中发现的问题——现有的模型无法满足需求，只能寻求大学的支持与协助。

因此，未来的研究不仅需要在模型结构上实现突破，还必须实现跨媒体的融合。在媒体知识的整合上也需要新的进展，尤其是将 AI 与图形学相结合，以此来训练新的模型。这将是构建新一代大模型的关键方向。由此可见，不同学科的大模型都需要根据自身特点进行针对性的创新。

2024 年 12 月，我前往宁波参与智能产品创新大赛的评审工作。宁波市政府为推动智能化产品的快速发展，特设立此奖项。当年荣获特等奖的是来自深圳的津渡生物医学科技有限公司（以下简称津渡生科）自主研发的多组学医学诊断大模型——GeneLLM。该模型从底层架构到上层应用均为津渡生科独立训练而成。

津渡生科的成功实践为我们提供了一条极具参考价值的发展路径。团队成员所构建的基因数据大模型，专注于基因数据的深度挖掘与应用。在评审过程中，我们曾询问津渡生科为何仅采用基因数据大模型，而未引入跨媒体模型。他们回答称，其应用场景中无须复杂的数据形态转换：输入端为基因数据，输出端为病症预测，两端均以文字形式呈现，因此无须借助其他形状或媒体形式。这表明，学科大模型的构建应紧密围绕实际需求，根据具体应用场景设计合适的大模型架构。

津渡生科的产品基于基因数据，能够精准预测与基因相关的病症。当前医学界已发现，约 60% 的慢性疾病与基因密切相关，涉及人体基因组学。津渡生科的大模型正是基于这一科学发现，通过分析基因数据，为慢性疾病的预防与治疗提供有力支持。

因此，通过将多组学信息输入模型，该模型已成功应用于多种疾病的预测。例如，与浙江大学的黄荷凤院士合作，模型可用于预测早产，将预测精度从 62% 提高至 82%；与北大医院合作，模型可预测多种癌症，其预测精度从 90% 提升至 97.5%（癌症预测本身极具挑战性）；与宁波康复医院等单位合作，模型可预测阿尔茨海默病，预测精度从 70%~85% 提升至 91%。此外，非酒精性脂肪性肝病的预测精度也从 80% 提高至 99%。这些成果表明，该模型在疾病预测领域的性能提升十分显著（见图 18-8）。

津渡生科最初计划基于 ChatGPT 构建其产品架构，试图在 ChatGPT 的语言大模型基础上开发一个垂直领域的系统。然而，实践表明，这种方案无法满足其对精度的要求。ChatGPT 本质上是为自然语言对话设计的，而非针对科学问题的解决。因此，津渡生科最终决定自主开发一个专门面向科学研究的大模型（AI for Science），从底层

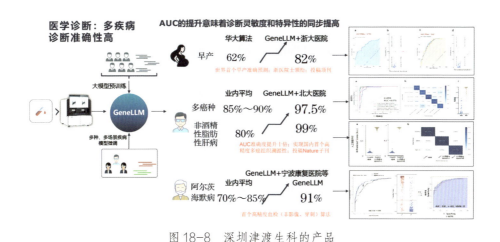

图 18-8　深圳津渡生科的产品

架构开始构建。

他们认为，这一大模型不仅需要从底层进行设计，还应与其他学科实现深度融合。这便是其产品基本架构的核心理念。其底层大模型的训练数据涵盖了转录组学、蛋白组学、基因组学、代谢组学、宏基因组学和表观基因组学等多组学数据。

我曾询问，他们在训练这些海量数据时使用了多少张卡（GPU）。他们回答说，仅用了100张卡便完成了从底层到上层的模型构建。在模型的中间层，可以看到明显的学科交叉特征。他们意识到，要解决现实中的复杂医疗问题，仅依靠生物学是远远不够的。因此，他们将生物学与毒理学、免疫学、药理学等多个学科进行了深度交叉研究，从而为模型赋予了更强的综合分析能力（见图18-9）。

医学应用仅仅是津渡生科产品众多应用场景中的一个领域。未来，该公司还计划将产品拓展至制药、育种、环境保护等多个领域。这些应用方向无疑是生物学学科应当积极涉足的重要领域。津渡生科的事业不仅体现了其作为企业的创新精神，也为相关领域的发展提供了宝贵的启示。其成功实践出了一条与通用模型截然不同的发展道路，展现了独特的创新路径和应用价值。

第五个要点是，我们看到各学科大模型既可以独立运行，也能以交叉的方式协同工作。这种多学科大模型的交叉协作，能够为教育、科研和产业服务提供有力支持。这种知识的丰富性、深入性和前沿性，是当前企业所构建的垂直模型所难以企及的。它能够充分展现将大学的基础知识、前沿知识、交叉知识与企业的生产知识综合贯通后的独特优势。在过去，这种优势在传统大学学科体系中并未得到充分显现。

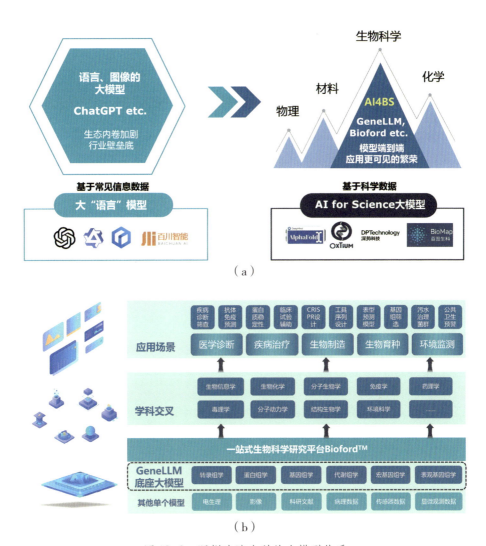

图 18-9 深圳津渡生科的大模型体系

然而，当我们对知识进行系统整理并将其模型化后，模型之间的协同合作就能够将学科交叉的优势充分展现出来，从而极大地推动科学技术的发展。

第六个要点是，大学学科在应用层面存在广泛的交叉融合。例如，化学、材料、制药等学科，分属理学部、工学部和医学部，但在实际应用中，这些学科知识相互交织。再如，物理、力学、机械、电子、设计等学科的交叉，对于产业发展同样至关重要。如今，设计一款产品往往需要融合机械、电子等多学科知识，并涉及物理学原理等。因此，大学长期以来致力于培养具备跨学科能力的复合型人才。然而，过去在知识传授方面面临诸多困难，学生需要选修大量不同领域的课程，学习负担较重。如今，借助多学科大模型的协同合作，或许能够有效解决这些问题。

通过基于多学科的智能体、多学科的数据、多学科的知识和工具，我们可以支持跨学科的人才培养与专业建设，实现跨学科的创新和技术突破。这为跨学科研究提供了一种新的实验手段。进一步地，将这些学科交叉的大模型联合起来，便形成了大学的整体通用大模型。

第七个要点是，大学大模型（university large model）的交叉应用能够更加丰富，并且能够全面实现研究型大学的三大核心功能：教育功能、研究功能以及服务社会的功能。我们认为，这一路径是正确的。通过各专业领域专才的联合与协作，形成具备综合能力的数智通才工具，这不仅符合人类知识结构发展的历史规律，也契合当下与未来的发展趋势（见图18-10）。

并且，这项工作不仅对中国大学的发展具有重要的促进作用，对

图 18-10　DM＋UM 驱动学科教育科研的创新和发展

学科建设本身也是一种有力的推动。通过将学科的大数据、大知识和大模型相互联结，构建起一批学科基础大模型，可能成为中国 AI 基础大模型创新的一条重要途径。如果能够成功走好这条路，未来的成就将提升大学，造福社会，惊艳世人。

报告于 2024 年 12 月

媒体专访

小字辈的挑战

——记浙江大学人工智能专业教师潘云鹤

　　浙江大学电子计算机系的机房里，一些国内知名的画家正在目不转睛地欣赏电脑"工艺美术专家"进行的创作。一支无形的彩笔挥洒自如，笔法娴熟，画出一幅幅稀奇古怪又别具韵味的图案。"这是人类难以发现的艺术珍宝。"著名画家常书鸿看了兴奋地说。浙江美术学院邓白教授欣然题字："科学的创新，艺术的奇迹。"

　　这是人工智能创造的奇迹。给这些无生命的集成块输入智慧，又神奇地闯进了充满人类高级智能的艺术领域的，是一位电脑界的小字辈。

　　这件事发生在1982年秋，主人公是浙江大学青年教师潘云鹤。

　　1980年，33岁的潘云鹤在浙大攻读人工智能已经两年了，他是人工智能专家何志钧教授的研究生。毕业设计时，他选择了"计算机工艺美术专家系统"这一课题。

　　这是一个大胆的选择。计算机美术这门新学科宣告诞生还是1968年的事。当时，英国伦敦举办了一个令人惊讶的画展，展出的图案全是计算机画的。但在此后十几年中，计算机美术的发展并不迅速。让计算机美术插上人工智能的翅膀，这对丝绸、棉布、地毯、纸张、塑料布等许多产品花样的翻新，传统工艺的改造，具有十分诱人的前景。但这将是一种十分艰难的探索。

一些人投来惊奇的目光。"太冒险！"好心的朋友劝他，"毕业设计是人生的一关，别给自己出难题了。"连他的爱人也嗔怪道："这个课题太玄乎了。"

何志钧教授却同意了。他了解潘云鹤的功底。

记得录取研究生时，何教授好奇地审阅着潘云鹤的履历。同济大学建筑系毕业，又是襄樊市科委副主任，怎么会闯入人工智能的大门呢？第二天，他让潘云鹤再填一份详细的履历。

这是一份在电子浪潮中搏击的记录。

1972年，在湖北省一个小县城的钢铁厂待了6年之久的潘云鹤，被调到黄石建筑公司，去和"织女"相会了。途经襄樊市（现襄阳市），这里推广新技术的热浪吸引了他，他感到这里有事业可干，就毫不犹豫地放弃了与妻子调在一起的机会，留了下来。他参加的第一项课题是研制数控切割机。他虽然对电子技术一窍不通，但有扎实的数学基础，计算机的各种数字电路、模拟电路不断在他的脑子里集成。三个月时间，一台电脑控制的线切割机研制成功了。人们为他庆功，他开始立下了向新技术进攻的志愿。在皮革厂，他搞成了电子量革机，提高了皮革测量的速度和质量；他设计的电子抓药机电路，节省了2/3元件；毛巾厂的电子提花，还上了银幕。

这些事情像一阵阵浪潮拍击着何教授的心头，他暗自庆幸这个人才难得。潘云鹤终于被何教授选中了。

从建筑学走向电子技术，从科委行政工作改为人工智能研究，潘云鹤走的是一条看上去似乎异想天开的路。当翻阅一篇又一篇计算机美术的文字和作品时，他觉得这个领域大有可为，艺术家不懂计算机，而搞计算机的没有艺术细胞。他凭着自己的美术爱好和科学幻想，决心使计算机不仅取代笔、纸和橡皮，还要部分代替人的思维能力和探索能力，于是他"不知深浅"地朝人工智能这个领域冲去。

在图案上填满颜色，这对人来说是一件轻而易举的事，可是对电脑来说却颇费周折。世界上都是采用美国著名的帕乌列迪斯算法（Theo Pavlidis' Algorithm，algorithms for graphics and image processing）解决颜色涂不准确的问题。潘云鹤对这种算法不满意，认为它效率太低，对复杂的和四方连续的多边形还是不能准确涂色。能不能通过人工智能来解决呢？他想得很简单，可是一"翻译"成电脑的语言，却纷繁复杂。20多天时间，他失败了几十次，费尽心思，编出了数百条指令，终于攻下了这一难题。他创造的算法，要比帕乌列迪斯算法平均快30倍，而且一点不出错。在投入色彩系统研究时，他对色彩协调理论同样有独到的见解。他认为美术界多讲究色彩美感，少注意量的关系；而科学界则反之，为了造就一个色彩协调专门系统，必须将这两方面结合起来。他那种敢于创新的精神，促使他要寻找一种新的色彩协调理论。他出入图书馆、书店，请教各方面专家。当他把自己的想法对搞建筑的爱人一吐露，她倒提供了一个有用的线索：建筑方面正在引进孟塞尔色立体色彩标准。真是踏破铁鞋无觅处，得来全不费功夫。在半年时间里，他广泛收集和消化中外美术工作者有关色彩协调的经验和理论，将它们熔于一炉，建立了以色相、彩度、亮度为基本元素的协调色彩的知识表达形式，并把它引进了电脑，创造了崭新的计算机色彩协调系统。

万花筒，这一过时的玩具，也让潘云鹤一度着了迷。

当他绞尽脑汁设计电脑里的图案知识库时，他想到了侄女手中的万花筒。他拿过万花筒就心急火燎地拆开来，又把各种东西剪成碎片，放进万花筒，观察移位、变化的现象，把观察到的现象一一比较，对万花筒里的对称变化做了透彻的了解，并把万花筒变化原理也收入了他的程序之中。他像着了迷似的摆弄起了万花筒，弄得家里人莫名其妙。

当时学校里电脑少，正常的工作时间轮不到他上机，他就带着面包，晚上八点进计算机室，一直待到天亮才出来。或者到别的系的机房，趁别人午睡的时间上机。有时他因画面上出现了一条不应该出现的线，往往几个通宵也走不出迷阵。有一段时间，计算机只有中午可以使用，他就午饭也不到食堂吃，一边吃面包，一边抢时间上机。由于长期在彩色屏幕前工作，他感到头晕，食欲大减。他吃了四个月的面包，赢得了时间，当系里有了计算机时，他这项课题已大功告成。电脑插上磁盘后，只见淡黄色底的荧光屏上，出现一簇深色的树叶，其间一对雪白的小鸟在展翅飞翔……不过两分钟，一幅构图新颖、色彩协调的图案完成了。忽然它又绘出清新淡雅的兰花、柳叶，热闹别致的奔马、飞鸟，简洁对称的几何花形。一个设计师每天只能创作一幅图案，而它平均五分钟就能创作一幅，可以连续设计一亿多幅图案，并能灵活地运用四千多种颜色，平均一分钟就可以换一次。这项成果获得了国家重大科技成果奖。1983 年 6 月，美国诺贝尔奖和计算机图灵奖的获得者赫伯特·西蒙博士参观了这项成果后，写下了这样的感想："从计算机美术诞生起，我一直注意研究它，今天发现了它竟能画出如此精彩美妙的作品，这是我见过的最激动人心的计算机美术程序，我衷心祝贺你们的成功。"

两年后的今天，这项课题又跨出了一大步。潘云鹤和上海第一纺织印染工业公司协作，培养了一批能掌握这套系统的美术设计师，电脑"工艺美术专家"设计的花布问世了。潘云鹤仍在继续作战，立志要为我国传统工艺插上新技术的翅膀。

《浙江日报》1984 年 8 月 23 日　桂华章

向人类智能挑战
——浙江大学校长潘云鹤教授谈人工智能新进展

　　20世纪80年代初，潘云鹤教授在国内率先研制成功计算机美术图案设计，并在生产中得到应用。看着那一幅幅用计算机创作的美术图案，笔者曾好奇地问过潘教授："人工智能真的有吗?"可如今智能化已十分普及，大至智能大厦、小至智能手表，创新产品五花八门。特别是在国际象棋世界冠军卡斯帕罗夫和超级电脑"深蓝"的对弈中，人类仅仅是侥幸地逃脱了这一历史性的失败。面对计算机骄人的战绩，笔者最近又问潘教授："计算机是否拥有和人一样，甚至超乎人类的智能?"

　　潘教授说："这些年人工智能发展非常快，著名的西蒙教授预言，计算机将成为国际象棋冠军，这是会实现的。'深蓝'能与卡斯帕罗夫抗衡，主要靠高速计算和推理，在数值计算、财务分析等方面，计算机早已超过人类的能力。但它与智能的广泛内涵相比，还是微不足道的。人下棋更多地靠直觉和经验，其中大量是分析、综合和类比，对于这些思维形式的探索，人工智能还处于启蒙阶段。所以计算机对一些复杂的专业问题，如诊断疾病、工程估算、测矿找矿能得心应手，可是经常笨得连三岁小孩都懂的常识也不知道，更不用说让它有七情六欲了。这就是当今人工智能的难点。"

对于人类的思维形式，潘云鹤教授讲了心理学家的研究成果：人有左右脑，分别负责逻辑思维和形象思维，在人脑记住的多种多样的信息中，形象信息和逻辑信息之比是 99：1，大量是听到、摸到、看到的信息，在解决问题过程中，形象思维和逻辑思维是混合工作的。专家认为人的基本智能的形成主要在 5 岁之前，大家都知道的"狼孩"就是证明。5 岁之前的小孩懂得东西，主要靠听觉、视觉、触觉、味觉等形象思维。"正是受到这些研究成果的启迪，20 世纪 90 年代开始，我们闯进了形象思维领域，向人类智能挑战。"

由潘云鹤教授负责的"关于形象思维的基础研究"是我国"七五"期间的 863 项目，并取得了突出成果，受到国家科委的表彰。著名学者钱学森充分肯定这一成果，写信称赞："……是对 1984 年 8 月会议认识的一次重大发展，使我们对思维学的研究方向更加明确了，我们的任务是找突破口！您指出了突破口，这很了不起！"

用计算机描述真实感图形，原来靠计算机逐点计算，像拍照片一样呆板。运用形象思维的计算机，就像人作画一样，首先学素描，通过训练，获取各种几何形状表面上光线明暗的规律、色彩的知识和彼此间影响的规律。有了这些丰富的形象知识，计算机作画就能模仿画家搞创作，由逐点改为块状作画，画出具有真实感的彩色物体。如果计算机学的知识包括敦煌壁画的纹理，那么创作的作品就具有敦煌风格。这一系统已应用到了 CAD（计算机辅助设计）领域，正在做推广的工作。

潘云鹤教授又谈起，他在美国麻省理工学院的人工智能研究所看到，一群小机器人一起推动一根大木头的演示，他说："这种分布式专家系统是人工智能的一个重要方面，它特别适用于多个专家系统联合工作的部门，例如设计和规划部门。"

这方面他们已在城市地下管网中开展运用。杭州市煤气管网的设计要涉及煤气、规划、其他管网等多部门专家，规划设计时，他们要一边工作、一边通信、一边协商、一边调整。这一系统已在试用，每15分钟就能做出一次规划，不但能精确地计算出要挖的土方量，而且使储气站布置合理、管道节约。

展望人工智能的未来，潘教授兴奋地谈起人工多媒体智能的设想："这些年多媒体技术发展迅速，多媒体技术包括字符、图形、声音、动画、视频、图像等，怎样用它们来解决更多的问题，这就需要人工智能。面对知识丰富多彩的多媒体世界，人工符号智能已远远不能适应。如果让计算机用形象思维看懂京剧武打录像，那么每段录像都将成为计算机的知识库，然后直接从丰富的知识库中抽象设计出像兵马俑骑马打仗那样复杂的动画片，这不是不可能，这又是对人类智能的挑战，我们正在尝试研究。"

《浙江日报》1996 年 8 月 24 日　桂华章

大学是知识经济的引擎

——中国工程院院士、浙江大学校长潘云鹤 访谈录

当一些人在争论"知识经济究竟离我们有多远"时，中国工程院院士、浙江大学校长潘云鹤的回答是：知识经济就在我们面前。从这个角度看，浙大对科教兴省的推动和促进作用是不言而喻的。

不久前，潘云鹤在一个研讨会上做了题为"大学是知识经济的引擎"的讲话，其中的思路颇受与会者好评。合并后的浙大正好对潘云鹤的观点做出了诠释：在知识经济时代，大学要承担新的职责和功能，要从过去单纯培养人才发展到培养人才和知识创新相结合。

合并后的浙大，博士生学科培养点就有106个，在全国所有高校中名列第二，仅次于北大。这无疑得益于四校强强联合的优势。过去分开在四校的某些优势学科，现在交叉联合起来，就呈现出无可替代的独特优势。比如被誉为21世纪前沿学科的生命科学，原浙大和原杭州大学在基础研究上有很强的力量，原浙江医科大学和原浙江农业大学在应用方面非常出色，四强联合，优势互补，就会出现一片新天地。再如食品与营养科学学科、信息技术领域等等，合并后的浙大都已形成具有国家队水平的学科优势。知识创新的关键正是要占领关键领域

的制高点，在多个高技术领域形成新的优势。

潘云鹤告诉记者："时代给中国的高等教育提出了新的命题。中央决定四校合并是科技发展、培养人才的需要。中央还要求浙大成为具有世界先进水平的一流大学，这就给浙大在推动知识经济发展的过程中带来了大显身手的难得机遇。"

作为一所名牌大学的校长，潘云鹤非常重视教学、科研和社会发展的联系。他认为大学的教育、科研一定要与国家的发展密切结合。浙大在学科调整时，也要以科教兴国、科教兴省为目标，确立为经济建设服务的观念和机制。他提到，浙江的制药行业产值居全国第二，但目前制药行业里理工科和医科分离，制造药、分析药和使用药的学科之间不相往来，造成不少问题。合并后制药学科可以成为浙大的优势学科，为浙江、为中国的制药产业发展做出更大贡献。浙大正在酝酿三个计划：4W创新计划（人才创新计划、知识创新计划、技术创新计划、产品创新计划）、蒲公英计划、校网计划，以充分发挥大学在发展知识经济中的引擎作用，而其中最首要的还是人才创新。

潘云鹤历来主张"宽基础、复合型"的人才培养模式。浙江大学早几年就提出了KAQ（知识、能力、素质）人才计划。潘云鹤本人走过的路正是"宽基础、复合型"的极好典型：大学是在同济学的建筑，研究生考到浙大学习计算机。CAD设计把他的两个原本不大相关的专业融合在一起，让他成了这方面的专家。位列4W创新计划之首的人才创新计划，目标也就是培养高素质人才，实施宽、专、交的培养方法，大量培育交叉学科人才。到2000年以后浙大每年可为社会提供5000余名本科生和2600余名研究生，为国家的经济建设和社会发展输送大量有浙大特色的优秀人才。

　　终身教育是知识经济的成功之本。浙大校网计划的首要工作是在 9 月开通远距离教育网，计划受教育的对象可增至 3 万多人。"最好的教育质量离不开最好的师资。各市（地）比较缺少高素质师资，如果浙江每个县都办一个远距离教学中心，那对当地的人才素质提高大有裨益。"潘云鹤谈起远距离教育很有兴趣，"这是浙大为浙江经济整体素质的提高提供的人才支持，也是为知识经济提供直接的推动力。"

　　　　　　　　　　　　　　　　《浙江日报》1998 年 9 月 14 日　　冯颖平

为祖国做贡献是最大的愉快

——记浙江科技大奖获得者潘云鹤院士

"光荣属于在党的领导下为科学研究、人才培养和创新引领作出贡献的每一个科教工作者。"在 6 月 15 日的浙江省科学技术奖励大会上，中国工程院院士、浙江大学教授潘云鹤被授予浙江科技大奖。在说这番感言时，他露出了标志性的微笑。

这是多年来人们无比熟悉的微笑。他担任校长时，这微笑就是浙大的"金字招牌"，感染了无数师生和社会各界。在中国工程院工作期间，这微笑出现在了更多推动中国科技创新进程的重要场合。近两年，他又回到了毕生钟爱的求是园，开启勇闯人工智能"无人区"的新征程——这微笑更加热切。

这淡然自若的微笑蕴含着潘云鹤丰富的人生体验，也诠释了他此生坚定的选择——在伟大的时代中把自己所学贡献给祖国和人民，是最愉快的。

人工智能 2.0 "播种者"

对于绝大多数人来说，最近一轮人工智能的热潮是由 2016 年 3 月

AlphaGo 击败人类棋手所引发的。然而，在之前的半年多时间里，潘云鹤就敏锐地看到了即将到来的人工智能新高潮。

"我发现当时许多智慧城市项目、大数据项目的核心技术，都指向人工智能。同时又意识到人工智能本身的技术环境发生了巨大变化。我相信，一种新型的人工智能技术将很快成为社会的迫切需要。"潘云鹤说。他迅速展开调查，并不断深入思索。

2015 年 12 月，潘云鹤作为申请人和负责人承担了中国工程院"中国人工智能 2.0 发展战略研究"重大咨询项目。2016 年 5 月，潘云鹤做了项目开题报告，提出人工智能 2.0 发展的 5 个新方向。专家学者们听完报告，群情振奋，大家一致认为：不要等到项目结题了，应该立即把发展中国人工智能 2.0 的构想向中央报告。

中央迅速采纳了这一咨询建议。由潘云鹤领衔的专家组于 2016 年 9 月开始着手研究起草国家《新一代人工智能发展规划》及其重大专项，"跨媒体感知计算理论""群体智能关键技术""混合增强智能支撑平台"等一系列首创的概念和项目纷纷涌现。

谋划新一代人工智能，中国起步较早，不少人对于要不要做、能不能做成这件事充满疑虑。但潘云鹤十分坚定——

"人工智能 2.0 刻画了人工智能全新的技术形态和创新应用，是中国在这一领域提出的独立见解，树立了我们在国际上的话语权。我们自主提出这一战略判断，正是中国科技自立自强的彰显。"

事实证明，中国凭借这次选择走在了潮流之先。以人工智能的技术和应用为主要特征，中国的数字化、智能化大潮汹涌澎湃，取得巨大成就。在中国之后，美国也相继提出了自己的新一代人工智能发展计划。

目前，潘云鹤担任浙江省人工智能发展专家委员会主任和之江实验室人工智能领域首席科学家，为我省人工智能及数字经济发展贡献智慧。

年过七旬"拓荒人"

潘云鹤在 1991 年收到一封特殊的回信，至今仍被收藏在浙大档案馆。

写信人是时年 80 岁的钱学森。钱老亲笔写了洋洋洒洒 3 页纸，赞赏浙大这位晚辈学者极具探索性的工作，即如何以形象思维弥补抽象逻辑思维的不足。

发展一种基于形象思维的新型计算机技术乃至人工智能技术，这个念头就这样在潘云鹤脑海里盘桓了 30 年。近两年，他有了充足的时间和精力来认真钻研这个问题，发现它仍然处在人工智能领域的最前沿。

年过七旬的潘云鹤毫不犹豫地闯进了这片"无人区"。他写了两篇文章，系统提出了视觉知识和多重知识表达这两个全新概念。

在潘云鹤心目中，未来的人工智能要加上一个形象思维的大脑，而不是如传统的计算机图形图像学那样，机械复制照相机的工作原理。

人类大量的知识都属于视觉知识，其中蕴藏着有关"感知"的无穷奥秘。让人工智能在基于符号和逻辑的语言知识之外，也学会表达视觉知识、听觉知识等多重知识，将开启全新的图景。这就是潘云鹤这位勇敢的拓荒者，为人工智能 2.0 开辟出的一条崭新路径。

潘云鹤的大脑就像一台不知停歇的机器。21 世纪初，他就与图灵奖获得者罗杰·雷迪联合发起了中美"百万册数字图书馆"国际合作计划，随后又衍生出"高等学校中英文图书数字化国际合作计划"（CADAL）、联合国教科文组织"国际工程科技知识中心"等，实现了数百万册图书和工程技术资料的数字化，堪称大数据智能最早的实践范例。

潘云鹤深入探索人工智能对数字经济的赋能作用，提出了工业经济智能化的"五层模型"。他说，将人工智能用于经济管理，对中国的市场经济和政府调节而言十分重要，也终将会对社会经济发展产生重大影响。

求是园中"潘校长"

在学生们心中，有关"潘校长"的记忆细微而珍贵。

浙大计算机学院的耿卫东教授是潘云鹤最早的一批博士生之一。他记得 2003 年回国时，一度对学术研究的前景感到十分迷茫。潘云鹤在繁忙工作中抽出时间与他进行了一次长谈，指引他以国家的产业需求为牵引，服务浙江特色经济发展。这一席话让耿卫东重新找到了方向。

浙大人工智能研究所所长吴飞教授 2010 年从美国访学归来。见到潘云鹤时，他以为两人肯定会讨论人工智能前沿技术话题。"没想到潘老师首先问我的是他们（美国学校）开设了哪些好的人工智能课程。"这让吴飞既惊讶又感慨。近年来，潘云鹤亲自担任"新一代人工智能系列教材"编委会主任，推动研发"智海"新一代人工智能科教平台。

在采访接近尾声时，话题自然而然地转到了奉献于科技创新的人生。潘云鹤依然微笑着，但话音更加激越，神色也愈显昂扬。他说："我喜欢图形设计、喜欢计算机、喜欢人工智能，从我投身的事业中得到了毕生的乐趣。浙江是我的家乡，杭州是我热爱的城市。我把自己所学服务于自己热爱的土地、热爱的人民，这就是最愉快的。"

《浙江日报》2021 年 6 月 16 日　曾福泉　何冬健　俞碧寅

站在人工智能的潮头，感受跨界融合之美
——记中国工程院院士潘云鹤

2024 年第 11 期《科学中国人》封面

当今时代，人工智能正引领科技与产业进行着一场深刻的变革。

得益于算力的显著提升、海量数据的积累，以及人类对用人工智能技术改善生活体验的不懈追求，人工智能领域的创新成果如雨后春笋，层出不穷。

近期崛起的大语言模型（large language model，LLM）和智能生成（AI-generated content，AIGC）技术，正沿着大数据智能和跨媒体智能的方向推进，引爆新一轮人工智能发展浪潮，并呈现出更加明显的大数据与知识驱动、跨媒体认知、自主智能、人机融合、群智协同等人工智能 2.0 技术特征。

当艺术的细腻笔触与机器的精准算法相遇，当设计的灵感与数据的逻辑相融，当视觉理解与知识图谱相结合，双轮驱动人工智能新的大潮，奏响一曲震撼人心的跨界融合交响曲。有一位长者，微笑从容地站在浪潮之尖踏浪前行。

他是最早一批感受跨界融合魅力的受益者之一。早年一步步从传统的绘画艺术跨越到建筑设计领域，又从建筑设计跨越到新兴的自动化行业，直至在数据浪潮初起之时就踏入人工智能研究之门……通过将自己的兴趣与经世致用的理念相融合，他不仅走出了一条富有远见卓识的跨越创新之路，更为我国人工智能发展立于世界前列埋下了坚实伏笔。

他是我国《新一代人工智能发展规划》的重要推动者、"人工智能 2.0"战略发展方向的提出者——中国工程院院士潘云鹤。

6 月下旬，记者在两院院士大会期间见到了潘院士，招牌式的微笑依然如初，亲切自然无距离。近到当今人工智能发展面临的机遇和挑

潘云鹤在 2018 世界人工智能大会上做主旨演讲

战，远到童年时期的困苦与幸福……他始终微笑着娓娓道来，似乎什么事情在他那儿都能用微笑来化解。

十年磨一剑：锚定人工智能 2.0 方向

这是中国人工智能发展史上值得纪念的时刻。

2015 年下半年，潘云鹤带领课题组深入分析、综合了人工智能发展的趋势与特征后，作为发起人和负责人正式向中国工程院党组提出"中国人工智能 2.0 发展战略研究"重大咨询项目的申请，虽然提出时间按正常流程来说已经很晚，但院领导非常重视，时任院长周济特批将这一项目作为补列课题插入计划。

2015 年，潘云鹤（右一）在中国人工智能 2.0 发展战略研究（一期）启动会上

2016 年春，潘云鹤在项目启动会上提出人工智能 2.0 发展的五个新方向，报告内容深邃而富有远见，引起了与会领导和专家学者的强烈共鸣。他们一致认为，这一构想对我国的人工智能发展具有重大的战略意义，且非常紧迫，不应等到项目结题，而要尽快上报中央，以期获得更高层次的重视和推动。

在中国工程院、科技部和各方领导的强力支持和引荐之下，这份建议报告最终呈交到习近平总书记手中。总书记对这份报告给予了高度评价，并指示进一步补充材料。在接下来的几个月里，这份报告在中央各部委中征求意见。最终，中央在综合了各方意见后，总书记做了重要批示，决定中国部署发展新一代人工智能。

2016 年 9 月，由潘云鹤领衔的专家组着手研究起草国家《新一代人工智能发展规划》及其重大专项，"大数据智能""跨媒体智能""人机混合增强智能"等一系列首创的科学概念和技术项目纷纷涌现。2017 年，"人工智能"首次被写入《政府工作报告》，《新一代人工智能发展

AI 2.0 十八讲

规划》也成功发布。因此，这一年被称为中国新一代人工智能的"落地年"和"人工智能产业发展的分水岭"。

在中国之先后，美国也两次提出了自己的人工智能发展计划。事实证明，中国凭借这次选择走在了潮流之先，以人工智能的新技术和新应用为主要特征，中国的数字化、智能化大潮汹涌澎湃，取得巨大成就。

"人工智能 2.0 刻画了人工智能崭新的技术形态和创新应用方向，是中国在这一领域提出的独立见解，树立了在国际上的话语权。我国自主提出这一战略判断，正是在党中央领导下，中国科技自立自强的典范。今天，每当看到中国人工智能的迅猛发展，我都深切感受到以习近平同志为核心的党中央高瞻远瞩，尤其所指出的 AI 技术具有'头雁效应'、研究要'勇探无人区'，正指引着中国科技大军攻关拔寨、勇攀高峰。"时至今日，每当回忆起这些难忘的时刻，潘云鹤言语里都饱含着深深的感动。

艰难困苦，玉汝于成。事实上，人工智能 2.0 的酝酿和诞生并非一朝一夕之功，是十年磨一剑的结果。

21 世纪初，在一次人工智能学会年会上，潘云鹤就提出："尽管计算机在某些领域已经超越了人类的能力，但在很多领域仍不如人。因此，人工智能的未来发展应当是人与机器的强强有机结合，形成一种超越人和机器的全新智能系统。"这一思想后来在人工智能 2.0 的理念中得到了体现，即通过人机融合增强智能系统，实现人类智能与机器智能的互补与提升。目前，人工智能的研究和应用正沿着这一方向不断深入，显现了相关预判的前瞻性和正确性。

有这样的前瞻性预判，其实与潘云鹤多年在该领域的积累有很大的关系。早在 21 世纪初，浙江大学就率先推进数字图书馆的建设。2002 年，在中国教育部与美国自然科学基金的资助下，中方由浙江大学牵头，美方由卡内基梅隆大学牵头，联合中国十余所大学与美国的多所知名高校合作完成百万册中英文图书数字化项目，建成世界上首个大学学术数字图书馆。"在这百万册图书数字化的过程中，我发现我们得到的不仅仅是数字化的书籍本身，更是大批可分割、可重组的知识点。这样的转变，不仅极大地丰富了知识的可访问性和应用性，也为知识的学习和创新提供了无限的可能。"深受启发的潘云鹤就此提出了数据海和智慧图书馆的概念，并大力推动图书馆走向智能化。

2010 年，"智慧城市"传入中国。潘云鹤带领团队在研究和实践的过程中发现，相对于很多西方国家所打造的智慧城市，中国正处于一个和它们不同的环境，即处于城镇化、工业化与数字化、绿色化等多种情况的交叉发展状态。因此，智慧城市在中国的发展展现出了独特性，例如中国城市政府管理范围覆盖环境、经济等多个领域，与西方国家这些数据散落在各公司手中不同，中国更有条件利用大数据的聚集与应用，推动城市化、工业化、绿色化、智能化的交叉融会贯通。

为走出具有中国特色的智能城市打造之路，中国工程院于 2012 年启动了潘云鹤申请和负责的"中国智能城市建设与推进战略研究"重大咨询项目。在研究中，潘云鹤和团队有了更多的数据和发现：传感器网的普及让大量产生于客观世界的信息数据形成一个独立的信息空间，世界从过去由物理界、人类社会构成的二元空间，转变为由物理界、人类社会、信息空间构成的三元空间。而对信息空间进行探索的核心技术，指向了大数据和人工智能，且变化了的问题需求、信息环境、目标任务又令传统人工智能发生巨大变化。"比如我们当时已经注意到传统数据库技术难以处理城市大数据，必须用大数据智能使之知识化后再使用。""人工智能不仅在智慧城市建设中的需求增长，在制造业中同样如此。2013年德国提出的工业4.0概念，旨在通过互联网连接工业计算机，实现数据流通。但我们发现，仅流通数据是不够的，必须利用这些数据进行推理和决策，才能发挥其最大效用。在人工智能1.0时代，大数据需要通过人转化为知识，再由人工智能进行推理，之所以未实现智能化，是因为缺少了知识自动化这一桥梁。"从智慧城市的建设到三元空间和大数据智能的理念，再到对工业4.0的分析及判断等，立足发展需求，综合分析判断，这才有了人工智能2.0的持续酝酿及诞生，且形成了大数据智能、群体智能、人机融合增强智能、跨媒体智能和自主智能系统五大技术新方向的提炼，其中，大数据智能、跨媒体智能、人机融合增强智能都是我国首提的新概念。

距人工智能2.0提出将近十年，回过头看，当时相关概念的提出还是显得很巧妙，且有前瞻性。它正确地指出了在信息涌现环境下人工智能可能发展的方向。在人工智能2.0时代，五大方向的系统将作为关键的科学问题和技术解决方案，被应用到城市、医疗、制造等实际应用中，给人们生活带来颠覆性的变化。"无人汽车、无人船、无人机、无人矿山还有各种各样的自主智能机械都会涌现，'脑机接口'也正加速进入我们的生活……"谈起人工智能发展开启的新生活，潘云鹤眼里闪烁着光芒，但他总不忘强调在人工智能风起云涌之时，要时刻关注思考走出符合我国需求、具有中国自主特色的人工智能发展道路，

"ChatGPT 的诞生激发了全球大模型的研发热潮，但我们不能总是盲目跟风在拥挤的赛道上，而应该像总书记说的那样勇探'无人区'，比如ChatGPT 没有顾及的视觉数据与图形知识共同驱动的跨媒体智能系统，这一领域既有巨大需求，也可大有作为！大数据和跨媒体智能、跨媒体知识表达相结合，将是人工智能一个重要的创新方向。思维模拟之外，我们也要将精力投注在基础并不薄弱的行动模拟研究之上，推动自主智能系统、群智系统等相关领域系统性跨越性发展……"虽年入古稀，但潘云鹤对我国人工智能发展的思索和研究从未有过一刻停歇。

中美双方代表签署中美合作百万册数字图书馆计划备忘录，左三为潘云鹤，左二为罗杰·雷迪（Raj Reddy）教授

三次跨界：唱响人生航向的命运交响曲

西湖的碧波荡漾，苏堤的柳绿花红……杭州，是文人墨客笔下的诗意栖居地，也是艺术家们灵感的源泉。而孩儿巷，这条见证了杭州

沧桑变迁的古老街巷，不仅是潘云鹤童年的摇篮，更是江南文化的一个缩影。

潘云鹤的童年，虽然与苏杭的诗情画意相伴，却也有着生活的艰辛。他的父亲早逝，留下母亲一人肩负起养育儿女的重任。因为很早就感受生活的不易，家中兄弟姐妹几人都很懂事、很努力，不仅很早就在家庭中勇担责任，更自觉在知识海洋中孜孜以求，希望能够通过自己的努力，改变命运的轨迹。生活的重压锻造了他们坚韧不拔的性格，也让他们学会了互帮互助。

在潘云鹤的印象中，早年艰难的日子里，家中的哥哥姐姐如同潮汐般有序地交替承担着不同角色，一人踏进校园汲取知识，而另一人则留在家中照料家庭。当一人完成学业的积累后便又主动承担起家庭责任，供另一个人去追逐学业梦想。这样的交替循环确保了每个成员都有机会接受高等教育。他们互相扶持、共同进步。因为在家中排行靠后，幸运的潘云鹤不用过多承担家庭重任，在哥哥姐姐的指引和无私帮助下一路成长。

在潘云鹤的记忆中，家中的学习氛围很浓厚。从古典文学到武侠小说，从艺术画册到学术巨著，哥哥姐姐的书摆在家中的各个角落。孩提时的潘云鹤，常常在灰瓦板墙挑檐的老房子里，昏黄的光线下，伴着窗外淅沥的雨声、巷中嘈杂的人声，津津有味地阅读着家中的藏书，直至夜幕降临。

潘云鹤从小就喜欢绘画艺术。西湖边上，浙江美院的美术展览会成了他童年不可或缺的一部分。那些色彩斑斓、线条生动的作品，激发了他内心深处对美的无限向往。艺术的种子在他幼小的心田悄然生根。五六岁时，哥哥的画作旁，总有他稚嫩的添补，那是他对艺术最初的探索和尝试。随着时间的流逝，他开始临摹家中收藏的连环画，每一笔每一画都透露出他对艺术的热爱和对细节的专注。

随着年龄的增长，潘云鹤不再满足于临摹。1960年夏，他考入杭州艺专成为一名美术设计学生。但时运不济，因为遇上"三年困难时期"，10个月后，学校难以为继，潘云鹤被安置到镜框工厂，成为一名油漆工学徒。虽如此，他仍不放弃对艺术的追求。在工人文化宫的美术培训班中，他接受了美院教师传授的更为系统和专业的训练，从素描到速写，每一步都坚实地打下了他的美术基础。尽管后来转入普高继续学业，但他依然利用课余时间回到工人文化宫坚持艺术学习之旅。

1965年，潘云鹤以优异成绩考入同济大学建筑系。从美术转到建筑，这是他人生中的第一次跨界，中间颇有一番思量。他的家人深知工科在解决实际问题上的重要性，他们希望潘云鹤能够走上一条务实的人生道路，但他们同样尊重并理解潘云鹤对美术的热爱。在兼顾工科的实用与艺术的理想之间，最终家人在一起商量选择了建筑学——这门既包含理工科的严密逻辑，又蕴含美术的创意表达的学科。在同济大学，潘云鹤得以将长期积累的美术功底与建筑学的科学严谨融合一体，使得他的学习即使在"文化大革命"动荡时期也显得游刃有余。

命运的轨迹总是充满变数，在那个特殊的年代，潘云鹤并没有机会做太多的选择。毕业后，他被分配到湖北襄阳的南漳钢铁厂，远离了设计图纸的优雅，转而投身炼铁的热火，由此开启了他的第二次跨界之程。但即便如此，潘云鹤的才能也并未被埋没。是金子在哪里都可以发光，当时作为厂里唯一一位大学生，他自学知识，设计建造了

潘云鹤（左一）、何志均教授（左五）与人工智能研究室同事合影

高炉及其附属装备，甚至送风口的细节都展现了他的设计才能。他们硬是用白煤炼出了一般钢铁厂都无法炼制的纯铁，被视为当地的大突破，成果被湖北冶金局选中，展出在武汉工业展览馆内。他的努力和才华得到了领导和同事的认可，被评为"学习毛泽东思想先进代表"。

1973年，潘云鹤被调到湖北襄樊市科委工作。在那里，他又迎来了自己人生中最重要的第三次跨界。会美术、会建筑设计，炼铁也懂一些……潘云鹤俨然成了大家眼中的跨界能手，哪里需要往哪里搬：一家企业急需研发数控线切割机，但全厂上下三十几个人，文化程度最高的是一名中专毕业的电工，潘云鹤被科委主任带领前往蹲点支援。对他来说，这是一个全新的领域。即使困难重重，他也不放弃，自学数字电路基础知识，最终让那台数控机床从蓝图变成了现实。随后，他被委以重任，肩负起为当地培养新一代电子人才的任务，将深奥的数字电路知识传授给襄樊地区的多批电工，并师生合作为当地企业解决了一批技术难题。如在皮革厂，他设计的电子量革机取代了传统的手工测量，大大提高了出口皮革的测量精度与效率，减少了不必要的损耗。在毛巾厂，他参与研发的自动设备不仅能自动生产提花毛巾，还通过扫描技术实现了生产准备的自动化……这些创新实践，为他积累了丰富的计算机自动化基础知识，更为他之后将多学科知识融合，在计算机人工智能图像研究领域绽放异彩打下了坚实的基础。潘云鹤优秀的技术和管理能力得到了大众的认可和赞誉，之后被委派组建襄樊市自动化研究所（现湖北物资流通技术研究所）并任首任所长。

从美术专业跨界到建筑设计行业，又从钢铁领域跨界到数字自控技术行业，潘云鹤人生中这三次跨界的每一次都是对自我的超越。自学能力，成为他探索未知世界的引擎，使他能在广阔的知识海洋中调整航向、乘风破浪。如果说前面的三次跨界更多的是对他自我学习能力的考验和磨炼，那么当他跨入电子信息技术的大门后，幸运的是一路有名家大师的提点，引领他一步一步通向人工智能多学科交叉的研究殿堂。

一路有指引：开启视觉智能跨界融通大门

1978 年，当改革的春风吹拂神州大地，潘云鹤也因此迎来了人生的另一个重要阶段。彼时，浙江大学何志均教授率先在全国范围内招收计算机专业人工智能方向硕士研究生。潘云鹤敏锐地意识到这一新学科的无限前景，毅然报考，从此与巍巍学府浙江大学结下了终身深厚情缘。

"国有成均，在浙之滨。昔言求是，实启尔求真……"浙江大学，这所坐落于西子湖畔的百年学府，以其深厚的文化底蕴和"求是创新"的校训，会聚了一批学术界的名家大师，孕育了无数英才。潘云鹤的恩师何志均老先生不仅是中国人工智能研究的开创者之一，还是浙江大学乃至我国信息电子工程、计算机科学和人工智能的开拓者之一。他的学术造诣和远见卓识，为潘云鹤之后的学术探索提供了坚实的基础和广阔的视野。在何先生的指引之下，潘云鹤结合自己的兴趣和特长，将计算机图形学、计算机辅助设计（CAD）和人工智能的结合作为自己的主要研究方向。美术、建筑、机械、计算机、人工智能等多学科交叉碰撞，擦出了"别样的火花"。

研究生期间，通过创新融合和广泛吸取中外相关理论和经验，潘云鹤研制出"智能模拟彩色平面美术图案创作系统"。这个系统采用以图形、色相、彩度、亮度为基本元素的构图和色彩协调的知识表达及推演方法，不但可以自动快速设计图案，而且可以给每幅图案快速变换色彩。相关成果后来用到了轻纺行业，获得了全国计算机应用成果展览奖一等奖和国家科技成果奖二等奖。1983年6月，诺贝尔奖和图灵奖获得者、卡内基梅隆大学教授赫伯特·西蒙在浙江大学参观时看到这项成果激动地评价道："从计算机美术诞生起，我一直注意研究它，今天发现了它竟能画出如此精彩美妙的作用，这是我见过的最激动人心的计算机美术程序，我衷心祝贺你们的成功。"也正是这段因缘际会，为潘云鹤之后出国并获得赫伯特·西蒙的帮助埋下了伏笔。

20世纪90年代，为更进一步了解世界人工智能研究的前沿进展，潘云鹤跨出国门，先后到美国加州洛杉矶大学和卡内基梅隆大学访问深造。在加州洛杉矶大学的建筑与规划研究生院，他原打算继续在计算机辅助建筑设计领域深耕，同时肩负起培养新一代人才的重任。然而，异国他乡的学术旅程并非一帆风顺。在加州洛杉矶大学，当初与他联系的声名显赫的教授已调往哈佛大学，使他没法找到对人工智能在建筑设计中的应用感兴趣的同伴，这让他感到了前所未有的失望和挑战。迷茫之际，他给赫伯特·西蒙教授写了一封信。回复迅速而热情，西蒙不仅邀请潘云鹤前往卡内基梅隆大学，还为他推荐了合适的导师——卡内基梅隆大学机器人研究院院长、图灵奖获得者罗杰·雷迪教授。在卡内基梅隆大学这个人工智能顶尖的研究基地，潘云鹤找到了属于自己的学术家园，不仅深入学习了人工智能的前沿知识，还在地理信息系统（GIS）软件相关研究中展现出了扎实的编程技术能力和创新能力，并把相关知识和经验带回国。除此之外，国外在科研教学上的理念和做法也给了潘云鹤深深的启发。他观察到，美国顶尖的大学都很重视研究生教育的质量，招生和培养过程都非常严格，教授的数量甚至会超过学生，这样的比例确保了每位学生都能得到充分的关注和指导。"以培养真正能够独立思考和创新的学者为目标"，这种教育模式的启发对他后来的学术和教育管理工作产生了深远的影响。

在潘云鹤的学术生涯中，还有一位至关重要的引路人——钱学森先生。在研究计算机图形学和人工智能的过程中，潘云鹤发现，传统的计算机图形学的工作原理建立在对物体形状和光线途径数学计算的基础上，本质上属于逻辑思维。但现实中，人类大量的知识都属于视觉知识，对应的应当是形象思维。如果计算机图形学能加上人类大脑的形象思维，是不是就可以像人类作画一样？20世纪90年代初，潘云鹤先后负责国家863重点项目和国家自然科学基金重点项目，就"形象思维"展开了基础研究。通过分析梳理大量著作文献等，他从"认知心理学"和钱学森的"思维科学"理论着手，综合了认知科学、思维科学和艺术理论中对心象和形象思维的理论和实验，提出了形象思维中的三个形象信息模型，为人工智能和计算机图形学注入形象思维的理论提供了支撑。这一成果得到了时年80岁的钱学森的赞扬和鼓励。在浙江大学档案馆里，收藏着钱老给潘云鹤写的一封亲笔回信，三页纸洋洋洒洒的文字中提到："你对形象思维重要性及抽象思维之不足有深入的分析，是对1984年8月会议认识的一次重大发展，使我们对思维学的研究方向更加明确了，我们的任务是找突破口！你指出了突破口，这很了不起！"

自此，发展一种基于形象思维的新型计算机技术乃至人工智能算法和模型的念头一直盘旋在潘云鹤的脑海里。"未来的人工智能一定要加上一个形象思维的'大脑'，让人工智能在基于符号和逻辑的语言知识之外，也学会表达与处理视觉知识、听觉知识等跨媒体多重知识。"——人工智能2.0"跨媒体智能"的概念，正是在这些持续推进的想法中诞生。事实证明，伴随着多媒体技术的迅速发展，字符型智能已远远不够用，必须发展运用视觉、听觉等多媒体数据的智能，并融通使用，这也是人工智能2.0走出的一条崭新路径。

指导青年教师开展前沿研究

四校合并：从一流学者到一流校长

对科学研究，潘云鹤一直怀有激情，多年坚持站在科技潮头，推动我国计算机应用、人工智能研究跨越式发展，他的成就赢得了众人的肯定。1997 年 12 月，51 岁的潘云鹤成为中国工程院院士，也是同期最年轻的院士。但相较奖励和荣誉，他最愿意看到的是科研成果能够实实在在推动社会进步。从 1993 年开始，敦煌壁画开启了数字保护之路，已经是浙江大学计算机系主任的潘云鹤带领团队主动承担起这份责任，他们自筹经费自建渠道，利用计算机技术，将敦煌壁画与雕塑转化为二维和三维的数据，并可进行真实感显示和推理，开创了虚拟现实的先河，为中国文化遗产的保护与传承探索了新途径，也为文化的数字化应用开辟了新天地。相关课题因为潘云鹤后来被任命为浙江大学校长没能更深入地创新与拓展，每每提及此，潘云鹤都表示遗憾，但等待他的是另一份责任和新的挑战。毫不犹豫，他再一次踏上了新征程。

20世纪90年代，我国高等教育迎来了黄金发展期。当时，为了适应经济发展的需求，国家对高教管理体制进行改革。浙江大学成为这场改革的排头兵和试点院校。在时任校长路甬祥的鼓励和支持下，潘云鹤被委以重任，先后出任人工智能研究所所长、现代工业设计研究所所长、计算机系主任、副校长等职。对浙江大学在这场改革中承担的使命任务，他有深刻的领会。1995年，在出任副校长不足一年之时，他被推上校长的职位，肩负起引领这所百年学府迈向新高度的重任。1998年9月，原浙江大学、杭州大学、浙江医科大学、浙江农业大学四校合并，潘云鹤继续出任校长，执掌新浙大。浙江大学四校合并引领了全国高校的合并大潮，敢为人先，潘云鹤坦言背负了巨大的期望和责任。

时至今日，潘云鹤还记得自己初担校长重任时，一位"老浙大人"对他讲的一席话："你只要做成一件事情，你的校长就没白当——这件事情就是四校合并。"潘云鹤知道，讲这些话的人不仅是对他充满信任，更是对浙大复兴满怀期许。早年因为历史原因，原本实力雄厚的浙江大学经历了多学科的拆分和转移。省内同源的四校合并，不是一两个人，而是几十万浙大老校友共同的期盼。正好赶上国家推行高校教育改革，当时，在中央领导下，省领导的支持下，潘云鹤抓住机遇，与各方沟通协调，克服重重困难，最终完成了这一历史性的合并。合并完成后，新浙江大学成为全国学科门类最齐全的研究型、综合型大学。

但事实上，合并成功只是"万里长征"走完了第一步。并校后内部管理千头万绪，也极大考验着校长的治校能力。作为新浙江大学的首任校长，潘云鹤为合并和提升倾注了极大心血。

并校之初，潘云鹤就提出了"创建中国特色世界一流综合型、研究型、创新型大学"的奋斗目标，"我们不是为合并而合并，而是为了这个奋斗目标而合并；不是为规模而办，是为水平而办"。为此，他殚精竭虑、大刀阔斧推行改革，提出了一系列颇具成效的改革措施：摒弃传统学科设置方式，根据社会需求和学术研究最为活跃的前沿方向设置或重组新的学院；邀请多位海内外大师级学者出任或兼职院长，带来创新理念和方向，同时也提高学院的国际影响力；将许多原本集中在学校层面的财权、人事权、教育权、科研权下放给学院，"使运行重心下移"，以充分激发学院的创新活力，与此同时，统一规范教师晋升、考核评价及招生等标准，向一流水平看齐；等等。结合自身在世界顶尖高校学习的经历体会，潘云鹤推出了浙江大学新星计划，为青年教师走出国门学习国际前沿知识提供各种支持，且为"留心""留人"制定了很多卓有成效的措施；他高度重视学生的教育教学工作，提出知识、能力、素质并重的教育模式（KAQ 模式）；强调多学科融合对于创新研究的重要性，强力推动学科融合，培养复合型人才；主张对本科生采取"宽、专、交"三阶梯培养的方法，大胆打破专业限制。而在研究生教育方面，争取扩大博士生规模，深化专业理论与实践相结合的教育方法，鼓励学生参与高水平的科研项目，以培养其独立研究和创新解决问题的能力等。他任职期间，占地 8000 亩的紫金港校区得以落地，为日后学校的发展保留了足够的物理空间……在潘云鹤的

AI 2.0 十八讲

悉心管理下，浙江大学平稳度过了四校合并的磨合期，迅速在教学、科研等关键办学指标上实现了质的飞跃，水平与实力显著提升。浙江大学因此被教育部称为"改革的先锋、发展的典范"。历经百年沉浮的浙大，持续自我超越，迈向崭新的征程。

一生思报国：活到老，学到老，创新到老

"当学者我可以很愉悦地追逐科学前沿，当校长我也可以很愉悦地推行教育改革"，潘云鹤笑着说出了这样的话，似乎不管此生面临怎样的跨界和未知挑战，在他这里，笑一笑，从容应对，终会有累累硕果等着收获。

也确实如此，无论是早年经历的三次跨界之旅；还是"情定人工

2021 年，潘云鹤（右）获得吴文俊人工智能最高成就奖

智能"后致力于推动人工智能与图形学的结合、形象思维与逻辑思维的沟通、科学与艺术的融合；抑或是排除万难引领教育改革，坚持站在浪潮之尖谋划和布局我国人工智能的未来发展……面对时代提出的各种命题和挑战，潘云鹤都做到了心生微笑，从容应对，融入国家和行业发展的各个重要历史背景中，演绎了一段非凡特别、跨界丰富的人生。

年近八十，潘云鹤依然精神矍铄，快乐地奋战在与人工智能新一轮发展浪潮之中，他相信人工智能已成为开启下一个时代之门的关键钥匙。为我国在相关领域实现弯道超车，走向世界一流的进程中，他愿意殚精竭虑、出谋划策。

"潮平两岸阔，风正一帆悬。"采访最后，潘云鹤写下这几个苍劲有力的字，就像他在采访中一直强调的，此生所获无不是在时代和国家发展的浪潮之中，在众多良师益友的帮助之下所得的成果。采访中，除了文中提到的恩师，时不时还会蹦出王淦昌、苏步青、徐匡迪等这些名字，透露出他满满的感恩之情。他强调，是国家，是这些恩师同伴引领自己跨入了人工智能海洋这片广阔的世界，而他所要做的，就是跟这些恩师同伴一样，不惧风浪挑战，"活到老，学到老，创新到老"。

《科学中国人》2024 年 11 月 25 日　黄雪霜